文部科学省私立大学戦略的研究基盤形成支援事業
龍谷大学 人間・科学・宗教 オープン・リサーチ・センター研究叢書

宗教における死生観と超越

高田信良 編

方丈堂出版／Octave

宗教における死生観と超越

序　宗教多元世界における死生観と超越の対話的研究

　本書は、龍谷大学人間・科学・宗教オープン・リサーチ・センター（私立大学戦略的研究基盤形成支援事業採択2010-2012）「死生観と超越——仏教と諸科学の学際的研究」、ユニット２「宗教多元世界における死生観と超越の対話的研究」における研究成果を編纂したものである。

　現代の宗教多元状況において、仏教徒をはじめ、すべての宗教者は、自宗教の真理性が問われるという根源的な課題に直面している。
　「宗教多元世界における死生観と超越の対話的研究」を課題とする第２研究班の目的は、仏教（大乗仏教・浄土仏教）の立場から諸宗教諸教派との対話的研究を行い、さまざまな宗教にみる独自の死生観の意義を認め合い、自らの死生観をふりかえりながら、すべての宗教者が普遍的に共有しうる生命尊重の視座を構築すること、また、現代世界における人間の課題を見つめ、世界に通用する仏教思想の特質を探求し、その意義を発信することを目的とする。

　現代の宗教多元状況（religious pluralism）は幕末維新期頃にまで淵源する。天理教や金光教など、後に新宗教とされる宗教運動態は19世紀半ばに生まれた。新政府によって「神仏分離」が進められるなかで廃仏毀釈運動が生まれた。そこで生じた混乱状況を克服すべく大教院が設置されたが、やがて廃止されるようになった。キリスト教禁制は停止され、キリスト教は欧米からの近代諸文明とともに伝わり弘まっていった。
　大教院が成立し、やがて、解体されるのであるが、そのようななかで、近代西欧的な「宗教」「政教分離」「信教の自由」等が制度化していった。仏教の各宗派、教派神道の各派、キリスト教教派などの諸団体は公認宗教と位置づけられ、また、地域の神社などは「宗教ではない」国家の組織のなかに組み込まれた。近代の諸科学・啓蒙思想やキリスト教文化の影響を受け、神道や仏教なども教理理解や教団体制、葬祭儀礼などにも新たな展開がみられるようになっていった。日本の仏教宗派・神道・キリスト教などからシカゴ万国宗教会議（1893年）に参加するなど、地球規模での宗教多元状況が肌で感じられるよう

にもなっていった。

　新たな時代のなかで、仏教に生きる人々もさまざまな実践を追求していく。キリスト教の教えに出会ってキリスト者となる人々、イスラームの教えに生きる人々も現れてくる。仏教に関する宗教研究もさまざまになされ、哲学諸思想も学ばれていく。『歎異抄』が真宗世界の外でも広く知られるようにもなる。宗教に出会い生きる人々は、それぞれにおける宗教的実践を求め、学的関心のなかで思惟していく。宗教の教えに生きる各人の歩みは、それぞれにおける宗教形成に参与しているといえるだろう。

　宗教には、それぞれ、独自の死生観（世界観、教え）がある。多くの宗教が混在併存するような状況においては、自宗教の死生観・教えが新たな形で実践される。

　このような、明治期以降に出現してきた宗教多元的状況を「仏教と一神教（アブラハム宗教）の交錯するところ」「仏教と諸宗教の交錯するところ」であるとの理解に立ちつつ、「宗教多元世界における死生観・救済観の対話的研究」を関心事として、この３年間に、シンポジウム・ワークショップ・公開講座などにおいて延べ30回の研究発表を持つことができた。

　日本宗教学会第71回学術大会（皇學館大学、2012年９月８日）において、ユニット２「宗教多元世界における死生観と超越の対話的研究」における研究成果の一端を発表するものとしてパネル参加をした。本書第Ⅰ部に論文を執筆していただいた４名、および、コメンテータ・氣多雅子氏である。天理教・キリスト教・イスラーム・仏教に生きる人々の生・学的営為に焦点を当てて発表した。いずれも、宗教を求め、信仰に生きた人々である。個々には、相互に出会ったり関係し合うことはなかったかもしれないが、各人が自身の宗教を生き信仰を求めるなかでの学的関心は、「宗教多元世界における死生観と超越」を思索したものといえるだろう。各々の宗教的精神を求めていった歩みをみていくことを通して、現代の宗教多元世界における「死生観と超越」研究の一端を発表した。

高田　信良

■ユニット２．宗教多元世界における死生観と超越の対話的研究
2010年度
1. 寺尾寿芳（南山大学）「カトリック的死生観のゆくえ」 2010.6.8
2. 櫻井治男（皇學館大学）「神道の死生観の現在」 2010.7.13
3. 澤井義次（天理大学）「天理教の死生観と仏教」 2010.10.14
4. 手島勲矢（同志社大学）「ヒゼキアの祈り──死生観のことば」 2010.14
5. 奥山直司（高野山大学）「南方熊楠と仏教者の交流」 2010.11.1
6. 岡崎秀麿（ORC、PD）「須弥山論争とその後
　　　　　　　　　　　─浄土真宗本願寺派に注目して─」 2010.11.1
7. 四戸潤弥（同志社大学）「日本のイスラーム信仰の受容
　　　　　　　　　　　─その概観と問題点、明治から現在─」 2010.12.9
8. 中村信博（同志社女子大学）「キリスト教における死・生・復活
　　　　　　　　　　　─葬送儀礼から考える─」 2010.12.9
9. 本多　真（ORC、RA）「近代日本における「宗教」概念成立について」
　　　　　　　　　　　　　　　　　　　　　　　　　　　　 2011.1.13
10. 北岑大至（ORC、RA）「明治期における真宗教団成立の諸相」 2011.1.13
11. 岩田真美（龍谷大学）「近代日本における仏教青年運動の国際化
　　　　　　　　　　　─浄土真宗本願寺派の学校を中心に─」 2011.1.13
12. リサ・グランバック（IBS助教授）
　　　　「肉食と仏教─仏教と神祇信仰との中世的対話─」
　　　　　　　　コメンテータ：釋徹宗（相愛大学） 2011.1.13
2011年度
13. 高田信良（龍谷大学）「死生観と超越」研究の展望
　　　　　　　　　　　─宗教多元のなかで─」 2011.6.16
14. 杉岡孝紀（龍谷大学）「死生観と超越
　　　　　　　　　　　─両者をつなぐ〈光のメタファー〉─」 2011.6.16
15. 澤井義次（天理大学）「死生観とその意味構造」、2011.6.16
16. 釋氏真澄（ORC、RA）「アメリカ浄土真宗の六波羅蜜の受容
　　　　　　　　　　　─京極逸蔵の目指した生死を超える道─」 2011.7.7
17. 四戸潤弥（同志社大学）

「死の準備と葬儀を巡るイスラーム法規定」 2011.7.7
18. 櫻井治男（皇學館大学）「伊勢神宮神職の死生観をめぐる諸問題」 2011.7.12
19. 寺尾寿芳（南山大学）
       「日本カトリックにおける死者―祈りを中心にして―」 2011.10.20
20. 手島勲矢（関西大学）
       「ユダヤ教とキリスト教の対話―死生観を語る―」 2011.10.20
21. 胡　曉麗（ORC、RA）"Religiosity and Suicide among Chinese Rural Young People"「中国農村部における若者の宗教性と自殺―量的調査に基づいて―」 2011.11.10
22. 岩田真美（龍谷大学）「幕末期真宗僧のキリスト教観
       ―超然の護法論を手がかりに―」 2011.11.10

2012年度
23. 本多　真（ORC、RA）「"仏教と環境問題"研究の推移と現状
       ―問題の所在と今後の展望―」 2012.5.17
24. 古荘匡義（ORC、RA）「宗教と哲学の対‐話
       ―ミシェル・アンリの『キリスト教の哲学』について―」 2012.5.17
25. 平藤喜久子（國學院大學准教授）
       ［公開講座］「神話が描く人間の生と死」 2012.5.25
26. 塩尻和子（東京国際大学）
       ［公開講座］「イスラーム―教え、人間観、死生観―」 2012.6.4
27. 釋　徹宗（相愛大学）「事例を通して考察する「死生観と超越」」 2012.6.14
28. 中村信博（同志社女子大学）「危機の体験と死生観の形成
       ―現代日本におけるキリスト教理解―」 2012.6.14
29. 澤井義次（天理大学）「宗教的信における超越とその構造
       ―諸井慶徳の宗教論―」 2012.7.12
30. 四戸潤弥（同志社大学）
       「ムカッラフ（能力者）概念をめぐる信仰告白表明と審判」 2012.7.12
31. 高田信良（龍谷大学）「〈下への超越〉と〈将来する浄土〉
       ―武内義範の「信楽の思惟」―」 2012.7.12

日本宗教学会第71回学術大会（皇學館大学、2012.9.8）
パネル「宗教における死生観と超越」
1．宗教的信における超越とその構造―諸井慶徳の宗教論―
　　　　　　　　　　　　　　　　　　　澤井義次（天理大学）
2．危機の体験と死生観の形成―現代日本におけるキリスト教理解―
　　　　　　　　　　　　　　　　　　　中村信博（同志社女子大学）
3．ムカッラフ（能力者）概念をめぐる信仰告白表明と審判
　　　　　　　　　　　　　　　　　　　四戸潤弥（同志社大学）
4．〈下への超越〉と〈将来する浄土〉―武内義範の「信楽の思惟」―
　　　　　　　　　　　　　　　　　　　髙田信良（龍谷大学）
5．コメンテータ　　　　　　　　　　　　氣多雅子（京都大学）

　本パネルは、龍谷大学人間・科学・宗教オープン・リサーチ・センター（私立大学戦略的研究基盤形成支援事業採択2010-2012）「死生観と超越――仏教と諸科学の学際的研究」、ユニット2「宗教多元世界における死生観と超越の対話的研究」における研究成果の一端を発表するものとして企画された。「死生観と超越」プロジェクトは、仏教死生観を共通の鑑としながら、死生観と苦悩の超越に関する学際的研究を通して、死生観と超越の現代的意義を複眼的に解明することをめざす。
　ユニット2「宗教多元世界における死生観と超越の対話的研究」の研究においては、幕末維新期頃にまで淵源して形成されてきた現代（日本）における宗教多元状況（religious pluralism）は、「仏教と一神教（アブラハム宗教）の交錯するところ」「仏教と諸宗教の交錯するところ」であるとの理解に立ちつつ、「宗教多元世界における死生観・救済観の対話的研究」を関心事とする。
　天理教や金光教などの宗教運動態は19世紀半ばに生まれた。キリスト教は欧米からの近代諸文明とともに伝わり弘まってくる。明治新政府の宗教政策とも相まって、現代の諸宗教（教派宗派）が形成されてきた。新たな時代のなかで、仏教に生きる人々もさまざまな実践を追求していく。万国宗教会議（1893）への参加もなされた。キリスト教の教えに出会ってキリスト者となる人々、イスラームの教えに生きる人々も現れてくる。仏教に関する宗教研究もさまざまに

なされ、哲学諸思想も学ばれていく。『歎異抄』が真宗世界の外でも広く知られるようにもなる。宗教に出会い生きる人々は、それぞれにおける宗教的実践を求め、学的関心のなかで思惟していく。宗教の教えに生きる各人の歩みは、それぞれにおける宗教形成に参与しているといえるだろう。

　宗教には、それぞれ、独自の死生観（世界観、教え）がある。多くの宗教が混在併存するような状況においては、自宗教の死生観・教えが新たな形で実践される。本パネルでは、天理教・キリスト教・イスラーム・仏教に生きる人々の生・学的営為に焦点を当てる。いずれも、宗教を求め、信仰に生きた人々である。個々には、相互に出会ったり関係し合うことはなかったかもしれないが、各人が自身の宗教を生き信仰を求めるなかでの学的関心は、「宗教多元世界における死生観と超越」を思索したものといえるだろう。各々の宗教的精神を求めていった歩みをみていくことを通して、現代の宗教多元世界における「死生観と超越」研究の一端としたい。

【天理教】天理教学者で宗教学者でもあった諸井慶徳（1915～1961）が、宗教学的に考察した宗教的信の本質構造を明らかにし、そのうえで、死生の意味をめぐる彼の天理教教義学的視座を探究したい。

【キリスト教】キリスト教信仰は個人的体験と分かちがたい。だが、これまで一部の神学者などの場合をのぞき、ほとんど学的議論の対象とはされてこなかった。入信動機や私的死生観にと解消されがちなキリスト者の危機的体験が、どのように神学思想（教義）、伝統、聖書理解と関係するのかを具体的事例によって考察する。

【イスラーム】イスラームはキリスト教徒と同じく、能力者概念を入信要素に加えている。この概念は上記一神教に固有のもので、最後の日に行為が審判される。同概念を通じて、イスラームの信仰と行為について、クルアーン及び預言者の言葉（ハディース）と、これまでの学者の見解を比較検討し、イスラームの一側面、特に法学との関係を検討したい。

【仏教】「生死いづる道」「浄土往生」を求めるなかで出遇われた〈念仏・信心〉（親鸞）は、仏教死生観を生きるひとつの在り方である。武内義範（1913～2002）が『教行信証の哲学』『親鸞と現代』において思索する「信楽の思惟」を追思索するなかで、仏教における「死生観と超越」について考察する。

目 次

序　宗教多元世界における死生観と超越の対話的研究　i

I．宗教における死生観と超越

1. 〈下への超越〉と〈将来する浄土〉
　　　　　　　―武内義範の「信楽の思惟」―　髙田信良　3

2. 宗教的信における超越とその構造―諸井慶徳の宗教論―
　　　　　　　　　　　　　　　　　　　　　澤井義次　19

3. 危機の体験と死生観の形成
　　　―現代日本におけるキリスト教理解の一断面―　中村信博　41

4. ムカッラフ（能力者）概念をめぐる信仰告白表明と審判
　　　　　　　　　　　　　　　　　　　　　四戸潤弥　60

II．「死生観と超越」の対話的研究1

5. 「神道と死生観」を考える　櫻井治男　91

6. 場と関係性―事例に見られる死生観―　釈　徹宗　105

7. 内観と悲哀―現代日本のカトリック霊性から―　寺尾寿芳　128

8. 南方熊楠における死生観と安心　奥山直司　146

Ⅲ.「死生観と超越」の対話的研究 2

  9.「自己」「非自己」と「内」「外」の区別
                ―免疫学的「自己」を考える―　杉岡孝紀　*171*

  10. 明治初期の仏教と他者としてのキリスト教
                ―島地黙雷の洋行経験―　岩田真美　*190*

  11. Religiosity and Suicide among Chinese Rural Young People
     中国農村部における若者の宗教性と自殺に関する一考察
                                   胡　暁麗　*207*

  12. アメリカ浄土真宗の六波羅蜜の受容
              ―京極逸蔵の目指した生死を超える道―　釋氏真澄　*217*

  13. 考察"仏教と環境問題"研究
                ―1990年代の興隆期を中心として―　本多　真　*236*

  14. 宗教間対話の再検討
          ―ミシェル・アンリの「キリスト教の哲学」から―　古荘匡義　*252*

執筆者紹介　*271*

I

宗教における死生観と超越

〈下への超越〉と〈将来する浄土〉
―武内義範の「信楽の思惟」―

高田 信良

1 「仏教死生観」について
―「本願を信じ念仏を申さば仏に成る」―

1）当プロジェクトの研究目的は、「生老病死の四苦を超える仏教死生観を明らかにする」とともに、「仏教・浄土教の死生観を礎にしながら」諸科学との対話を通して「死生観と超越」を考えようとするものである。

「仏教死生観」とは「仏教における死生観」との意味であるが、仏教においては、元来、「死生」というより「生死（しょうじ）」、すなわち、死する生、生まれ変わり死に変わるような生（[迷い・無明の存在]）、不可分・連続的なことがらとしての〈生・死〉が関心事となっている。

「死生観」は「死と生についての考え方。生き方・死に方についての考え方」（『広辞苑』第6版）として理解され用いられている語であるが、宗教的な「死・生」観のみが意味されるわけではない。むしろ、〈宗教的な死生観〉は、さまざまな死生観のなかの特定のものと理解されることの方が多いであろう。

ただ、そのような一般的な「死と生」についての理解がなされるところでは、いわば、〈自明なものとして生がある、そのなかに特殊な生［の終焉］としての死がある〉（生から死がみられる）ような仕方で、〈死と生が観ら〉れている。辞書に「生死観」ではなく「死生観」との語が採られる（多くの人が用いる語が採られ、そこでの意味が説明される）のは、仏教が元来みていたような「生死」観（しょうじとのことがら）がリアリティをもって受け止められていない、また、自身が〈生死（迷い）のまっただ中にいる〉との宗教的な意味合いが見失われているからなのかもしれない。

ともあれ、仏教の死生観を視座としての「死生観と超越」への考察は、「往生」への関心を要としてなされるであろう。「往生」とは、〈浄土へ往き化生する〉を意味する。それは、「今生では〈仏に成る〉のが至難ゆえ、浄土に往生し、そこで〈仏に成る〉（ことを期する）」ことである。
　往生は、今生の命終（身体の死）と〈成仏〉が結びついたところで語られる。「往生」の語は、たしかに、「1）この世を去って他の世界に生まれかわること。特に、極楽浄土に生まれること。2）死ぬこと。3）あきらめてじっとしていること。どうにもしようがなくなること。閉口」（『広辞苑』第6版）などの意味もある（多くの人によって、そのような意味で用いられてきた）。命終（身体の死）に焦点が当てられた意味（さらにはその意も隠れてしまっている意味）の場合でも、〈その後の行き先〉（死後、来世、今後など）への関心が含意されているところでの文脈で用いられる語である。そこでは、「浄土に往生し、そこで〈仏に成る〉（ことを期する）」との原義は、隠れているかもしれないが、消え去ってはいないであろう。

2）「往生」、すなわち、「浄土に往き化生し、そこで〈仏に成る〉（ことを期する）」は、浄土の教えのなかでも、とりわけ、「念仏により往生（を期）する」との関心事として理解されてきたものである。
　今生における生死（迷い・輪廻）のただ中で「生死いづる道」を求め続けていた親鸞は、法然の説く専修念仏の教えに出会った。恵信尼が伝えるところによると、親鸞は、比叡の山を出て六角堂に百日籠り「後世をいの」った。95日目に聖徳太子の示現にあずかり、「後世のたすからんずる縁にあ」わんと法然のもとへ赴いた。「ただ後世のことは、よき人にもあしきにも、おなじやうに生死出づべき道をば、ただ一すぢ」との専修念仏の教えに出会ったのである(1)。
　法然が説く〈選択本願の教え〉に出会った親鸞は、「親鸞におきては、ただ念仏して弥陀にたすけられまゐらすべしと、よきひとの仰せをかぶりて信ずるほかに別の子細なきなり」(2)、「他力真実のむねをあかせるもろもろの正教は、本願を信じ念仏を申さば仏に成る、そのほかなにの学問かは往生の要なるべき

---

(1)　「恵信尼消息」、『浄土真宗聖典』註釈版、811頁。以下、頁数のみ。
(2)　『歎異抄』第2章、832頁。

や」と語る。

3)「本願を信じ念仏を申さば仏に成る」との「念仏往生」(の教え、理解) は、仏教死生観を表わすひとつのものといえるだろう。

　拙論において、武内義範 (1913〜2002) が『教行信証の哲学』『親鸞と現代』において遂行している「信楽の思惟」を、仏教における「死生観と超越」の思索と理解できることをみていきたい。

　『教行信証の哲学』(原題「三願転入に就いて」) では、ヘーゲル『精神現象学』(意識の経験の学、精神が現象する諸形態) の思索を手がかりにして、「念仏往生」を求める宗教的精神の展開が思索される。その後、『親鸞と現代』にいたるまでの武内の思索の数々は、いずれも、「本願を信じ念仏を申して [浄土に往き化生して] 仏に成る」(関心主体、すなわち、念仏往生を求める宗教的精神) の「意識の経験」の様態を語っているものとみることができる。

　そのような思索における鍵概念として、「下への超越」と「将来する浄土」をあげることができる。そして、「下への超越」・「機の深信」(の思索) において、〈本願を信じ念仏を申さば ([往生して] 仏に成る)〉に相当することがら (本願に出会い、念仏を申すようになる) が語られ、「法の深信」・「将来する浄土」(の思索) において、〈(本願を信じ念仏を申さば) [往生して] 仏に成る〉に相当することがらが語られる。「下への超越」(の思索) は「将来する浄土」(の思索) へとおのずとつながっていく、そのような武内の思索を「信楽の思惟」と特徴づけることができるだろう。

---

(3)　『歎異抄』第12章、839頁。
(4)　『教行信証の哲学』(1941、改訂版、1965) と『親鸞と現代』(1974) は隔たっているが、武内は、「はげしい時代の移り変わりの中で、私は信仰の上でも思想上の問題でも、この二十五年の間、劇的な転換というものを少しも経験しなかった」(「改訂版のために」著作集第1巻、3頁) と述べている。また、読者の立場からも、著者の《親鸞思想》への理解は「樹木が年輪を加えるような仕方で」(同) 深まりこそすれ、一貫したものと理解できよう。

2 「下への超越」と「将来する浄土」
―武内義範の思索:『教行信証の哲学』と『親鸞と現代』―

「下への超越」「将来する浄土」との表現は、『親鸞と現代』にて見いだされる。いずれも、〈ひねった表現〉であるが、武内の思索を特徴づけるものである。長谷正當は、武内義範の思想をその根本において方向づけ、導いている鍵概念を取り出すならば、「トランス・デサンダンス」[下への超越、逆超越論的 transdescendental]がそれであると指摘する。「人間の有限性の自覚のうちに降りてゆくことを指し示している。つまり、有限性の自覚とその超克の問題という角度からこの概念を追究している」という。

筆者は、「将来する浄土」[超越者との遭遇]が、武内義範の思索を特徴づけるもうひとつの鍵概念であると愚考する。「下への超越」と「将来する浄土」は、別々の箇所で語られているのではあるが、「下への超越」(有限性の自覚とその超克)が論じられるところで、「将来する浄土」(超越者との遭遇)が語られる文脈が開かれ指し示されており、「将来する浄土」の議論は、「下への超越」の議論を前提としつつ、いわば、その議論の延長線上においておのずと

---

(5) J.Heisig は、「(仏教と西洋の哲学・神学とを比較対比し、また、日常生活や現代世界の問題を織り込みながら)それらのすべてを『非常に保守的な浄土教の信者』としての自らの信仰に、しばしば、ひとひねりした仕方で、関連づける」と解説する。

He relates everthing, often in covert fashion, to his own faith as "a Pure Land believer of extremely conservative stamp".
  Takeuchi Yoshinori (ed. and translated by J.Heisig),
  The Heart of Buddhism, Crossroad, New York, 1983, p.vx
「非常に保守的な浄土教の信者」『親鸞と現代』著作集Ⅱ、p.32

(6) 長谷正當「トランス・デサンダンスとしての超越」(『宗教哲学研究』No.21、2004)。

  武内義範の思想をその根本において方向づけ、導いている鍵概念を取り出すならば、「トランス・デサンダンス」がそれであると言いうるように思う。武内の研究は「親鸞の『教行信証』」、「原始仏教」、「宗教哲学」、「宗教現象学」などの分野に跨っているが、この概念は、それらの分野において形を変えながらも武内の思想空間をいわば基調低音として響いているのである。しかし、武内自身はこの概念を仄めかすにとどめ、本格的には論じてはいない。したがって、それは、その姿の大半を水面下に隠している氷山のごときものとして、武内の思考空間を浮遊しているのである。(中略)

「将来する浄土」の議論となっていく、いわば、内的に一体的な議論となっているという意味で、両者が、武内の思索の鍵概念をなしているといえる。

　長谷の指摘に即してみていこう。否定されることで逆に成立する超越がある。そのような超越を武内は「トランス・デサンダンス（逆超越）」と名づけるのである。それは、有限性を超え出たところではなく、有限性の自覚のただ中で開かれる超越である。（中略）自己の存在の底に開示される場所的開けに立脚するところに超越論的と言いうる立場があるならば、そのような場所的広がりを破って、その彼方からやってくる汝との遭遇に自己の真の在所を捉えるところに、武内はトランス・デサンダンスとしての超越の固有性を捉えるのである。そのような超越的汝との遭遇は有限性の自覚のうちでのみ開かれる。有限性の自覚が超越的汝との出会いを要求するのである。

　そのような有限性の自覚が超越的汝と出会うような場の有り様を、「将来する浄土」が語られるところで武内は示そうとしている。そのような武内の思索の歩みを「信楽の思惟」と特徴づけることができるであろう。

　トランス・デサンダンスという概念はもともとジャン・ヴァールが用いていたもので、武内はこの言葉をかれから借りている。しかし、武内はそれをジャン・ヴァールとは同じ意味で使ってはいない。ジャン・ヴァールは、この概念で、芸術家に見られるような、実在を開示する深い経験の次元に降りてゆくことを指しているが、武内は、人間の有限性の自覚のうちに降りてゆくことを指し示している。つまり、有限性の自覚とその超克の問題という角度からこの概念を追究しているのである。

　人間の有限性に目を向けることは、一般には、超越を無視ないし否定することであると考えられる。しかし、否定されることで逆に成立する超越がある。そのような超越を武内は「トランス・デサンダンス（逆超越）」と名づけるのである。それは、有限性を超え出たところではなく、有限性の自覚のただ中で開かれる超越である。その超越の特色を示すために、武内はしばしばそれを「超越論的」立場と対比させている。自己の存在の底に開示される場所的開けに立脚するところに超越論的と言いうる立場があるならば、そのような場所的広がりを破って、その彼方からやってくる汝との遭遇に自己の真の在所を捉えるところに、武内はトランス・デサンダンスとしての超越の固有性を捉えるのである。そのような超越的汝との遭遇は有限性の自覚のうちでのみ開かれる。有限性の自覚が超越的汝との出会いを要求するのである。そのような超越を武内は宗教哲学、原始仏教、親鸞の思想などの分野において示そうとしている。

3 「機の深信、法の深信」と「下への超越」「将来する浄土」

「下への超越」(transdescendental 逆超越論的)とは、「自己自身が無限に自己の根底に深まっていくことにおいて、根源にある無限の罪の自覚というものに触れる」ことである。武内はそれを「二種深信」に見いだす。(善導が説く)「至誠心」は親鸞の解釈によって懺悔の言葉となり、「機の深信」(自分が救いようのない罪人であることの自覚)となる。そして、そのままそれが「法の深信」(阿弥陀仏がそのような罪人を救済することを深く信じて疑わない)として阿弥陀仏の救済を信ずるという心と結びつく。武内は次のように述べる。

□ (『親鸞と現代』 第3章 行為と信仰――『教行信証』における行信の問題
　　　　　　　　7) この問題に対する親鸞の貢献、『著作集』第2巻、63頁以下)
　<u>親鸞は善導の教えた至誠心の問題を解釈し直している</u>。至誠心というのは、善導では、私たちがことを行なうとき、その行為の内と外とが別であってはならないということであって、心の内面の、心情の清純さということが大切であって、たとえ外に行なうところが夜も昼も頭の髪の毛が燃えるのを振り払うほどの熱心さで修行するというのであっても、心の内に少しでも不純なものがあってはいけない、と善導は言っている。なぜかといえば、本当の至誠心というものは阿弥陀仏のものであって、阿弥陀仏のもっている至誠心と比べるならば、人間がそれに相応するには、人間の良心の清浄ということに少しでもいつわりや偽善があってはならないからである、と強調している。
　<u>親鸞はこの至誠心の理解を転釈して、至誠心というものを阿弥陀仏の至誠心としながら、それによって照らし出された人間の罪業生死の有限性を強調する</u>。すなわち「外に賢善精進の相を現じ内に虚仮を懐くを得ざれ」(人目には賢善精進の相をあらわして、内心にはそれと相反するいつわりの心を懐いてはいけない)という善導の文を、「外に賢善精進の相を現ずるを得ざれ、内に虚仮を懐ければなり」(われわれは、皆、内心は虚仮不実で、清浄の心もないのであるから、それをさながら阿弥陀仏の至誠心に相応するかのごとく装って、外面だけ賢善精進の姿をとってはいけない)と読み直した。<u>このことは至誠心の問題を、人間の精神の根本の有限性の問題とした</u>(中略)<u>良心の純粋さの問題としての、道徳的な善導の至誠心の教えを、一転して根源悪の transdescendental な領域の方向へと、自己否定の方向への超越へと読み替えたわけである</u>。そうすると阿

弥陀仏のもっている至誠心というものが鏡になって、私自身の虚仮の心、虚偽の心というものが、つまり罪に沈涵している自己というものが、そこに明らかになってくることとなる。そういう意味で至誠心というものは良心の傷みという意味をもってくる。(中略) 親鸞の至誠心としての良心では、この否定は「機の深信」(自分が救いようのない罪人であることを自覚する)というものになる。自身は現に罪悪生死の凡夫であるという、つまり自分は罪の人間であって罪からは離れえないのだというような心である。至誠心の問題は、親鸞の解釈によって懺悔の言葉となり、そして懺悔の言葉としての機の深信というものが、そのままそれが「法の深信」(阿弥陀仏がそのような罪人を救済することを深く信じて疑わない)として阿弥陀仏の救済を信ずるという心と結びつく。そこに廻向発願心の問題というものがある。親鸞が廻向発願心の問題を考えるとき、有名な二河白道の譬えをとって、それを信仰の揺るがない相続(宗教的決断の反復)ということとして考えている。それは信仰の望みということでもあるが、信仰の揺るがない相続として、信仰の持続性の問題として親鸞では考えられていることは注意されてよい。この問題は結局、至誠心と深心と廻向発願心の問題として、もっと元に戻せば、第十八願の至心と信楽と欲生の問題として考えられている。

「機の深信」において「下への超越」(の思索、調和の破綻 disportion、人間の有限性のうちへと降りてゆく思索)が語られ、「法の深信」において「将来する浄土」(の思索、〈逆対応の即非の調和〉dis-portion の思索)が語られる。

□ (同、『著作集』第2巻、65頁以下)
われわれの自覚は、さきに述べたいわゆる transdescendental (逆超越論的) な方向においては、自己自身が無限に自己の根底に深まっていくことにおいて、根源にある無限の罪の自覚というものに触れる。カントにおいても、いわゆる先験的な道徳的意識の自覚は、彼の宗教論においては一転して根源悪の自覚の問題となっている。シェリングは『人間的自由の本質』の中で、この二つのものの関係を理想的な自己措定 (ideale Selbstsetzung) と現実的な自己措定 (reale Selbstsetzung) として把え、そしてカント自身はフィヒテの考えていたような理想的な自己措定からもう一度根源的に人間の真相に立ち還ったときに、現実的な自己措定として罪の自覚の方向に、すなわち逆超越論的 (transdescendental) な方向に深まったのだ、というふうに言っている。この

transdescendental な方向に沿って調和の破綻（disportion）の問題というものがいろいろな形で出てくるが、その中でももっとも根本のものとして罪の問題が、真宗の言葉で言えば機法二種の深信のうちの機の深信の問題が出てくる。しかし機の深信の問題は法の深信ということを抜きにしては考えられない。なぜかというと、私たちは有限者だけの立場とか無限者の立場とからではなく、有限と無限との関係の中でまさに逆対応の即非の調和（dis-portion）ということを考えているからである。有限性の主張の点で私は現代の実存主義的な現象学者たちに同意するが、しかもその問題の根本にはそれを救済するような根源的な和というものがなければならないと思う。仏教的な言葉で言えば、法の深信ということであらわされるようなものが出てきて、そこに信楽というものが成立するのであり、またそこに至心、信楽、欲生の三心が一つの統一の中に入ってくる。

□（「教行信証における信の問題」9）至誠心と二種深信、『義範著作集』第1巻、335-336頁）

　至誠心ということも、ほんとうに自分というものを二種の深信という形で受け止めたときに問題になってくる。換言すると、自分というものが去くも死せん、回るも死せん、住るも死せん、というところで、覚悟せられたとき、初めて如来の至誠心に出会う。如来の至誠心と出会うと言っても、私が如来の至誠心というものをほんとうに精密に知悉するということではなくて、如来の至誠心というものに出会ったときに、私の中に真の懺悔が起こる。懺悔といっても、通常の、単に道徳心とか倫理とかに基づく懺悔は、結局人間内在の理想主義の立場からする、その標準に達しない現実の自己に対する自己糾弾にすぎない。われわれが自己の中に感得するこのような懺悔は、実践的な諸価値による否定的自己判決であって、われわれが義務とか最高善とかという自覚の下でそれらの実現のためにかかわっている世界（文化と教養の）は無傷のまま肯定されている。通常の懺悔はそこでの抽象的自己否定ではありえても、それ以上のものではない。すなわち理想像としての「あるべき自己と世界」というものは理想主義的に未来の方向におぼろげに屈折的に映じていても、ほんとうの意味でありのままの現実の自己──その自覚のためには自分のほんとうの理想像とか世界像というものを見放してしまわなければならないと有限者の実存の共在につきまとう歴史的世界における蹉跌絶望──宗教的に絶望的な自己糾弾──というものはいまだ自覚せられていない。

　善導の至誠心釈は、ほんとうの意味でのあなた（彼岸超越者）、如来の人格性という

ことを教えている。逆にそれによってわれわれが機の深信の存在、道徳的宗教的に真の絶望的な現実存在であることを示している。そのことによって、「法の深信」と「機の深信」とが全く矛盾しつつ、しかもお互いにそれぞれ媒介し合っているような形で、私どもの心の中に出てくる。そこが深心の問題であり、そしてさらにまた至誠心の問題である。だから至誠心の問題はわれわれに直接には罪悪深重の凡夫としての自覚の問題となり、全く絶望的な自分というものに対する自覚の根源に、如来の至誠心というものが彼方からそれを映し出す鏡としてあり、その鏡が照らし出してくることによって、私の機の深信にあたる懺悔の自覚というものが起こる。

4 『教行信証の哲学』(「三願転入に就いて」)
―第二十願と第十八願との表裏相即の自覚が体験の事実である―

武内は『教行信証の哲学』にて([三願転入]に関して)述べる。「自負していたいわゆる第十八願が、自己の深奥に自力の執心を発見すれば、自負していた第十八願は自己を第二十願に貶してしまう。そして一度第二十願に落ちることによってかえって逆に第十八願に浮かび上がる。(中略)第十八願の精神はただ一度第二十願から転入して第十八願となってしまうのではなく、第十八願は絶えず第二十願を自己疎外によって成立せしめつつ、またさらにそれを消滅契機として否定し、第十八願に転入し続けねばならない」。このような思索は、武内がヘーゲル『精神現象学』(意識の経験の学、精神の現象を記述)の思索を手がかりに〈親鸞思想〉を追思索していることを示している。

□(『著作集』第1巻、45頁)
　さて、第二十願から第十八願への転入が先の夢か幻かのようなものの分析の場合のごとくに、それを自覚することがかえってそれからの超越であるとすれば、第二十願であると自己を自覚しつつ、自覚においてもなお第二十願であり続ける意識形態は存在しない理である。第二十願の精神も決断においては、他力の念仏を選択したつもりであり、第十八願であると自負する。この自負しているいわゆる第十八願が、全存在をかけて名号に自己を委託し尽くしたと意識している。その決断の底に、なお自力の執心が残っていることを発見するのには、第二十願の自覚の深化に本質的な一つの過程を経歴した後でなければならない。その過程については、第二十願の解明の際にこれを明らかにする

こととしよう。さて、自負していたいわゆる第十八願が、自己の深奥に自力の執心を発見すれば、自負していた第十八願は自己を第二十願に貶してしまう。そして一度第二十願に落ちることによってかえって逆に第十八願に浮かび上がる。そのことがどうして可能であるかと問われれば、われわれはこの「罪の自覚から救済へ」の——今までですでにしばしば繰り返して説いた——道の、これが最後の最高の前提であり、そしてまた自覚の深奥のしかも了々として明らかな体験の事実でもあると言うよりほかはない。第十八願と第二十願とは宗教的精神の本質的な自覚の両契機であるから、第十八願の精神はただ一度第二十願から転入して第十八願となってしまうのではなく、第十八願は絶えず第二十願を自己疎外によって成立せしめつつ、またさらにそれを消滅契機として否定し、第十八願に転入し続けねばならない。親鸞が第十八願への自己の転入を「然るに今特に方便の真門を出でて、選択の願海に転入し」と述べ、その直後に「ここに久しく願海に入りて」と言っている、この「今特に」と「ここに久しく」との矛盾は、以上のごとくに解することによって初めて理解されるのではないか。

□（『著作集』第1巻、135頁）
　この第二十願と第十八願との表裏相即の自覚が体験の事実であるということを、この自覚を成立させる根拠が超越者としての弥陀の力であるといってもよい。しかしどうして、弥陀はこの自覚を可能にするかを更に問うとすれば、それの答えはえられない。むしろ問うこと自身が封じられている。超越者との遭遇において、真に具体的な自覚が成立するということは一つの不可思議に属する。そしてこの自覚の了々たる覚知の間の側に不可思議の感じがすることによって初めて遭遇ということも意味をもって来る。

　「第二十願と第十八願との表裏相即の自覚が体験の事実である」というのは、「信心決定」の体験に他ならない。親鸞は、信心が決定する（信心を得る、信心獲得）ところで往生は定まる、ということを語っている。⁽⁷⁾

(7)・真実信心の行人は、摂取不捨のゆゑに正定聚の位に住す。このゆゑに臨終まつことなし、来迎たのむことなし。信心の定まるとき往生また定まるなり。来迎の儀則をまたず。（『親鸞聖人御消息』（1）有念無念の事、同、735頁）
　　・「即得往生」は、信心をうればすなはち往生すといふ、すなはち往生すといふは不退転に住するをいふ、不退転に住すといふはすなはち正定聚の位に定まるとのたまふ御のりなり、これを「即得往生」とは申すなり。「即」はすなはちといふ、

武内が、「超越者との遭遇において、真に具体的な自覚が成立するということは一つの不可思議に属する。そしてこの自覚の了々たる覚知の間の側に不可思議の感じがすることによって初めて遭遇ということも意味をもって来る」と語っているのは、「信心決定」して往生が定まる、つまり、「本願を信じ念仏を申して［浄土に往き化生して］仏に成る」ことが定まったことに他ならない。「第十八願」に出会うなかで「第二十願」の立場が開かれてくる。「第二十願と第十八願との表裏相即の自覚」（体験の事実）において「絶対者との遭遇」［の場］が指し示されている。この「絶対者との遭遇」［の場］が言及されるところでは、「将来する浄土」との表現は使われていないが、後に「将来する浄土」との表現を用いて思索することがら（浄土へ往生する、彼岸への超越）が指し示されていることが読み取れるのである。

次に、武内が「将来する浄土」という表現を用いて思索するところをみていこう。

5 「将来する浄土」

武内は、「将来する浄土」について、次のように語る。

□（第6章「将来する浄土」1）将来する現在、『義範著作集』第2巻、119頁以下）
「将来する浄土」という言葉は、ちょっと変な表現かと思うが、われわれがここで「将来する浄土」という言葉で意味しようと思うのは、浄土がただ未来にあるというだけではなく、その未来にある浄土が、いつでも現在に未来から来ているということであって、それも「未だ……ない」という否定を含んだ形で将来しているということである。したがって娑婆即寂光土、現在がすなわち空であるというような神秘主義の立場ではない。浄土はどこまでも現実（在）のわれわれのこの世界を超越しているが、しかも超越

　　すなはちといふはときをへず日をへだてぬをいふなり。（『唯信鈔文意』同、703頁）
・正定聚の位につき定まるを「往生を得」とはのたまへるなり。（『一念多念証文』同、678頁）
・弥陀の誓願不思議にたすけられまゐらせて、往生をばとぐるなりと信じて念仏申さんとおもひたつこころのおこるとき、すなはち摂取不捨の利益にあづけしめたまふなり。（『歎異抄』第1章、註釈版、831頁）

している浄土が、いつもわれわれの現在に将来してきている。そういうところにわれわれは初めて浄土の超越性──彼岸の世界としての浄土の在り方というものを、真実の、現在する自己の根底として自覚することができるのであろう。

　例えばハイデッガーはツークンフト（Zukunft）＝未来ということをSich-auf-sich-zukommen-lassen（自己を自己自身に将（到）来せしめること）と規定して、未来性をほんとうの意味の自覚が成立する場が自己に向かって開かれる（到来する）当来性（das Auf-sich-zu）であるとしている。そのように考えると、ほんとうの自覚が成立するというのは将来するという形においてである。つまり、われわれが過去から現在、現在から未来へと流れていると考えているような、通常の時間流の中に生きているかぎりは、われわれの自覚はほんとうの自覚にはならない。ほんとうの自覚は、将来から現在へという形で自己が見直されて初めて成立するということである。そして、自己がこのように自覚され直されたときに初めて浄土という言葉であらわされるような新しい世界が自覚の根底に、自覚を成立せしめる場として──自覚を成立せしめる時間の場として──成立するとわれわれは考えたい。

　簡単に言うと、つまり往相と還相ということがあるところに将来する浄土というものがあり、そこに初めてわれわれの宗教的な在り方が成立する。「弥陀の廻向成就して　往相還相ふたつなり　これらの廻向によりてこそ　心行ともにえしむなれ」という親鸞の言葉が示すように、われわれが行信とか信仰とかの立場にたつときには、いつも往相・還相という二つの廻向の世界の中に生きている──私自身の表現に従うと──将来する浄土というものの中に生きているのであるが、時間はそこでは未来から現在へと将来してきている。その未来から現在へ将来してきている時間というものの中で、われわれはほんとうに宗教的な人間として、宗教的実存として、初めて自己自身の信仰と自己自身の行為というものを自分自身にもたらすことができる。

　（中略）

　しかし、後期のハイデッガーの場合には、存在するものと区別された「存在」自身という超越の面が多分に出てくる。私自身としては、そういう彼の「存在への帰向」という思想を浄土真宗的に読みかえて考えてみたい。彼の初期の考えのように、世界の中にいるということが人間の超越性だというのはまだ不十分であって、世界の彼岸、浄土というものがあって初めて超越ということがほんとうに具体的に成立する。何となれば、超越はいつでも世界超越であって、超越の目指すものは、この世界に対してこれを超え

るもう一つの世界という意義をもっていなければならないであろう。ハイデッガーの世界の超越性の場合でも、彼の後期の方城・四和合（das Gevierte）としての世界のように、本当はその言葉の重みを、存在の廻向によって得ているのではないかと思われる。それと同時に他面、真実に世界の彼岸としてある浄土というものは、単に西方十万億土とか、あるいは死後の世界としてだけ考えられているような静止的な彼岸ではなくて、むしろダイナミックに、この世界に関係してくるものである。しかも「西方浄土」というような、その彼岸の超越性をあらわす象徴で言わなければならないような面をいつでも残している。そういう面を残しながら、その浄土がいつも現実のわれわれの世界に入ってきている。往相・還相の廻向というもののなかで浄土はつねに此所・現在に将来してきているというふうにかんがえることができないであろうか？

「世界超越」「此岸と彼岸」について、次のように語られる。

□（『親鸞と現代』第２章、２）此岸と彼岸『著作集』第２巻、36頁）
　世界超越というものは、超越しつつ彼岸的世界から――すなわち超越的世界から――現在的世界へという形で、将来から現在へと「将来する」ものである。われわれに対して超越的に将来するものとして現在してくる者が、真の超越であると私は考える。したがって私にとっては西方浄土という象徴は非常に深い意味のあることで、他の象徴では変えることのできない重い意味を荷っていると考えられる。

　武内が、「歴史と自然」を巡ってブルトマンと対論した内容を紹介しつつ、「将来する浄土」（絶対者との遭遇）との〈信楽の論理〉理解の見通しを述べている。

□（同、４）歴史と自然、41頁以下）
　［独訳の『十牛図』を手元にしながら、ブルトマンが］ここにはキリスト教の真理とほとんど変わらない内容が述べられている、しかし、一つだけ異なるものがある、そこには、歴史において真理が現成する、ということがない。［武内］なるほど、そうかもしれないが、では、キリスト教、特にプロテスタントの教えには自然がないではないか。［ブ］自然とはどのような意味か。［武内］本当の実存が実存に成るときに、そこにおい

てあらねばならないような実存的自然である。［ブ］その実存的自然とは何を意味しているか。［武内］いわゆる肉、罪の体という意味のサルクスと復活の体としてのソーマを区別する（あなたブルトマン氏の）考え方のソーマが、実存的意味での自然の一つの場合にならないか。［ブ］その（あなた武内氏の）考えはハイデッガーの四和合の方域 Geviert に似ているか。［武内］非常に似ている。［ブ］私はその四和合という考えに反対である、なぜなら、そこでは本当の汝との出会いがない。

このような議論の説明に続けて、

「いまブルトマンの見方を私なりに解釈してみると、彼の信仰的決断というものは、世界を媒介にし、これを転換の場として、過去における歴史的啓示（神の言葉）の伝承を、未来から将来する福音の宣教（Kerygma）との此所・今での出会いというかたちにきりかえようとしている。そういう意味での世界というものが媒介になって、歴史というものは実存の個人史から世界史にひろがり、実存の世界内的存在は歴史的世界において宗教的実存になることができる。したがって、より厳密にいうと、歴史的世界における存在としての宗教的実存の意味というものによって初めて歴史の完結した意味が与えられる。またその世界の世回性というものが宗教的実存、過去におけるイエス・キリストの存在を、そこで一回転せしめて、現在において将来するものとしてわれわれに出会わせるものというかたちで、出会い（Begegnung）ということを成立させる。つまり世界を媒介として、「過去→現在」が「未来→現在」にきりかえられ、そこに神の言葉との遭遇がなりたつこととなるであろう。

仏の名号の問題もそういうふうに、一方で浄土から将来する永遠としての名号に、私が、此所・今において出会う、それも汝と私という仕方で（汝としての）名号の将来する現在に対面するということと、それから他方に、この名号との出会いのときに、南無阿弥陀仏という召喚と応答との呼応的決断としての宗教的行為が、その足下に——名号の開く諸仏咨嗟（諸仏が阿弥陀仏の名をたたえること）・諸仏証誠（諸仏がその名の真理性と名号による往生を保証すること）という——象徴的世界を見いだすということ、それらが二つとも同時に成立する。

この象徴的世界とは、一層具体的なかたちでは、このような名号との出会いの背景として、念仏の歴史的伝承の世界が開かれることでもある。したがってそこでは、ハイデ

ッガーの上述の四和合の方域と同じように、すべてのものがすべてに映じ合う諸仏咨嗟・諸仏証誠の世界が成就する。しかも正しくこの世界で、またブルトマンの歴史的世界の場合のごとくに、汝との遭遇、名号との出会いが成立している。その意味で二人の立場が一つになった具体性がここに見いだされることとなる。」

そして次に、このような「法体名号」の世界と念仏という私の宗教的行為とがどのように関連するかということについて、次のように語られる。

「私はこの『大行』という言葉を、ここでは宗教的行為とか象徴的行為とかと解したい。象徴としての宗教的行為においては、われわれの側の『無碍光如来の名を称する』行為において、諸仏がその名を称揚する行為が映じている。そこでわれわれの称名が讃嘆であり称揚であることが自覚せられる。逆にまたわれわれの称名が諸仏の称揚に映っている。そこに諸仏の願が諸仏称名の願であることが判明する。つまり浄土と此土、諸仏と衆生とが、名声十方の念仏の宇宙的響きと地上における念仏の歴史がこの象徴的行為において四和合の方域（Geviert）の場を形成する。そのGevirtの場で、阿弥陀仏と私との出会いがある。その場合の象徴的行為はヤスパースのごとく、絶対的行為といってもよいものであって、そこで主観と客観との対立といったものがすべて解けてしまって、具体的なものが行為の立場で端的にあらわれるが、同時にまさにそのところで汝―私の遭遇と呼応とが成就する。その行為の立場を行為的直観と考える西田幾多郎博士の立場とか、あるいは行為を行信というところで解明する田辺元博士の立場とかに関連して、この問題をさらに立ち入って考えねばならないが、これもさきのハイデッガーとブルトマンとの立場の相違と対応するところがあると思う。いずれにせよ宗教的行為の大行性によって、主体と客体との対立が超えられたところに出てくる南無阿弥陀仏には、非常に深いものがあって、今日の宗教哲学・神学の問題と照応させて省察するときに、その現代における意義が一層明らかになると思う。」

武内のこのような思索、つまり、「絶対者との遭遇」「阿弥陀仏と私との出会い」「世界超越」「汝との遭遇」「名号との出会い」「象徴としての宗教的行為においては、われわれの側の『無碍光如来の名を称する』行為において、諸仏がその名を称揚する行為が映じている」と語るところは、まさしく、「将来する

浄土」の思索（語り）と他ならないといえるだろう。

　武内の「下への超越」（すなわち、「機の深信」の思索）は、〈<u>本願を信じ念仏を申さば</u>（［往生して］仏に成る）〉ことがらを思索するものであり、「将来する浄土」（すなわち、「法の深信」の思索）は、〈（本願を信じ念仏を申さば）［往生して］<u>仏に成る</u>〉ことがらを思索したことがらを思索するものである。そのような武内の思索を「信楽の思惟」と特徴づけることができるだろう。

宗教的信における超越とその構造
―諸井慶徳の宗教論―

澤井 義次

はじめに

　本稿は「宗教における死生観と超越」という共同研究テーマに沿って、宗教学者であるとともに天理教教義学者でもあった諸井慶徳（1915～1961）を取り上げ、その宗教論を考察しようとするものである。諸井慶徳は46歳の若さで亡くなったこともあって今日、宗教学者としての彼の名と著書を知っている人は宗教学界の中でも多くはない。彼は宗教学を研究しながらも同時に、天理教の信仰に生きた天理教学者でもあった。諸井についてまず特筆すべき点は、彼が数多くの言語に精通していたことである。数多くの言語に精通していたということでは、イスラーム学・言語哲学の世界的な碩学であった井筒俊彦の名がすぐに思い浮かぶ。井筒は三十数カ国語に精通していたとも言われるが、諸井も井筒と同じぐらいの言語に精通していた。こうした点にまず、諸井と井筒の二人の研究者に共通する特徴を挙げることができる。後述するように、諸井も井筒と同じようにイスラームを探究し、その宗教思想に通暁していた。また諸井は井筒と同様、世界の宗教思想や哲学思想に関する深い知識を踏まえて独自の宗教論を展開した。こうした点については、諸井が著書の中で挙げている参考文献がそのことを明示している。

　ここでは、諸井の宗教論について論じるまえに、諸井慶徳の生涯とその著作について少し言及しておきたい。彼は1915年3月30日、奈良県天理市に生まれた。天理中学校から静岡高等学校を経て、東京帝国大学の宗教学宗教史学科に学び、同大学院課程を修了した。その後、天理教山名大教会長を務めると同時に、天理文化研究所（現在の天理大学おやさと研究所）所長、天理大学教授、

天理教校長などを歴任した。また1949年からは、日本宗教学会の理事を務めている。諸井は1961年6月、学位論文「宗教神秘主義発生の研究─特にセム系超越神教を中心とする宗教学的考察─」によって、東京大学より文学博士の学位を授与されたが、同じ1961年6月25日に亡くなった。その学位論文は後に『宗教神秘主義発生の研究』（天理大学出版部、1966年）として出版されている。そのほか、著書には『宗教的主体性の論理』（天理教道友社、1991年）、諸井慶徳著作集（全8巻、天理教道友社、1962〜1973年）、さらに『諸井慶徳著作集（上）』（天理教道友社、1996年）と『諸井慶徳著作集（下）』（天理教道友社、1997年）など、多数の著作がある。

ちなみに諸井については、批評家の若松英輔が著書『井筒俊彦─叡智の哲学』（2011年）の中で、井筒の同時代人として諸井を取り上げている。若松は井筒の「東洋哲学」と比較しながら、「宗教哲学者　諸井慶徳」というタイトルで諸井宗教学について論じ、一般的にも注目を集めている。また『天理教学研究』第44号（天理大学宗教学科研究室編）も、特集「諸井慶徳先生五十年祭記念　公開教学シンポジウム」として諸井を取り上げ、彼の天理教学をテーマとした諸論考を掲載している[1]。

諸井宗教学の特徴をあえて一言でいえば、それは宗教的信の本質構造論ということになるであろう。彼は人間存在の主体的あり方を「信においてある」あり方としてとらえ、すべての宗教の根源をなす信の本質構造を解明しようとした。本稿では、まず、諸井の言う宗教的信の本質構造を考察することによって、彼が探究した宗教的信における超越性とその構造を明らかにしたい。そのうえで、天理教の教義における死生の意味をめぐって、彼の天理教教義学的視座を論じることにしたい[2]。

1　諸井宗教学とその視座

諸井宗教学は、井筒俊彦の哲学的思惟と比較することによって、その特徴をかなり浮き彫りにすることができる。それほど諸井と井筒の二人には共通する点が多い。若松が論じているように、「まるで、深い交わりがあったかのように、二人の仕事はそれぞれの独自性を明示しつつ、補い合って」いる[3]。諸井宗教学と井筒東洋哲学には共通の研究テーマが見られる。それはユダヤ教、キリ

スト教、イスラーム、仏教だけでなく、ギリシア哲学や古代インド哲学から現代思想までも射程に入れた宗教研究であるという点である。わが国のイスラーム研究には、井筒と諸井のハッラージュ論以後、新たな論究がない。このことは宗教学的に大変注目すべき点である。諸井は宗教学研究を行なうと同時に、天理教の三原典、すなわち「おふでさき」「みかぐらうた」「おさしづ」に基づく天理教教義学の樹立を目指した。[4]

また諸井の著書は、世界的に有名な宗教学者、ウィルフレッド・C・スミス（Wilfred C. Smith）の宗教論を思い起こさせる。[5]それは諸井の宗教学的視座がスミスのそれと類似しているからである。スミスはアメリカのハーバード大学の世界宗教研究所（Center for the Study of World Religions）の所長を務めるなど、20世紀後半、シカゴ大学のミルチャ・エリアーデ（Mircea Eliade）とともに、アメリカの宗教学界ばかりでなく世界の宗教学界をリードしたことで知られる。筆者は学生時代にハーバード大学大学院へ留学していたとき、スミスの宗教学の講義やゼミを聴講したが、彼は宗教研究において宗教を理解するためには、宗教伝統における信仰の内面を共感的に理解することの重要性を強調した。スミスによれば、宗教は「信仰」（faith）と「蓄積的伝統」（cumulative tradition）から構成されており、それら二つを結びつけるのは「生きている人間」（the living person）であることに留意すべきであるという。また宗教の蓄積的伝統とは教会、教義体系、儀礼、宗教組織、神話などの目に見える客観的な構成要素である。ところが宗教研究において最も重要な点は、教会や聖典さらに儀礼などに関わる人々の信仰を理解することであるという。宗教伝統における信仰のコミットメントを理解することによって、はじめて宗教を理解することができるというのである。諸井もスミスと同じように、宗教伝統における信仰の内面に注目しながら宗教研究をおこなった。

諸井は東京大学へ提出した学位論文「宗教神秘主義発生の研究―特にセム系超越神教を中心とする宗教学的考察―」（後に同じ題目で天理大学出版部より刊行）において、まず、神秘主義を「そのまゝ一種独自な固有の現象的事実」として受け取り、「神を対象とするものと然らざるものとを問はず、それ自体を何物にも解体せず、そのものとして眺める所から歩みを始める」という立場を採り、その根柢に宗教的信があることを明らかにした。[6]つまり、宗教現象と

しての宗教神秘主義を在るがままに宗教の「原事実」として理解しようとしたのである。彼のそうした宗教学的態度はスミスの学的態度、すなわち宗教の「人格的な理解」と重なり合う。スミスによれば、たとえば、キリスト教という宗教それ自体が存在するのではなく、聖書を神の啓示の書として信じるキリスト者がいるので、キリスト教の伝統が存在している。また仏教という宗教それ自体が存在するのではなく、仏教経典をゴータマ・ブッダの教えとして信じる仏教徒がいるからこそ、仏教の伝統が存在しているという。したがって、宗教を理解するということは、その教えを信仰している人の生き方を共感的に理解することでもある。筆者はハーバード大学に留学中、宗教学研究における信仰の「共感的理解」（sympathetic understanding）の重要性をスミスから学んだ。諸井慶徳も宗教的信を客観的には真に把握できない全人間的行為として認識したうえで、信仰の主体的な意味理解の重要性を強調した。(7)諸井の宗教研究には、スミスと同じような宗教の解釈学的あるいは現象学的な視座があったと言えるであろう。

　諸井宗教学の本質的特徴を挙げれば、それは次の二点に集約することができるであろう。まず、諸井宗教学は天理教教義学と密接に有機的連関をなしていることである。諸井にとって、宗教学研究は「最後（だめ）の教え」たる天理教の教義の真理性を探究する天理教教義学研究と密接不可分につながっている。諸井の著書『宗教神秘主義発生の研究』と『宗教的主体性の論理』は、日本の宗教学界において、先駆的かつ独創的な宗教学研究である。ところがわが国では、そのことがいまだ十分に理解されてこなかったように思われる。しかし、諸井のこれらの研究業績は、若松も指摘しているように今後、注目されていくであろう。次に諸井にとって、宗教研究と信仰実践が密接不可分に関わり合っていることも注目に値する。彼によれば、教理理解と信仰実践の両レベルを究めるところに、真の宗教理解が可能になる。彼は言う、「教理なき信仰は空虚であり、信仰なき教理は無力である」。この言葉は諸井宗教学の核心を見事に表現しているばかりでなく、天理教教義学の樹立を目指した彼の信仰的な視座を端的に言説している。

　諸井の表現を援用すると、彼にとって教義学とは「教義を主体的に味読し体得して行くこと」であった。そのことは天理教の教義をただ客体的な研究対象

として取り扱うのではなく、教義を主体的に理解しようとすることを意味した。その点は「信仰の学」としての天理教教義学の根本的特徴の一つである。それは「教理の内容を信仰的に認証し、主体的に追求する真摯なる信仰行為に外ならない」。したがって、諸井が言うように、教義学は「学」というよりも、「行」とか「道」と表現するほうが適切であろう。

諸井教義学における鍵概念は、いわゆる「根柢」（Urgrund）である。諸井は「原初」を示す接頭辞"Ur"（ウル）を布置して、存在の根源性を強調する。たとえば、諸井は『天理教教義学試論』において、次のように言う。

> ……人は己れの生命の根柢を知らない。そしてただ漠然と日々を送り勝ちである。生命が何に基づくものであるかを考えようともしなければ、また自分の力一つで成り立って行くように思い誤り易いものである。ここには己れの足許は見忘れられ、己れの根柢は打ち棄てて顧みぬままに見過ごされている。
>
> この根柢を知らぬ故に、人は真実にたすかることが出来ない。根柢を知らずしてたすかることを求めるのは、あたかも根を抜き去ることを考えずに、ただ芽を刈り取ることをもって満足しているものに外ならないであろう。

つまり、諸井の言葉によれば、「人は己れの生命の根柢を知ることによって、初めて真にたすかることが出来る」。自己の生の根柢を自覚的に理解することが根源的救済にとって不可欠であることは、天理教の教祖・中山みきがみずから筆を執った原典「おふでさき」に記されている。

> いまゝでにないたすけをばするからハ　もとをしらさん事にをいてわ
> 　　　　　　　　　　　　　　　　　　　　　　　　　　　　　九　29

この歌は、生の根源性の自覚的理解の重要性を端的に教示している。人間にとって、みずからの生命の根柢を知ることは、「本質的になされ得ることではなかった。そもそも絶対になし得ない事柄なのであった」と諸井は言う。この

ことを若松は、「人は本来自らの力だけでは、その存在の『根柢』を知ることはできない。それが出来るのは超越者からの働きかけがあってのことなのである。人間と神との関係は不可逆的である」と記している[11]。

さらに諸井はこの点について、「造り主はその造り物の根柢を知る。およそ根柢とはその成り立ちの始元を知るものによって教えられ、告げられてこそ初めて知らされるべきものであろう」、また「己れの生命の本源は、一にかかって親神のお働きに帰するのであった」と論じている[12]。この教義学的な視座は、諸井の宗教学的な視座と密接不可分に連関している。諸井は『宗教的主体性の論理』において、神と信仰の相即的関係性を論じることで、人間と神との不可逆的な関係性を次のように示唆している。

> まことに神と信仰とはものの両面である（Gott und der Glaube gehören zu Haufe）。両者は絶対不分離の関係にある。しかしそれは内在的意味においてではない。宗教的信においてこそ神の存在が認められる。宗教的信があるところに神的存在があり、宗教的信のなきところには神的存在はない。それは神的存在が宗教的信から作り出されたという意味では全くなく、神的存在があって初めて宗教的信が生ずるのであり、宗教的信を通じて初めて神的存在が顕ならしめられるという意味でなければならない。我々はかかる意味において、両者の相即を言わざるを得ない[13]。

つまり、神的存在からの働きかけがあって、人間はみずからの真の「根柢」を理解することができるのである。諸井の宗教学的視座においても、天理教教義学的視座と同じように鍵概念は「根柢」という語である。教義学的に言えば、私たちの生命は単なるみずからの力に基づくものではなく、親神の守護に包まれて生かされて生きている。このように諸井慶徳は宗教学者であると同時に、天理教の教義学者かつ真摯な信仰者でもあった。したがって、すでに論じたように、諸井の教義学的視座と宗教学的視座との密接不可分な関係性が明らかであろう。

2　人間存在の本質としての宗教的信

　さて、私たちがまず明らかにすべき点は、諸井が人間存在の本質をいかにとらえているのかということである。この問題性について、諸井は人間存在の本質的特徴を、おもに二つの基軸に沿って論じている。

　彼は人間存在の本質的特徴をまず、「信においてある存在」としてとらえる。ここで彼が言う「信」の語そのものは、必ずしも宗教現象において用いられるばかりでなく、日常生活においても使用される。しかし、宗教が語られるとき、「信」の語は極めて密接に宗教性との意味連関をもつ。諸井が言う「信」（glauben）とは、英語で言う faith と belief の意味を包含し、本質的主体性の展開を意味する。また「信」は「知」と明確に区別して理解されがちであるが、いわゆる「信」の中には「高次の知」が見いだされるともいう。したがって、宗教における信の意味内容が解明されるとき、そこにおのずと宗教的主体性の構造が開示され、宗教の根柢が明らかになる、と諸井は考える。信は「信仰」という表現において「宗教固有の作用概念」であるが、その場合、「信仰」とは諸井によれば、宗教的信の一領域を指す。西谷啓治が論じるように、信仰がその対象に対して何ほどかの距離をもっているとき、「神秘的体験」と区別されることがある。しかし、この意味における信仰だけが、諸井の言う宗教的信なのではない。彼の言う「宗教的信」は意味論的に、より広範な意味領域への広がりをもつ。

　諸井は「信」の主要な性格および構造を次の６点にまとめている。信とは（１）人間の主体性としての「完結性の要求」に根ざす。それは「未解決を未解決としては、放置し得えない」ことである。信そのものには、こうした完結性の要求が本来的に内包されている。諸井は言う、「人間における通常の自然的認識は未完結なものである。何となれば、それは各種の人間的限定に結びつけられているからである」。ここに「人は必然、完結的な確認としての信に赴かざるを得ないのである」。また信は（２）単なる知の平面的なものではなく、「立体的構造を有する生の作用」である。信はどこまでも立体的な深みをもっており、「知の程度的究極化」ではない。そこには信への意志の決断が必要である。さらに信は（３）本来的に「反作用を予想として納得している」。「信ず

る」という心的作用は、無自覚的あるいは潜在的なものであったとしても、「反作用」を予想する。そこには（4）「現在的に、また顕に与えられていない存在、ないしは期待せられたる人格性をその対象」としている。また信は（5）「実践的力」をもっている。「信」のあるところには、「力の充実、力の展開」がおのずからもたらされる。さらに信は（6）「自己委託的」である。信が「未解決的剰余を投企し、しかもその解決を納得している点において、自己主張の委託をもたらしている」。こうした6つの内容を内包する「信」は、本質的に独自の意味領域を形成している。

　諸井は人間存在の本質的特徴を「信においてある存在」としてばかりでなく、もう一つ別の本質的特徴として「場界的存在」を提示する。「場界」とは私たち人間存在と本質的に関わるものである。諸井はハイデッガーが指摘するように、「場界」（Field-World, Feld-Welt）を「場界とは人間存在が『そのために（配慮し）』（umwillen）『そこにおいて（あり）』（worin）『それへ向かって』（woraufhin）存在者を出会わしめるもの」として規定する[17]。「場界」は私たち人間存在に依存している。人間存在はそれ自身、「場界的存在」であるというのである。諸井の言う「場界」はハイデッガーの哲学的思索を援用しながら、次の4つの主要な特徴をもっている。すなわち、「場界」とは（1）「存在物そのものであるよりも、むしろそのwieを意味する」。（2）「そのwieが全体における存在物を規定する」。つまり、場界の根柢には限界あるいは標準として「wie一般の可能性」がある。（3）このwieは全体として、ある仕方で「存在物に先行的」である。（4）この先行的なwieは全体として、それ自身「人間存在に相関的なもの」である[18]。このように人間存在は「場界においてある」と諸井は言う。さらに人間存在が「場界においてある」ということは、それに渡り合っており、またそれに引き渡されていること、すなわち「超越」することにほかならない。

　また諸井は人間存在の動態的構成のUrgrundとしての二つの構成要素として、「欠如性・欠陥性」と「拡充性・充足性」を認める。それらは相互連関においてのみ存在する。彼によれば、私たち人間存在の日常的事実の根柢には、「欠如性・欠陥性」と「拡充性・充足性」がある。無いことは一つの欠陥・欠如であり、有ることは一つの充実・拡充である。これら二つは一見、相矛盾し

た特徴をもつが、この矛盾が現実に統一的に結び合わさっている。それが人間存在の生の特質である。さらに宗教の境地として、諸井は「絶対的欠如性」、あるいは「徹底した充足性への否定」を説く。

　　絶対の存在者に面接しながら、あらゆる人間的欠如性を引き受け、その欠如性の底に徹しきるところ、そこに欠如性が忽然と消え去り、かえってただ限りなき充実が現ぜられる。すべてを忘じ去って、人間的欠如性の只中に、欠如性をすべて裸々に放出して絶対参究を志す宗教者が、その欠如性の底に裸々の果てに豁然として光明に接するのである。それは人間的欠如性なるもの、すなわちかかる人間主体性の消滅としての、絶対の真空でもある。しかもそれは、それ自体欠如の消滅としての妙有でもある。それは否定反発としての欠如性の徹底および絶対たる点において否定の徹底であり、絶対否定である。そしてまた、この欠如性の消滅たる点において否定の否定であり、絶対の肯定である。かくして主体的事物の欠如性はその存立性の極端において、欠如性そのものの絶対空に帰する。おおよそ以上のごときもの、これが事物の欠如性の真相である。[19]

　つまり、「人間的欠如性の只中に、欠如性をすべて裸々に放出して絶対参究」を志す宗教者が「絶対の存在者に面接」するとき、宗教者は欠如性が欠如性でありながらも、そのまま欠如性の底に「豁然として光明に接する」、すなわち、欠如性そのものの欠如としての「絶対的欠如性」を自覚する。それは絶対の存在者、すなわち「神の光に包まれる時の充足性それ自体の主体の側における脱却であり超越である」。ここに欠如性・欠陥性と拡充性・充足性が相矛盾したようにみえるが、人間存在の生の本質構造において、この「矛盾」が矛盾として存在するのではなく、むしろ統一的に結び合わさっている。こうした絶対的否定性を媒介とした生の本質構造は、諸井の言う「縦的超越」のあり方を示唆する。

　人間存在の超越性について、諸井は「横的超越」と「縦的超越」に分けて論じる。「横的超越」とは、場界的人間が場界において、別の場界へ超越するという通常の超越のことであるのに対して、「縦的超越」は場界それ自体の超越、

あるいは人間の場界性からの超越を意味する。ここで「縦的超越」が「根源存在」（Urgrund）のほうから働きかけられることによって可能になるということ――この点は諸井宗教学を特徴づける独自のポイントである。それはそのまま諸井の天理教教義学の本質構造を示唆する。すなわち、人間存在が救われるのは人間世界を創造し、今も守護している親神からの働きかけ、すなわち親神の守護によって可能になる。諸井は「縦的超越」について、次のように論じている。

> この高次の縦的超越は、単に人間存在の超越的主体性そのものによって乗り超えるというよりも、実はむしろ、まさに超越せんとする時にそこに示されるUrgrund（根源存在）の方から働きかけられるということによって、すなわち、そのUrgrundたる存在が開示されるという中において、それに接するということ、ないしはまた、それに呼びかけられるというごときあり方として我々がそれに接し、それを受け取るということ、かかる中にまさに超越が成し遂げられるということである。さればこの事柄は、言い換えるならば、この縦的高次の超越は人間主体にある超越性の自己形式として成し遂げられるものではなく、まさにUrgrundが開示されるという超場界的な働きかけが与えられることによってなされるのである。[20]

諸井の言う「縦的超越」は人間存在の超越的主体性によって成し遂げられるというよりも、むしろ「根源存在」（Urgrund）が開示されるという「超場界的な働きかけが与えられること」によって可能になる。それは宗教的信を基盤とし、かつ宗教的信が開示する超越性を踏まえて成し遂げられる。またそれは場界それ自体の超越としてとらえることができるものである。そうした「縦的超越」の働きは「究極的信」の本質であると同時に、信それ自体の根源的展開をも示す。[21] それは人間存在の「関わり」という宗教的主体性の基底からみれば、パウル・ティリッヒの言う「究極的関わり」（ultimate concern）と共通の意味構造をもつ。このように「縦的超越」における究極的かつ根源的な信の展開を、諸井は「原宗教」（Urreligion）とよんでいる。宗教はこうした高次の場界における人間主体の事実展開の諸相、あるいは高次の場界実現の現象である。

それは単に縦の超越だけに止まるのではなく、超越の場界を形成するものでもある。

3　宗教的信における超越性とその構造

　諸井宗教学において、宗教の本質は「神的存在」である。宗教的信という関わりにおいて、「神的存在」が本質的にコミットメントの対象となる。神的存在を離れては、宗教的信の特異性を考えることはできない。したがって、宗教の特異性と神的存在は不可分離の関係にある。つまり、このことは「神的存在」が宗教的信の本質概念であることを明示している。そのうえで諸井は、「宗教的信」と「神的存在」の本質的相即性を強調する。

　　神的存在は宗教の本質である。しかして、宗教的信には本質的に神的存在が対象とせられてくる。かくして信の絶対的徹底化はそれ自体、絶対者を対象とする信であらねばならない。神的存在は宗教的信の本質概念である。それは信が先にあって、しかる後に神的存在が措定されたものではない。両者は本質的に相即しているのである。宗教的信なるものは神的存在の信であり、他の何物でもない。[22]

　つまり、宗教的信においては、その対象は絶対的存在としての神にほかならない。その場合、宗教的信が神的存在よりも先にあるのでもなければ、また後にあるのでもない。そうした宗教的信において、諸井は「二つの超越性」を説く。宗教的信はその性格として、内容・対象・主体のあり方において「二つの極」、すなわち「超越性と内在性」をもつ。それはかえって「二つの超越性」、すなわち「上への超越と下への超越」とも言うことができる。それは「一種の円環的な軌跡」をとどめる。[23] 諸井の宗教学的パースペクティヴからみれば、世界における宗教的信は「超越性と内在性」という二つの極をめぐって流動しているので、いかなる宗教についても「超越」と「内在」という二項対立的なパターンによって類型化することは不可能である。さらに諸井は言う。

　　絶対的徹底化としての宗教的信は、絶対的存在を対象とする絶対化せられ

た信である。しかし、それは絶対的表象ないし絶対的表現をもってせられるものではない。そこには多分に相対的表象と相対的表現が用いられずにはいない。ただ、それを通して絶対的生命転換が実現せられるのである[24]。

しばしば、ある宗教は超越的であるのに対して、他の宗教は内在的であるというように、宗教を類型によって理解しようとするきらいがある。そのことによって、宗教の特徴が一層明らかになることも事実である。宗教が成立した時期には、どちらかの傾向が顕著にみられることがある。ところが、諸井の宗教学的視座によれば、具体的な宗教現象としての宗教的信は、超越と内在という二つの極をめぐって流動している。したがって、どの宗教的信も超越あるいは内在のどちらか一つの宗教概念だけで把握することは不可能である。諸井が言うように、あくまでも宗教に関する様々な「相対的表象」や「相対的表現」を用いながら、宗教的信の特徴を言説する必要がある。

諸井は宗教的信と神秘主義の関わりについて、従来の神秘主義理解と異なる独自の視座を説く。彼は『宗教神秘主義発生の研究』の中で、次のように論じている。

> 超越的な絶対的次元の存在に対する信仰は神秘主義の何よりの基盤でなければならない。かゝるもののない所には神秘主義は現れることは出来ない。信仰は神秘主義の根柢に既に確立せられて居らねばならない[25]。

さらに諸井は言う。

> 神秘主義にあっては、凡そ根本に於て信仰が前提とせられねばならないが、然もそこにあつて或る一つの窮極的な存在が対象的内容となつてゐることが必要である[26]。

超越的な絶対的次元の存在、あるいは一つの究極的実在を対象とする信仰が神秘主義の前提である。もしそれが神秘主義の根柢に確立されていなければ、神秘主義が宗教現象として現れることができない―そのように諸井は言う。神

秘主義とは日常的存在体験を超えた次元における存在体験であるが、諸井が指摘しているように、神秘主義の前提として、究極的実在への信仰が存在しなければならない。たとえば、井筒俊彦も言うようにイスラーム神秘主義では、超越神アッラーへの信仰を抜きにした存在体験は絶対にありえない。一神教の伝統においては、超越神は存在秩序の中心であり、どこまでも神中心的である[27]。

さらに諸井は、神秘主義では「神の側からの働きかけ」が重要であるとも言う。表面的にみれば、人間の側から絶対に到達したと見えるとしても、それは「絶対者の側からの発動としての働きがけ」を知ることによって、はじめてそれが可能になるのであり、その中において、それとの直接接触ができる。絶対的存在によって働きかけられるというのは、どのような構造をもっているのか。このことについて、諸井は「或る作用的な独自の存在性を通してなされる」として、その仲介的役割を担う存在を「媒介者」とよぶ。さらに「凡そ超越神教にあつては、神への距離が隔絶してゐる。この距離を埋め、この間隙に架橋するものとして媒介者が極めて重要な地位を占めて来るのである」と言う[28]。宗教史的に「媒介者」として、諸井は具体的にセム系宗教において、特にユダヤ教の伝統において、神と人間一般のあいだの「天使」と「預言者」という二つの存在を挙げる。つまり、「天使」を神の意向を伝達する「神の側の媒介者」として、また「預言者」をその伝えられた神の意向を人々に語る「より多く人間の側の媒介者」としてとらえている。ただし、神の発動としての言葉が「天使」を介することなく、直接「預言者」に与えられる場合も多かったので、「神の側の媒介者は何時しか人間の側の媒介者に移行せられて行く傾向が現れる」。

そのうえで諸井は、キリスト教伝統における「キリストなる媒介者」の特徴を次のように論じる。

　その人間の側の媒介者が神の側のそれをも兼ね行ふやうになる時、そこにキリストなる媒介者となつて現れる。こゝにあつては天使は単なる観念内容のものに過ぎず、宗教的に事実上の役割をなしてゐない。たゞそこには特殊な預言者として、救主キリストたるイエスのみが重要な位置を占めて来るのである。キリストは人間の側の代表者であつたが、又同時に神の側

からの派遣者でもあった。かくてこゝに二様の媒介者がキリストに於て兼ねられることになる。[29]

　キリスト教の伝統では、「天使」は詩的象徴的表現として出ている場合が多く、ユダヤ教にみられるように、信仰的な関わりにおいて重要な役割を果たしていない。神の側の媒介者はむしろ神の独り子としてのキリストにおいて見いだされ、しかもキリストは人間の媒介者として、人間の罪を贖う者として現れる。ここにキリストが「二重媒介者」としての位置をもつことによって、人間は神と結びつくことができる。諸井はここに人間の側の媒介者への移行を認める。それがパウロ神秘主義の成立要件であったととらえている。[30]一方、イスラームでは、「天使」の位置は重要なものとなっている。ハッラージュ神秘主義の基底としてのムハンマドの原体験は直接、神アッラーの顕現ではなく、天使ガブリエルの告示であった。ここでは「天使」と「予言者」ムハンマドは区別されている。すなわち、「天使」は神の側の媒介者であり、「予言者」ムハンマドは人間の側の媒介者であった。このように「二重媒介」の様式がイスラームの特色であると諸井は言う。

　しかしハッラージュでは、ムハンマドがもっぱら基点であり、天使は直接表面に出てこない。そこではムハンマドこそが神と人間の関わりの媒介者としてみなされてくる。諸井によれば、「神秘主義の展開には媒介者の役が神の側の媒介者から人間の側の媒介者に移つて来てゐるのを見ることが出来る」。[31]このように絶対存在の働きかけには、作用的独自存在としての「媒介者」がみられるが、その「媒介者」は「絶対的存在たる神の顕現を何等かの形で、何等かの意味で体験した者」である。諸井は予言的宗教の神秘主義において、神と人間のあいだにあって、「絶対存在の顕現を体験した媒介者」がいかに重要な役割を担っているのかを見事に論じている。

　さらに諸井は「媒介者」に与えられた、「神からの働き」としての「媒介質」を強調する。[32]それは「真実の主体性は神それ自体にありながら、その主体性の発動作用的内容としての媒介性あるもの」、すなわち「神の次元からの発動性そのもの」としてとらえられる。こうした「媒介質」との接触が「神性との接触」とみなされるとき、ここに神秘主義が成立する要件が整えられる。それは

「媒介質との合一を以て神との合一への可能性が開かれる」からであると諸井は言う。代表的な例の一つとして諸井は、旧約預言書における「神の言葉」という語を挙げる。預言者に「神の言葉」が与えられたとあるが、ここでは「神が語る」という発動性が「神の言葉」という媒介質の来臨として表現されている。またイスラームにおいて、ハッラージュ神秘主義の典拠としての『コーラン』にも、こうした媒介質として「言葉」「経典」「智慧」などの語が見られる。この点について諸井は言う、「超越神（アッラー）との直接的接触はかゝる媒介質を通して始めて可能とせられたのである」。このように宗教的信における「媒介質」の存在は、神秘主義の根本要因としての意義をもつ。ハッラージュにおいてもパウロにおいても、「媒介質の人間内在化」が見られる。すなわち、ハッラージュは「被造物性からの脱却」を、パウロは「自然のまゝなる人間の否定」を言う。またパウロは通常的人間の否定を「死」の語でもって語る。

諸井によれば、神秘主義の発現のために人間の「低次元性の除去」が目指される。その努力は禁欲苦行として実践される。禁欲苦行の実践をとおして、人間の低次元性が次第に除去され、人間存在に潜在する、媒介質としての「内在的高次性」が顕在化するようになる。このように神秘主義はその体験そのものを成り立たせる、より根柢的なものを基盤としている。

4　死生に関する考察—「出直し」の教義学的視座—

人間にとって「死」とは、自らの内なる「根柢」を極限的に経験することではないのか。そこで人はキリスト教的に言えば「死者」として新生する。天理教の「出直し」とは死者復活の出来事ではないのか、と批評家の若松は言う。さらに若松は、「諸井先生は自己の魂に起こっている『出直し』の秘儀をはっきりと自覚されて生きていた」とも言う。すでに述べたように諸井にとって、宗教学研究と天理教教義学研究は密接不可分に結びついていた。また天理教教義学研究と信仰の実践も不可分であった。若松が言うように、諸井は「自己の魂に起こっている『出直し』の秘儀」をはっきりと自覚していたであろう。

ここで筆者は、諸井の言う宗教的信を成り立たせている超越の構造に関する理解を、天理教における「出直し」などの教義の捉え直しへと展開してみたい。諸井の宗教研究の特徴については、日本宗教学会パネル「宗教における死生観

と超越」におけるコメントとして、氣多雅子が適確に指摘したように、ハイデッガーが人間存在の根本的な脱自構造に超越の本来的意味が看取されると考えて、スコラ哲学以来の伝統的な超越概念を大きく変容させたが、諸井の超越性に関する理解はその変容と同調すると考えられる。[37]

　これまでに示唆したように、諸井の宗教論では、いわゆる「根柢」（Urgrund）が鍵概念をなしている。高次の超越によってはじめて、生の根柢が開示される。それは宗教的信をその基盤としている。「根柢」（Urgrund）という鍵概念によって、諸井は存在の根源性あるいは生の根柢を認識することの重要性を強調する。人は自己の生の根柢を知らない。しかし、この根柢を知らなければ、人は真実にたすかることができないと諸井は言う。[38]私たち人間は自己の生命の根柢を知ることによってはじめて、自己の本質を理解することができるし、真にたすかることができる。その根柢に立脚してこそ、真に生命のより良き建設を遂げることができるからである。生の根柢を知るところに、生の根源を探究して本来的な生き方をすることができる。

　ところが、生の根柢を知ることは決して容易ではないと諸井は言う。私たち人間はそれを自らの力のみで知ることができないからである。私たちは彼の言う「縦的超越」としての宗教的信において生きる中で、生の根柢を知ることができる。それは「根源存在」の開示という「超場界的な働きかけ」が与えられることによって可能になるのである。こうした宗教学的な考察を重ね合わせながら、諸井は天理教教義学の視座から、私たち人間存在の生の根柢を論じる。

　　およそ根柢とはその成り立ちの始元を知るものによって教えられ、告げられてこそ初めて知らされるべきものであろう。それはただ元なる親神の思わくを知らされることによってのみ可能となったのである。[39]

　天理教の三原典に開示される生の根柢——それは私たち人間が親神によって創造され、親神の懐住まいをしているということである。この生の根柢は、天理教のコスモロジー（人間観・世界観）によれば、諸井の言う宗教的信においてはじめて知ることができる。[40]諸井宗教学の概念を援用すれば、「根源存在」の開示という「超場界的な働きかけ」は天保9年（1838）10月26日、人間世界を

創造し、また今も変わることなく守護する「元の神」「実の神」たる親神・天理王命が、教祖・中山みきをとおして直々開示された根源的啓示に始まった。親神の根源的啓示は時間的にみれば、教祖が「月日のやしろ」となられた天保9年10月26日から、本席・飯降伊蔵が出直した明治40年6月9日まで与えられた。親神の根源的啓示によって私たち人間は、親神による人間世界創造の目的が神人和楽の「陽気ぐらし」世界の実現にあったことを知ることができる。私たち人間の生の本来的なあり方は「陽気ぐらし」にある。ところが私たち人間は、たとえ宗教的信をもっているとしても、みずからの心に親神の思いに反する心遣い、すなわち「ほこり」を積むことによって、自己の本来的なあり方を理解することができない、あるいは、みずからの生の根柢を自覚することができないままになっている。生の根柢を知るためには、親神の思いに沿って「陽気ぐらし」の生き方をすること、心の「ほこり」を払って心を澄ますことが肝心である。

　諸井は宗教的信には、二つの極をめぐって各種の特徴が見られるという。すなわち、悪と善、罰と愛、俗と聖、決意と委託、自立と恩寵、賭と安心、棄却と自由、朽と不朽、暗黒と光明、死と生、今と永遠、否定と肯定などの矛盾的な二面が述べられる。諸井によれば、「その前項は後項における高次性の中に包含せられて、これらの対立はただ統一として実現せられて行く」という。そのうえで、次のように言う。

　　前項は、まさしく、かかる宗教的信における発足的自己の立場をめぐって、自覚され意識せられる詠嘆であり歎息である。これに対して後項は、到達的自己の立場からおのずと発せられるべき讃歌であり称揚である。それは相矛盾するごときものでありながら、同一主体の、ないしは同一主体の信の実現において、いわば弁証法的に統一せられている。[41]

　ここで諸井は「発足的自己と到達的自己とは相反しつつ、しかも統一せられている」と言う。天理教の教義に照らせば、諸井の言う「発足的自己」と「到達的自己」は、心の「ほこり」のために濁った心すなわち自己中心的な心遣いと、心の「ほこり」を払って澄んだ心すなわち親神の思いに沿った、人をたす

ける心と言い換えることができるであろう。宗教的信における「縦的超越」の中で、「根源存在」たる親神からの「超場界的な働きかけ」が与えられることをとおして、私たち人間は親神の守護によって救けられる。諸井は救済への経路を示すものが宗教の教説であり教理であると言う。救済とは「神的存在」のほうからの働きかけによる「絶対的生命転換の境地そのもの」である[42]。天理教のコスモロジー（人間観・世界観）においては、それは自己の知恵や力で生きているという心の地平から、親神の守護によって生かされて生きているという心の地平への意味転換を意味する。

　人間は親神の守護によって生かされて生きているが、死は「出直し」として教示される[43]。「出直し」とは人間が親神から借りている身体を親神に返すことを意味する。この語には、この世界に再び生まれ変わってくるために、新たに再出発するという意味が込められている。ところが諸井の言う「発足的自己」あるいは日常的経験の次元から物事をとらえる自己にとっては、死は生の終着点であり、死によって全てが消滅し無と化してしまうように思われる。死がとうてい「出直し」とは理解されない。しかし、天理教という宗教的信の「縦的超越」に生きる「到達的自己」にとっては、死は「出直し」として自覚される。彼は次のように明確に論じている。

　　死は決して人間の真の生命の終末なのではない。それは一時借りている身
　　体を親神に返済することに外ならないのであり、霊魂は生き通しであり、
　　又再び後に別の身体をお借りして現われて来るのであると教えられた。そ
　　してそれは丁度古い着物をぬいで新しい着物に着替えるようなものである
　　とさとされている。かくして死ぬことは「出直し」と仰せられている[44]。

　死生に関する諸井の天理教教義学の視座は、そのまま天理教の三原典に開示される天理教の死生観を明示している。天理教の原典にもとづいて諸井は、人間が借りている身体を親神に返したとしても、「霊魂は生き通し」である。したがって来生において、この世界へ新たな身体を借りて生まれ更わってくると言う。さらに諸井は言う、「死は一つの転機に過ぎない」。つまり、私たち人間の生命はただ死をもってすべてが終るのではなく、「陽気ぐらし」世界の実現

へ向けて、生まれ更わりを繰り返していく。天理教の信仰に真摯に生きた諸井は、若松の言葉を援用すれば、「自己の魂に起こっている『出直し』の秘儀」をはっきりと自覚していた。諸井宗教学の視座からみれば、これが「宗教的信」における人間存在の場界的超越である。諸井によれば、生の根柢とは、その始元を知るものによって開示されることで、はじめて知ることができるのである。

おわりに

以上、論じてきたように、諸井宗教学の視座によれば、私たち人間は「信においてある存在」であるとともに「場界的存在」でもある。宗教的信において、私たち人間は場界的超越を成し遂げる。それは人間存在の超越的主体性による場界性からの超越というよりも、むしろ諸井の言う「縦的超越」、すなわち「根源存在」あるいは「神的存在」からの働きかけによってはじめて成し遂げられる。諸井の説く宗教の本質構造論では、宗教的信における「超越」と生の「根柢」の認識が密接不可分に連関しているのである。諸井宗教学において、低次の信を高次の信へと駆り進めるものこそが宗教的信の本質である。

上記の諸井宗教学の視座は、本稿において論じてきたように、そのまま諸井の天理教教義学における親神と人間の関わり、すなわち「根源存在」あるいは「神的存在」としての親神の守護を開示する天理教コスモロジー（人間観・世界観）の構造と重なり合う。諸井の言う「宗教的信」を成り立たせる超越の構造に関する宗教論は、現代の宗教多元世界における死生の意味を掘り下げて理解する重要な契機を提示すると同時に、天理教における「出直し」の教義に関する教義学的基盤を構築するものでもある。したがって現代世界において、私たちが死生の意味を問うとき、その問いそれ自体が私たち人間存在の本質的特徴への問いでもある。そのことは諸井の言う「宗教的信」における超越性への探究を喚起する。

最後に、諸井が出直す直前に語った言葉を引用して、拙稿の結びとしたい。それは一昨年（2011年）11月26日、天理大学宗教学科研究室とおやさと研究所の共催で開催された諸井慶徳先生五十年祭記念・公開教学シンポジウム「天理教教義学を語る」において、諸井のご長男の諸井慶一郎・天理図書館長が、講

演「父を語る」の中で紹介したものである。

> 翌年（昭和三十六年）六月、父がそういう体調でしたので、私はその当時、成人寮という教会本部の寮がありましたので、その寮へ急遽入ることになりました。成人寮におりましたが、家から父が危篤になったとの連絡が入り、六月二十四日の朝から家へ戻りました。家の玄関の横の部屋で寝ていた父の側にずっとおりました。夜の九時少し前から、「だんだん足元から、死が忍び寄る」と言いました。身体の感覚がなくなってきたのでしょうね。「膝まで来た」「腰まで来た」と申しました。そして「起こしてくれ」と言いますので、身体を支えて起こしますと、ベッドの上で「むこう（教会本部の神殿の方角）を向かせてくれ」と言いました。教会本部の神殿の方を向いて、拍手を打って「親神様、本日ただ今まで、諸井慶徳をお使いいただきまして有難うございました」、さらに拍手を打って「教祖、本日ただ今まで、諸井慶徳をお使いいただきまして有難うございました」とお礼を申しました。そして「休ませてくれ」と言いました。「腹まで来た」また「胸まで来たら終わりだ」と申しました。そのうち医者が睡眠剤を打って、それから昏睡状態になって、夜中未明に息を引き取ったというような次第でありました。父の最後の言葉のように、お道の信仰者は父のように親神様・教祖にお礼を申し上げて、出直をさせていただきたいと思わしていただきました。父の人生はまさに最後の言葉に象徴されるような人生であった、と私は思っております。[45]

諸井の最後の言葉の中に、彼の学問と信仰のあり方が凝縮されている。彼の宗教学研究はそのまま天理教教義学研究であった。また天理教教義学研究はそのまま信仰の実践であった。さらに諸井の言葉は、天理教の信仰に真摯に生きる人々の死生観を端的に表現していると言えるであろう。

註
（１）　若松英輔『井筒俊彦―叡知の哲学』慶應義塾大学出版会、2011年、141-173頁、および、『天理教学研究』第44号（天理大学宗教学科研究室編、天理教道友社、

2012年）における特集「諸井慶徳先生五十年祭　公開教学シンポジウム」を参照。
（２）　拙稿「諸井慶徳先生の教義学とその展開」『天理教学研究』第44号、2012年、65-79頁を参照。
（３）　若松英輔『井筒俊彦―叡知の哲学』、145頁。
（４）　諸井の宗教学研究および天理教学研究への学問的態度については、飯田照明「諸井慶徳先生の学問的態度」『天理教学研究』第44号、2012年、35-64頁を参照。
（５）　Wilfred C. Smith, *The Meaning and End of Religion*, (New York: Harper & Row, 1978; the first printing, 1962), pp. 156-57.
（６）　諸井慶徳『宗教神秘主義発生の研究―特にセム系超越神教を中心とする宗教学的考察―』天理大学出版部、1966年。
（７）　詳しくは諸井慶徳『宗教的主体性の論理』天理教道友社、1991年を参照。
（８）　諸井慶徳「教義学概論」（『天理教神学序章』諸井慶徳著作集第六巻、天理教道友社、1971年）、15-17頁。
（９）　『諸井慶徳著作集（上）』天理教道友社、1996年、48-49頁。
（10）　同上書、50頁。
（11）　若松英輔『井筒俊彦―叡智の哲学』、156頁。
（12）　『諸井慶徳著作集（上）』、50頁。
（13）　諸井慶徳『宗教的主体性の論理』、241-242頁。
（14）　同上書、26頁。
（15）　同上書、45頁（注記）。
（16）　同上書、26-33頁。
（17）　同上書、150頁。Cf. M. Heidegger, *Sein und Zeit*, erste Hälfte, 4 Aufl., 1935, S. 86.
（18）　同上書、150-151頁。
（19）　同上書、65頁。
（20）　同上書、201-202頁。
（21）　同上書、188頁。
（22）　同上書、237頁。
（23）　同上書、332-333頁。
（24）　同上書、334頁。
（25）　諸井慶徳『宗教神秘主義発生の研究』、946頁。
（26）　同上書、952頁。
（27）　神秘主義と信仰の関わりについて、諸井の宗教論とは少し違った意味で、井筒俊

彦は神秘主義を一神教性あるいは多神教性にもとづく有神論的神秘主義と、古代インドのバラモン教や大乗仏教諸派、特に禅仏教のような無神論的神秘主義に大別している。井筒俊彦『意味の深みへ―東洋哲学の水位―』岩波書店、1985年、209-212頁を参照。
(28) 諸井慶徳『宗教神秘主義発生の研究』、961頁。
(29) 同上書、962-963頁。
(30) 同上書、963頁。
(31) 同上書、964頁。
(32) 同上書、967頁。
(33) 同上書、968頁。
(34) 同上書、970頁。
(35) 同上書、985-995頁。
(36) 若松英輔「諸井慶徳著『天理教教義学試論』を読む」『天理教学研究』第44号、2012年、19頁。
(37) 氣多雅子「コメント」、学会パネル「宗教における死生観と超越」(代表者・髙田信良、日本宗教学会第71回学術大会、皇學館大学)、2012年9月8日。
(38) 諸井慶徳「天理教教義学試論」『諸井慶徳著作集（上）』天理教道友社、1996年、48-49頁。
(39) 同上書、50頁。諸井が宗教学研究を踏まえて展開した天理教教義学研究については、諸井慶徳『人間完成の道としての天理教』(諸井慶徳著作集第七巻)、天理教道友社、1972年などの諸論考を参照されたい。
(40) 天理教の教義にもとづく生とその意味については、拙著『天理教教義学研究―生の根源的意味の探究―』天理教道友社、2011年を参照。
(41) 諸井慶徳『宗教的主体性の論理』、329頁。
(42) 同上書、334-335頁。
(43) 天理教における「出直し」とその意味については、拙論「死生観とその意味構造」『「死生観と超越―仏教と諸科学の学際的研究」研究成果―2011年度報告書』(龍谷大学人間・科学・宗教オープン・リサーチ・センター編)、2012年を参照。
(44) 諸井慶徳『宗教的主体性の論理』、187頁。
(45) 諸井慶一郎「父を語る」『天理教学研究』第44号、2012年、33頁。

危機の体験と死生観の形成
―現代日本におけるキリスト教理解の一断面―[1]

中村 信博

はじめに

　多くの場合、キリスト教信仰は個人的体験と分かちがたい。だが、これまで一部の聖職者や神学者などの場合をのぞき、ほとんどの場合、主要な著作物を残さなかった信仰者の特質や傾向について学術的議論の対象とされてはこなかった。入信の動機が、私的死生観にと解消されがちなキリスト者の危機体験が、とりわけて超越の理解をめぐって、どのように神学思想（教義）、伝統、聖書理解と関係するのかを具体的事例によって考察する。

1　問題の所在

　現代日本におけるキリスト教は、どのような特質を有しているだろうか。また、それはどのような仕方で理解することができるものなのか。いわゆる神学思想やキリスト教思想は、際立つ個人の信仰理解を明確にしてきたし、その影響もまた看過することはできない。けれども多くのキリスト教信者は、体系的神学や教義を正確に理解して入信するとは限らない。[2]むしろ、家族や近親者、友人、知人の死、あるいは本人も含めて病気、失業、困窮などの困難と危機を体験することが契機とされる場合が圧倒的ではないかとおもわれる。本稿においては、伝統的なキリスト教にならって、神学論理を構築しようとする立場からではなく、現代日本における信仰者の事例を具体的に紹介し、そこに潜在し、通底するキリスト教的死生観の特質を抽出することに目的をおいている。抽出された死生観からは、キリスト教におけるどのような超越理解を観察することができるだろうか。

結論を先取りすれば、日本におけるキリスト教は、いわば、その死生観を媒介とすることで、日本という異教社会において、信者と非信者、他宗教とキリスト教、教会と社会の枠組みと境界とを超えて、もうひとつの目に見えない共同体を仮想現実として形成する可能性を有して存在してきたようにおもわれる。

2　論点の設定

　本稿においては、まず佐原英一牧師の場合をひとつの事例として提示する[3]。キリスト教との出会い、牧師としての（牧会）活動、キリスト教理解の特質とその実践、そして死生観を中心に紹介する。つづいて、それをひとつの特殊事例としてしまうことを避けるために、ドイツ敬虔主義について概観する。17世紀のフィリップ・シュペーナーを起源とするドイツ敬虔主義の際立った特徴は、正統プロテスタント神学との距離にあった。それはむしろ、長く信徒を中心とした教会刷新運動という性格を著しくして展開したものであった。しかし、それは、「もう一つの近代化への系譜」とも言われるように、近代プロテスタント教会にとっては忘れることのできない大きな影響を残している。

　現代日本における市民的キリスト教理解とドイツ敬虔主義に共通するのは、「危機」を信仰理解の契機としている点にある。前者においては個人の危機であり、後者は時代における危機と言えるだろうか。また、20世紀初頭の日本においては、内村鑑三、中田重治らによる「再臨運動」との関係も意識されなければならない。それらは危機の性格をそれぞれ異にしながらも、危機という契機を通して神を思考しつづけており、その思考と信仰の実践においてたえず自己と周囲の状況を変革しようとする点など、多くの共通点を見いだすことができる。

　しばしば、一般信徒の入信動機や信仰理解について語ることは一種の体験主義に傾斜することが恐れられ、これまでは、一部の実践神学的な関心の域を出なかった。しかし、ここでの論点は、座標軸の設定の仕方によって、信仰的体験には神学的検証に耐え得る論理が潜んでいるのではないかとの仮説を立て、それを検証することにある。体験にもとづく死生観は、キリスト教を独善的で閉塞的な枠組みのなかに押し込んでしまうどころか、むしろ、教会共同体の外にさえ、新しい共同体を形成することのできる可能性を有していることを指摘

したいと考えている。

3　佐原英一牧師（1944～2008年）

佐原英一は1944年、京都市郊外に誕生し、中学から同志社に学んだ。そこでキリスト教教育を受け、大学神学部を経て、大学院神学研究科において聖書神学を専攻した。当時の同志社大学神学部は、戦後のキリスト教ブームが去って、1960年と1970年前後の二度にわたる日米安全保障条約体制への反対運動が昂揚するなかで、神学教育のあるべき理想を模索した時代であった。混迷する時代思潮のなかで学部長を務めた大下角一（在任は1954～60年）は、神学教育の目的を牧師養成に絞り、徹底的に実践を重視する方針を貫いた。[4]

しかし、佐原のキリスト教理解の底にあったものは、どちらかと言うと、中学生の時代に教会生活を通して得た体験的な充実感にあったのかもしれない。両親の希望もあって、佐原は実家近くで、既存の教会にとらわれずに、いわゆる開拓伝道を始めていた若い日の榎本保郎牧師の薫陶を受けて育ち、級友たちとともに受洗している。榎本牧師の生涯については三浦綾子の『ちいろば先生物語』（朝日文庫、1990年）に詳しいが、榎本もまた神学部の大下の方針に応答するかのように、神学や教義よりも、より具体的な生活に即したキリスト教を強調した。佐原は多感な少年期から青年期にかけて、教会においても神学教育においても生活に根ざした信仰を尊重することを学びながら成長した。

大下の実践主義的な神学教育は、その後もしばらくは同志社の神学教育の際立った傾向でありつづけた。それについては当然賛否のあるところであるが、すくなくとも青年期の佐原にとっては、神学の研鑽と榎本に指導された教会での体験に大きな乖離と矛盾を体験することなく学ぶことができた、幸福な時代であったのかもしれない。[5]

同志社での学びを終えた佐原は、日本基督教団弓町本郷教会、同今治教会、同京都葵教会を歴任しているが、本稿においては、牧師としての後半生を過ごした京都葵教会時代を中心に考察する。

4　京都葵教会在任時代

佐原英一は、1976～2008年にかけて日本基督教団京都葵教会に牧師として在

任したが、32年にも及ぶ活動は、およそ３期に分類することができるだろう。いま、その年限を正確に区切ることはしないが、ほぼ10年を単位として、初期（発展期・新しい教会形成）、中期（充実期・青年層への影響）、後期（苦悩期・礼拝堂改築、教区教団への関与）というように区分することができる。しかし、一貫しているのは全体を通じて、「悲しみを負う人びと」を視野におきながら牧師としての活動をつづけたことにある。それが何に起因し、どのような性格のものであったのかは後述するとして、つぎに「悲しむ人びととともに」生きようとした佐原による牧会活動の舞台となった京都葵教会について概略する。

5　京都葵教会の歴史

　京都葵教会の歴史は、すこし複雑である。本来は、日本救世軍京都小隊として1904年に設立された教会であった。日中戦争のさなか、宗教団体にたいする国家統制を目的とした宗教団体法にもとづいて33のプロテスタント諸派が合同して日本基督教団が成立したのだが、これに合同した日本救世軍は、戦後になって他のいくつかの教派とともに日本基督教団から離脱、独立し、公式に本来の救世軍としての活動を再開することになった。その際、京都小隊のなかで日本基督教団に残留することを希望した信徒たちは、1955年、教会の所在地を現在地に移転して、日本基督教団京都葵教会として再出発したという経緯があったのである[6]。

　したがって、京都葵教会の歴史を考えるとき、メソジスト教会牧師ウィリアム・ブースによって1865年、ロンドン東部のスラム街で始められた社会改良運動を発端として始まった救世軍の運動が内包していたキリスト教理解を無視することはできない。救世軍の日本における指導者は山室軍平[7]が知られ、クリスマス前後の繁華街で見られる社会鍋は年末の風物詩として定着した観があるが、日本における廃娼（清郭）運動には多大の貢献をなした[8]。こうした運動の背景には、W・ブースのよく知られた、

　　　女性たちが泣いている限り、わたしは戦う。幼い子どもが飢えている限り、わたしは戦う。男たちが刑務所に出入りする限り、わたしは戦う。酔っ払

いが残っている限り、街頭に哀れな女性がいる限り、神の光を受けていないひとりの魂でもある限り、わたしは戦う。終わりまで戦う(9)。

に込められた祈りとも言うべき、「困難を背負った者とともに」、「その人びとのために」という信仰の確信があった。戦後、再開された救世軍とは別の道を歩んだとはいえ、京都葵教会には、この確信が教会の体質となっていたであろう。この教会においては、信仰ははじめから個人の内的省察とともに、あるいはそれ以上に、他者奉仕的な営みとしての性格を強く持つものとして自覚されていたに違いない(10)。

　以降の京都葵教会は、同志社大学神学部出身者を牧師として迎えることになる。同志社は、旧教派的には会衆主義（Congregationalism・日本組合教会）であって、このとき、本来はメソジスト派を起源とする救世軍的体質の教会と牧師の神学および信仰理解との間には、齟齬が生じ得る状況を出来したとおもわれる。教会組織そのものは日本基督教団に適応したものの、この教会が抱えていた社会救済の視点と、それとは別の神学を学んだ牧師との間はどのようなものであったのだろうか。

　救世軍の時代からこの教会を牧会した長井公平、ハナ牧師の辞任は、現在地への移転から間もない1959年のことであったが、同年に就任した氷室謹也牧師の在任は1975年までの16年間に及んでいる。氷室牧師は京都葵教会にとっては最初の同志社大学神学部の出身者であった。ところが、氷室在任中の16年間に、牧師と信徒との間に信仰理解や神学の相違による大きな軋轢があったことは記憶も記録もされてはいない。むしろ、氷室時代の16年間は、この教会にとっては比較的安定した時代がつづいたと言えるだろう。先に触れたように、この時代は二度にわたる日米安全保障条約による体制への反対運動、それに連動する反体制的な学生運動が昂揚した。とくに日本基督教団では、1970年に大阪で開催された万国博覧会におけるキリスト教館出展をめぐって、紛争を極め、教団そのものの存続が危惧された時代でもあった。日本基督教団に所属する多くの教会が混乱し、日曜日の教会礼拝もままならない教会もあったことをおもうと、京都葵教会においては、そのような時代的影響がほとんど見られないことはむしろ不思議でさえある。

おそらく、氷室牧師の人柄と信仰が尊敬を集めたこと、そして牧師と教会とが一致して教会内諸集会の充実に努力したこと、氷室牧師時代の最後には、京都近郊への開拓伝道を教会の事業として計画したことなどがその理由として挙げることができるだろう。短慮ではあるが、時代的な状況に目を向けるいとまを生む間もなく、氷室牧師から会衆派教会の教会形成を学び、その実践を課題とした時代であったのかもしれない。
　会衆主義について、同志社の創立者新島襄はある書簡において、以下のような見解を表明したことがあった。

　　私は今も会衆主義［コングリゲーショナリズム］が考えられる限り最上の教会形態［教会運営］だと考えています。教会形態に関する限り、私は民主主義的行政組織を強く信奉しています（ここでは、政治的見解を表明しようとしているのではありません）。私は自分がいったん受けいれたこの「自由の原則」に忠実でありたいと望んでいます。私は死ぬまでこの主義を保持するつもりです。[11]

　氷室の時代、すでに教派形態としての会衆主義教会は日本に存在するものではなかったが、「自由」という理念を尊重する民主主義的な教会組織のあり方は、同志社に学んだ氷室によって京都葵教会にもたらされ、その後の教会運営と教会組織のあり方、そして教会員のキリスト教理解に一石を投じることになったであろうことは想像に難くない。
　ただし、民主主義的な教会運営と組織が理解され実質化すればするほど、そのことの弊を真正面から被ったのもまた氷室牧師であった。というのは、氷室は、自らの牧師としての姿勢が教会内でよく理解され、信徒と牧師とが協議した上で開拓伝道を策定したその直後に、京都葵教会を辞任してしまうのである。教会が牧師による一方的な指導によって形成されるものではなく、民主主義の原則にしたがったうえで、互いの信仰を尊重し合う共同体であるという意識は、同時に、牧師ではあっても教会内で理解されない信仰や理念を持ち込むことを許さない体質を醸成することでもあった。残念ながら、氷室牧師辞任について正確な報告を記録しているとおもわれる決定的な資料は見あたらない。

けれども、辞任直後の氷室牧師は、精力的にキリスト教と禅仏教との融合、もしくは、両者の相互媒介的理解を目指した活動を展開し、キリスト教における参禅の実践を模索した集会を主催しているのである。それは、いわば、一般的に理解可能であるとおもわれるキリスト教の範囲を大きく逸脱した活動でもあった。氷室牧師は、いっぽうで教会の組織や意思決定を民主化しながら、他方では従来のキリスト教理解には収まりきらない信仰の有り方を模索していたのではなかったかと推測される。氷室牧師の突然の辞任は、自らが牧師として在任した教会において、信徒との信仰をめぐる論争と軋轢を回避するための苦渋の選択であったのではないかとおもわれる。[12]

6　佐原英一牧師の時代

（1）　その特色

　佐原英一牧師は、氷室が京都葵教会を辞任してからほぼ一年後の1976年から京都葵教会に主任担任教師（牧師）として在任した。氷室が育てた会衆主義の精神を継承するためには、後任にも同志社大学神学部を卒業した牧師による指導が必要であったのであろう。佐原は、このことをよく理解し、氷室牧師の時代に着手された教会内諸集会の充実と開拓伝道とを自らの課題とし、精力的に取り組んだ。それは、牧師としての権威によらず、むしろひとりの信仰者に徹して、信徒とおなじ立場に立ち、信徒と共感することをこころがけた牧会であった。とくに、青年信徒の育成には心を砕き、昼夜の別なく牧師宅を開放して、夫人とともに私生活を犠牲にすることを厭わなかった佐原の姿勢は、関係者によって語り継がれて久しい。佐原の牧師としての姿勢に影響を受け、同志社大学神学部在学中に京都葵教会に通い、最終的に牧師として生きることを決断した人びとは30名を越えると言われている。

　ただ、氷室牧師とおなじように、そこにはある種の表裏があったことも事実である。神学や教義よりも体験と実践を重視する姿勢は、非キリスト者にとって理解しやすく、多くの青年たちにたいして年長の仲間のように指導することを可能にした。反面、佐原の方針は、その実践をささえる神学や論理を結果的に軽視したように見られ、理解し、賛同する者が多い分、直感的で体験主義であるとの批判も受けることになった。

（2） その背景

　その批判はともかく、佐原が尊重した体験と実践の重視にはふたつの原点を指摘しておかなければならない。そのひとつは、先に触れた少年期の佐原を指導した榎本保郎牧師の影響である。榎本と佐原とはその後も私的に交流をつづけたのみならず、佐原にとっては京都葵教会の前任教会となった今治教会においても主任牧師と副牧師として再会を果たし、今度は同僚として、ともにキリスト教の牧会・伝道に励んだことになる。

　だが、榎本はその体験的聖書理解をより多くの人びとと共有しようとする信徒運動に専心するために、今治教会を辞任してしまう。結局、佐原はしばらく榎本が辞したあとの今治教会の態勢を整え、残務の事務処理等をやり終えて京都葵教会に赴任したことになるのである。期せずして、佐原は前任教会においても新任教会においても、公同的教会から踏み出すことを決意した牧師のあとを、その期間の長短は別として、引き受けて牧師としての活動を継続したとも言えるだろう。

　脱線することを承知で述べれば、偶然のように見える佐原牧師の体験は、じつは日本におけるプロテスタント教会のひとつの傾向を物語っていたのかもしれない。一口にプロテスタント教会としてまとめてしまうと、あたかもカトリック教会に比肩する教会組織や神学、そしてそれらの伝統に裏付けられたキリスト教の教派であるかのようなイメージを抱いてしまうだろう。しかし、実際には、佐原牧師ひとりの生涯においても、連続する同質の事態に遭遇せざるを得なかったように、多様な信仰理解が交錯し、揺れ幅の大きな実態を有するものであったと言わざるを得ない。

　さて、もうひとつの原点は、次男の夭逝にあった。先天性の心臓障害を抱えた幼い次男契児を見送ったことは、牧師としての佐原の人生を確固として教会という現場に係留する結果になった。佐原は持病の悪化によって、牧師としての年齢から見ればこれから円熟期ともおもわれる年代で引退を余儀なくされた。不自由な体をおして、ようやく牧師として最後となる辞任説教に臨んだ佐原は、次男との別れをおよそ次のように述べている。

　　しかし、一番虚しくなったことは、次男契児の死でありました。そしてお

まけに 3 回の心臓の手術をして、最後には 8 ヶ月の植物人間になったということです。「どうして神さま、こんなことをなさるのですか」。つぶやくことが多かったことを思います。しかし、8 ヶ月の植物人間、これは神さまがもたらされた恵みでありました。イエス・キリストによってもたらされた恵みを考える時でした。愛児の死は、何を意味しているのか。それを 8 ヶ月の間、私たちは考える時を与えられました。我が子の死、誰だってつらいことです。悲しいことです。でも、悲しいことで終わらなかったわけです。

　生前の佐原は、しばしば「多くの親は子に人生の意味と道を教えるが、わたしたち夫婦は子どもにそれを学んだ」と口にしていた。だが、佐原にとって次男との別れは、それ以上のものを遺したと言える。佐原の牧師としての働きにおいて、もっとも佐原らしさが発揮され、周囲の者もそれをよく理解し、教会において牧師も信徒もその立場の違いによらず、信仰の共同体を産み出し始めるのは、これ以降のことであった。
　ここでは、仮説的な論を述べるに過ぎないのだが、牧師を育て、その牧師から教会が学び、信仰者が育てられるのはその牧師が若い時代に受けた神学教育だけとは限らない。佐原は次男の死という人生の危機を自らに与えられた課題として受容することによって、牧師としての自己を点検し、おなじように人生の危機を生きる人びとにむけて自らのこころを拓き始めたのであった。

（3）　牧会活動
　では、肝心の佐原の牧師としての活動、すなわち牧会はどのようなものであったのだろうか。その特徴を以下に略述したい。ただし、ここではプロテスタント系の教会において、通常、牧師の日常業務として考えられていることについては触れないことにする。
　次男の夭逝は、佐原の内面に明確な超越軸を形成したように思われる。やがてまた自分がこの世を去ることになったときに、「胸をはって天国の次男との再会を果たしたい」。それが佐原の率直な気持ちであったであろう。
　じつは、次男の長期の入院には京都葵教会に集っていた多くの青年たちが協

力態勢を組んだ。順番を決めて病室に泊まり、また、付き添いのために教会を留守にせざるを得なかった牧師夫婦に代わって、幼い子どもたちの世話をするなど、多くの青年たちが骨身を惜しまなかった。また年長の教会員たちもあたたかな目でそれを見守っていた。このときすでに、病児を中心にして、豊かな共同体が教会を舞台にして生まれつつあったのである。この自然発生的に生まれた協力態勢が、その後の京都葵教会においては、有形無形にさまざまな側面において中核的な働きをすることになる。

　牧師夫妻は、喪失の悲しみに暮れる間もなく、「心臓病の子どもを守る京都父母の会」（以下、「守る会」）と連携し、同会が運営する自主統合保育施設「パンダ園」を京都葵教会内に開設した。先に、会衆主義教会の説明において、教会の意思決定のシステムに触れているが、牧師の提案であっても、それに賛同する多くの教会員がなければ実現しないことであった。すでに会衆主義的な教会運営に馴染んでいた教会員には、牧師の提案であっても決断の主体が信徒にあることになんの抵抗もなかったであろう。こうして現在までつづく「パンダ園」は教会内に設置されたが、これを運営する「守る会」はキリスト教主義によって性格規定をしている団体ではない。とうぜん、「パンダ園」の保育もキリスト教のミッションやその精神を基礎としているわけではない。キリスト教の教会内で、キリスト教によらない保育が展開されている。もちろん、ボランティアスタッフのなかには、京都葵教会員以外の者も含め、キリスト教信者や関係者も含まれてはいるが、無宗教、他宗教の信者もまた多い。そこでは、保護者も含めて多様な精神性が共存している。「守る会」も「パンダ園」も京都葵教会も、「人生の危機」と「悲しみ」を分かち合いながら精神的な共同体を形成してきたのであった。

　さらに、もうひとつの事例を紹介すれば、牧師家庭の開放性をあげることができるかもしれない。佐原牧師の告別式において、かつて学生時代をこの教会で過ごした岡崎岳は、弔辞のなかで以下のようにその思い出を回顧している。

> 日曜日の夕方には、夫人を中心にして夕食作りがなされ、それを食べてから夕礼拝に出るというのがパターンでした。その後は先生の車に乗って銭湯に、……再び牧師館に行って……騒いで……。そういう先生の自分に関

わるひとを大切にされるというお気持ちは終生変わることはありませんでした。

　どこの教会にもありそうな、青年と牧師のエピソードであるかもしれない。けれども、岡崎は佐原の私生活を投げ出すようにしてつづけられた牧師としての働きを間近にして、のちに自らも牧師として生きることを決断したのであった。
　そこには、若い日に榎本保郎によって指導された体験のなかに根づいた信仰を次世代に継承したいとする、佐原の強い意思が働いていたのかもしれない。

（４）　聖書理解
　このような佐原の牧師としての働きは、どのような聖書理解にささえられていたのだろうか。先に触れた辞任説教で、佐原は次のようにも述べている。

（この教会では、まもなく４月から牧師不在になるけれども）、それは、ひとつに、わたしたちの教会に与えられた試練の時であることを思います。そして、その出来事を通して、私たちがそこで発見することは、「目を上げて見ると、石はすでにころがしてある（注・キリスト復活の朝）」[17] その恵みを、教会が悟っていくことの大切さを教えられます。人間的な思いで、できごとを考えていく時でなく、神様の導き、神の愛を憶えて、この困難な時を皆で力を合わせて歩んでいただきたい。

　この説教が、この年の復活日（イースター）礼拝であったことにも起因するのかもしれないが、佐原は、イエス・キリストの復活を根拠にして希望を語った。それは、我が子の死という人生の危機を、終末論を越えて、さらに復活の視点を獲得することによって歩みつづけた牧師が語る希望であったと言えるだろう。佐原は、終末論から復活信仰へと至る信仰をきわめて体験的に思索し、それを教会で語りつづけたのであった。

（5）　同伴者として歩む

　京都葵教会における佐原の牧師としての働きを要約することができるとしたら、それは、徹底的に「悲しみを負う人びと」の同伴者として生きようとするものであった。佐原は、父として、信仰者として、また、牧師として、早世した次男と天国で再会を果たすためには、おなじように人生の危機を生きる人びとと共に生きようとする姿勢を貫く必要があると考えた。

　もちろん、この事実は、聖書的隣人愛の実践や、イエス・キリストの十字架における苦難を根拠とした、牧師として当然の働きであったと推論することもできるだろう。けれども、「守る会」との共同による「パンダ園」の教会施設を利用しての設置や、多くの青年、信徒たちに私生活を投げ出すようにして継続された牧会活動によって影響を受けた者は、質と量において群を抜いていると評されることがある。佐原の実践は、聖書を指針としたことは言うまでもないが、さらにかれ自身が、それを人生の危機のなかで切実に解釈し直しつづけたことに由来したのではないかとおもわれる。佐原は、誰にでも訪れる「危機」を直視することで、キリスト教あるいは教会という境界性をも越境して「危機」を媒介にした仮想的共同体を構想し、その共同体をささえる倫理を聖書的隣人愛として理解したのであった。

7　ドイツ敬虔主義との類似性

　さて、佐原のように神学的著作を残さなかったひとりの牧師の営為を、経験的で偶発的なものであったと簡単に片付けることができるだろうか。その実践に内在するキリスト教理解の理論を抽出することは不可能なのだろうか。

　ここでは、荒唐無稽の論のようではあるが、佐原牧師の牧会活動に直接影響があったとはおもわれないドイツ敬虔主義の成立事情とその背景について比較論的に一瞥することで、この点を理解するための一助を得たいと考える。その理由は、ドイツ敬虔主義は、近代プロテスタント史における体験主義の嚆矢として位置づけることができるからである。

　知られているように、ドイツ敬虔主義は、F・シュペーナーによる家庭での集会（collegia pietatis）を起源として、その後、A・H・フランケらに引き継がれた運動のことである。この信仰運動は、近代プロテスタント史においては

「もうひとつの近代への系譜」と位置づけられているように、古プロテスタント主義の硬直化した信仰から、人びとを解き放ち、啓蒙主義の淵源ともなった。シュペーナーは、なにものにも拘束されない自由な愛こそが、キリスト教信仰のあるべき姿だと理解した。

聖書のみを中心としたプロテスタント的な敬虔主義は、ヘルンフート共同体の霊的な聖書解釈の活力ともなったものであり、日本の無教会運動へのその強い影響はいまさら指摘するまでもない。京都葵教会のルーツとも言うべき救世軍の創始者W・ブースもまた、この霊性を重視し、生活体験を規則正しく積み重ねる方法（method）の必要を痛感したJ・ウェスレーが創始したメソジスト教会に属した牧師であった。そこからは、ホーリネス派やペンテコステ派など、霊性を希求したいくつもの教派が生まれることになった。

また、20世紀のプロテスタント神学に多大な影響を残したカール・バルトの「神の言葉の神学」は、しばしば「危機神学」とも「弁証法神学」とも呼ばれるが、J・C・ブルームハルト牧師の、近代にはおよそ似つかわしくないひとつの体験を知ったことが、バルトの神学的出発点であった。ブルームハルトは、ひとりの少女と家族の悪霊払いを行った。それは単純な理性の否定や時代の逆行として片付けられる問題ではなく、キリスト教信仰にとっては、より本質的な問題を提起していた。ブルームハルトは近代的な理性の虜となった宗教を問題にしたのである。井上良雄は、以下のように要約している。[18]

「人間の肉を制度化する試みが宗教」でした。彼は、彼の地上における生けるキリストの福音への確信ゆえに「神の国だ、宗教ではない」と言い、ついにはサクラメント（洗礼や聖餐などの儀式）をも不要とし、行わなくなりました。

ブルームハルトによれば、理性によって近代化された宗教は「人間の肉を制度化する試み」に他ならなかったのである。したがって、かれは教義も宗教的儀礼も拒否し、それを教会のなかでは不要であると考えるまでになっていた。このエピソードこそが、理性への不信を抱き、聖書を完全無欠なものとして偶像視してしまうことを危惧し、むしろ神と不完全な人間との出会いの意味を読

み取ろうとする、バルト神学の萌芽を物語るものとして考えられる。バルト神学が「危機神学」と呼ばれたのは、人間が神の言葉を語ることの危機を問題にしていたからであった。

それは、期せずして日本の内村鑑三、中田重治、木村清松らが再臨運動[19]という終末論的キリスト教理解を遂げていった時代と不思議に重なっている。それはまた1917年、ちょうど宗教改革400年のことであったが、その年から短期間で収束したプロテスタント系教会における超教派にまたがる運動であった。日本再臨運動は、会衆主義の同志社にも大きな影響を与えたと言われる自由主義神学への強い反対運動という側面をもち、人生の危機、時代の危機、人間の危機と神の言葉とを対峙させながら、すべてを理性に解消されがちな時代の風潮のなかで、確固として超越を問いつづけ、超越の視点から理性の相対を訴えた信仰運動であった。

このように考察してみると、現代日本におけるキリスト教、とくに本稿で紹介した佐原英一というひとりの牧師の実践は、神学者や聖職者たちの思想という意味ではなく、むしろ無名な人びとの信仰の傾向が、「もうひとつの近代への系譜」とされるドイツ敬虔主義と、非常に近似の傾向を示していることに驚かされるのである。しかも、その傾向は「思索（神学）」においても、またその「実践」においても指摘することができる。

おわりに

冒頭に述べたように、キリスト教信者の多くは、かならずしも神学や教義を理解することを入信の動機とするわけではない。もちろん、それらを軽視しているわけではなく、それらは洗礼（入信）やその後の信仰の継続において、体験主義に陥りがちな各人の信仰を是正し、公同的な教会と神学に参加している信仰者自身を客体化して理解するのには不可欠の課題でもある。しかし、それを強調し過ぎるあまり、個人の体験と思索とを逆に軽視することもあってはならないだろう。むしろ、多くの場合、キリスト教信仰は個人的体験と分かちがたく結びついているのである。

本稿では、現代日本においてキリスト教がどのようにして超越を理解しているのかを考察するために、あえて著名な神学や教義を離れて、ひとりの牧師と

しての佐原英一がどのようにキリスト教に遭遇し、どのようにして伝道者、牧会者への道を進み、またどのようにして信者と非信者とを問わず、多くの人びとに感化を残したのかを略述した。

　佐原の一見体験主義ともおもえる信仰理解と実践的な伝道、牧会活動は、かれの働きを介在して浮かび上がる多くの（信仰の面で）無名とも言える人びとの超越にたいする感覚に到達していたのであろう。佐原自身が体験した人生の危機は、かれ自身の超越理解を確実なものにし、さらに人生の危機を生きる多くの人びととの超越理解をも共有し得る可能性を拓いたのではないかとおもわれる。

　このような危機意識の媒介としての実践と思索は、かならずしも現代日本におけるキリスト教に限定されるものではない。さかのぼって17世紀のドイツ敬虔主義を一瞥してみると、そこには共通して私的危機感の体験が生み出す共同体が姿を見せていた。しかも、神学や教義ではない「危機の体験」は、信仰者と非信仰者とを区分することがない。万人に共通する「悲しみ」は、教会共同体の外にいる他者を、たんに宣教の対象として自らの共同体のなかに取り込もうとするのではなく、共同体を越境して形成される倫理的対象、すなわち「隣人」として理解することを可能とするものであった。ドイツ敬虔主義にしても、本稿で触れた佐原牧師とその周辺の人びとにしても、やはり共通して宣教活動に熱心であることを特徴とする。それは、ここに成立する共同体が既存の教会の外にいる人びととともに産み出す共同体でもあることに理由があるのではないか。その意味で、キリスト教的「死生観」は、神と人という宗教的超越軸とは別に、「私」と「教会」をも越境して「共感的共同体」を切り拓く可能性をもっている。そしてそれはまた、宗教の多元化を意識せざるを得ない時代の中で、新しい宗教間対話への道を切り拓くものでもあろう。

　本稿が、考察の主たる対象としたのはひとりの牧師であったが、この方法が有効であるとすれば、今後は、この牧師のように自身の危機によって、超越的視点を獲得した人びとの経験と体験とを考察の対象としなければならないだろう。脱構築的な論述ではあったが、これを契機としてさらに、具体的な実践に潜む信仰論理の検討を積み重ねてみることが、いっそう必要であることを指摘して本稿を終える。

註

（１）　本稿は、龍谷大学人間・科学・宗教オープン・リサーチ・センター（私立大学戦略的研究基盤形成支援事業採択2010-2012）「死生観と超越——仏教と諸科学の学際的研究」のユニット２「宗教多元世界における死生観と超越の対話的研究」における公開シンポジウム（2012年６月14日）および日本宗教学会第71回学術大会におけるパネル発表・第９部会（2012年９月８日）「宗教における死生観と超越」において報告した「危機の体験と死生観の形成—現代日本におけるキリスト教理解—」に基づいて、改めて文章化したものである。副題を「現代日本におけるキリスト教理解の一断面」と修正し、本考察が俯瞰的なものではなく、試論として構想されていることを明確にした。また、文章化にあたっては、当日の会場における質疑を適宜参照している。とくに、後者のパネル発表において、コメンテータを務められた氣多雅子氏には、示唆に富んだ指摘をいただき、本稿においても適宜反映させていることを記して謝したい。また、本稿においては、佐原英一牧師（日本基督教団京都葵教会）のケースをひとつの事例として紹介しているが、筆者は1886年から同教会に所属し、一時は兼務担任教師としても責任を負った経験を有している。したがって、ここでの報告には、筆者の体験と視点がどうしても混在してしまい、残念ながら、すべてが客観的な報告とは言いがたい面があることを了解いただきたい。ただし、それにもかかわらず、このような論考を口頭、また誌面において発表することを了承してくださった夫人には深甚からの謝意を表したい。

（２）　かなりの教会で信者の信仰体験記集などが編まれ、その数は枚挙にいとまがないが、そのほとんどは、入信の動機や入信後の教会生活を中心に語られていて、神学と教義について体系的に論じようとする原稿に触れることは稀少と言わなければならない。たとえば、本稿において紹介する佐原英一牧師が在任した日本基督教団京都葵教会においても「月報発行200号記念文集」として『あおい』（1990年）を発刊しているが、寄稿した163名の内、いわゆる教義と神学思想を主題としたものはほぼ皆無に等しい。

　もちろん、キリスト教には信仰体験を「証（あかし）」として教会内で告白し、それによって互いの信仰を督励し育てることが重視されてきたために、このような証言集というジャンルが成立したと推測することもできる。したがって、ここでは信者が教義と神学に関心をもたないとの見解を表明することを目的にしているわけではない。

（３）　佐原英一は日本基督教団京都葵教会牧師（1976～2008年在任）。かれの具体的な

活動については後述するが、その活動の傾向は著述活動によって知られるよりも、やや型破りとも言える生涯を賭しての宣教・牧会活動にあった。その意味で、一般信徒のなかに沈潜するようにして、キリスト教を理解し、その共感的理解によって宣教・牧会活動を継続したと考えられる。

（4）三好博・小柳伸顕・佐原英一編『オヤジ　裸像の挑発者　大下角一』（大下角一文集刊行会、1994年）は、神学者、教育者であるだけでなく、牧師でもあった大下の人格的影響によって牧師、伝道者への道を歩んだ教え子らによる追想文集であるが、若い時代の彼らを挑発しつづけた大下の人となりを語る多くの証言を集めている。刊行にあたっては、年代的には直接大下の指導を受けたとはおもわれない佐原も編集の実務者として参画していることも興味深い。また『日本の説教Ⅱ（4）大下角一』（解説・原忠和、日本基督教団出版局、2006年）は、大下の代表的な説教27編を収録しているが、大下の説教は、イエス・キリストの十字架と復活に示された神の主権について、正統的な福音主義神学にもとづいて力強く訴えている。

（5）当時、たとえば佐原が大学院時代に専攻した新約聖書神学の分野では、非神話化論を唱えたドイツのR・K・ブルトマン以降、日本の学会や研究者においても「史的イエス」探求が焦眉の課題とされ、宣教されたイエスと歴史におけるイエスの実像との距離に、牧師を志した多くの青年が悩まされていたが、佐原にはあまりこのような悩みが見られない理由はこのあたりにあるのかもしれない。

（6）所在地は、京都市左京区下鴨下川原町30。正式に日本基督教団京都葵教会と改称したのは、1956年9月1日のことであった。なお、日本救世軍京都小隊は京都市下京区に現存する。

（7）山室軍平（1872〜1940年）は赤貧のなかで同志社に学ぶが、当時の自由神学的傾向への不満から同志社を去り、より大衆と直結したキリスト教を模索しながら救世軍に参加している。

（8）現在、日本救世軍は日本福音同盟に加盟しているが、その活動は狭義でのキリスト教宣教に限定することなく、社会福祉事業、教育事業、医療事業などを積極的に展開している。

（9）日本救世軍広報「ときのこえ」2006.10.15。ウィリアム・ブースによる最後の演説における一説として広く知られている。

（10）筆者が、1980年代に京都葵教会において、60歳代以上の教会員に長年の信仰生活を口頭で聞き取りをおこなったところ、入信の動機としては信仰の自覚よりも、救世軍の「社会救済」への指向に刺激されたものであったとの回答を多く得た。また、

幾人かからは、せっかく清郭運動に努力しても、保護した女性が救世軍の手を離れた途端に警察から再び遊郭へと戻されてしまった、と一種の徒労感の証言も得ている。また、地方から京都に出て就労した10代～20歳代の多感な青年たちにとっては、救世軍に参加することで、自らを律し得たとの告白も多く耳にしている。

(11)　N・G・クラーク（アメリカンボード総主事、1888年11月10日）宛。（同志社編『新島襄の手紙』岩波文庫、2005年、254ページ）。当時、日本のプロテスタント教会においては、代表的な会衆主義教会（組合教会、同志社系）と長老主義教会（一致教会）との合同運動が進展しており、新島は、米国の会衆主義教会では、この問題をどのように考えるのかを訊ねている。

(12)　この間の事情は、氷室宏子他編『キリスト道　氷室謹也遺稿追悼集』（私家版、1987年）を参照されたい。

(13)　榎本はこれを「アシュラム」または「アシュラム運動」と呼んでいるが、インド系宗教のアシュラムとはかかわりをもたない。

(14)　Καθολική Εκκλησία /Ecclesia Catholica、一般には教会の普遍性を指して用いられるが、本稿においては、むしろ教会が本来的に有している「公共性」あるいは「公共概念」としての教会を意識して用いている。

(15)　2008.3.23　京都葵教会辞任説教から。また、拙稿「妨げを越えて—〈いのち〉の祝宴のために—」（前夜式説教）、「あきらめを越えて—〈いのち〉の祝宴のために—」（告別式説教）、『佐原英一牧師追悼』京都葵教会、『月報』特別号（京都葵教会、2008年）も参照されたい。

(16)　現在は日本基督教団須磨教会牧師。

(17)　「（婦人たちは墓に行った）見ると、石が墓のわきに転がしてあり、中に入っても主イエスの遺体が見当たらなかった」（『新共同訳聖書』マタイによる福音書24章2節）。イエス復活の朝の出来事として報告されている。

(18)　井上良雄『神の国の証人ブルームハルト父子』新教出版社、1996年、288ページ。

(19)　内村鑑三（無教会）、中田重治（日本ホーリネス教会）、木村清松（日本組合教会）らの名前を挙げることができる。類型化すれば、内村は愛娘の死、また中田は身体の不調による神癒というように、個人の危機を出発点としていたと考えられる。いっぽうで木村は、両者に比べると出身の組合派教会にとどまることなく求道と伝道とをつづけたところから、時代の危機がその動機であったと指摘できるかもしれない。もちろん、三者の危機意識は、対立的なものではなく、教派も神学も異なりながら、バルトのように神の言葉の危機を内省することで、その危機意識において

こそ、ひろく連帯したという意味において、むしろそこには信仰の共同性をこそ指摘することができるだろう。

ムカッラフ（能力者）概念をめぐる信仰告白表明と審判

四戸 潤弥

本稿要旨
1．イスラーム信仰は自由意思による主体的選択の理性信仰
2．イスラーム信仰実践は理性による本能や気分の統御を伴う主体的実践
3．信仰の木、枝、葉、果実の甘美さの例えは世俗に生きる理性的人間の信仰の在り様を的確に示す
4．最後の審判の日は唯一神信仰の最終段階：使徒の役割の終り（神―使徒―信徒の構から神―信徒の構造へ）
5．最後の審判の日は不可視の神から目視の神へと変わる日
6．目視の神は人間が主体的に神と対峙する日（輝く顔、曇る顔）

1　イスラーム信仰

　イスラームの聖典『クルアーン』には「宗教に強制があってはならない[1]」と明示されている。人がイスラーム信仰に入るのは、個人の選択の結果としての主体的な選択信仰という論理が見え始める。信仰を個人が選択するためには、選択した信仰教義（六信[2]）を理解していることが前提とされ、その理解のためには、信徒は社会通念を理解するレベルの知性、あるいは理性、あるいは分別、あるいは、そのような知的理解能力が正常に働く能力を維持している社会的成人であるとの条件が存在している。聖職者が存在せず、全ての信徒に聖俗分離をせずに、俗に生きるなかで聖なる道を精進せよと命ずるイスラーム教義原則からも、イスラームの知的理解重視を知ることができる。

　「神の啓示を理解すること」を重視するイスラーム教義原則は、知性や分別を重視し、根拠のない想像を軽視することにもつながる。イスラーム教義理解

において、その根拠を『クルアーン』に置き、『クルアーン』の伝達性（ナクルリーヤ）を重視し、知性（アクル）の直接的理解を最良として、類推的理解を次善とするという原則が生まれてくるのである。神から預言者に伝えられた啓示は、預言者が気分（ハワー）によって語ったものでないとの断言的言明を『クルアーン』の中に容易に見出すことができるが、それは伝えられた神の言葉を正しく理解せよと命じているからである。神からの真実の啓示を人は理性や知性を通じて直接的に理解するのであって、類推や気分によるものは極力排除する方向へと向かっていくことになる。

理性に基づく信仰告白表明の後では、イスラームが課している宗教戒律（五行）(3)と、社会生活での道徳であるイフサーン(4)の実践が義務づけられていることから、戒律とイフサーンの内容を理解することも宗教実践の前提とされてくることになる。また信仰実践においてはそれらが通常のレベルで実行可能かどうかの配慮も加わることになる。

イスラーム信徒は、信仰実践において（イスラーム教義に関する理解）能力と、それらの実行能力（宗教戒律の実践と、社会的経済生活におけるイスラーム道徳の実践能力）の二つを有していなければならない。

次に宗教戒律実践と、社会経済生活におけるイスラーム道徳の実践の結果責任が問われるとされる。その責任とは、現世と来世において問われる責任である。現世の責任とは懲罰(5)、あるいは補償行為(6)である。また、来世での責任は最後の審判の日に確定される。それは責任を果たさない信徒への懲罰、あるいは補償行為である。逆に責任を十分に果たした（善行の）信徒には現世と来世共に、神からの褒賞がある。

一方、不信仰に対する懲罰もまた現世と来世において執行される。不信仰における選択とは、信仰受け入れ拒否の選択である。その懲罰も現世と来世でなされることが『クルアーン』に明示されている。

現世の罰は過去に滅ぼされた民族の例として『クルアーン』の中で言及され、預言者ムハンマドの初期宣教活動を妨害したマッカのクライシュ族に対する警告と訓戒になっている。来世の懲罰とは業火である。こうした懲罰に関する説明は本論の文脈とは直接的関係がないので注としてあげたが、ここで指摘したいことは、イスラーム信仰が責任能力のある主体的個人を前提としていること

である。その主体的個人をイスラームではムカッラフ（能力者）と呼ぶ。ムカッラフとは、法学における「責任能力者」に対応する概念であるが、信仰におけるムカッラフは、結果責任において、その信仰実践の状況と結果の程度も問われることになるので、誠実か不誠実かといった白黒だけの責任の問い方ではなく、総体としての責任が問われるのである。そして通常の法概念が全ての人に選択の有無を与えないで、義務を課し、命令を実行させるのに対して、信仰におけるムカッラフとは、初めに受容と拒否の選択肢が与えられている。そのことが一般法学におけるムカッラフ概念と違っている。

　ムカッラフ概念は、信仰が強制的に課されるのではなく、「拒否も可能であった選択肢」のなかで、信仰を選択した分別能力、あるいは理性を持った人間を信仰者の基本型としているイスラーム信仰構造を特徴づけている。

　また、イスラームの教義内容を宗教と社会生活との二分法による聖俗という範疇で分類すれば、イスラームは聖俗一体であるが、それは個人の人生における聖俗一体の実践宗教であって、他の宗教に見られる聖俗と政教の対立構図は生まれない。繰り返すが、イスラーム信徒は俗の中に生きて聖を見出すのである。

　したがってイスラームは、分別ある、理性を持った社会的能力者を信者の基本型としたムカッラフ概念によって特徴づけられた宗教と言える。

　拒否も受容も選択できたムカッラフが主体的選択能力を備える前の未成年状態においてイスラーム信仰を実践したとしても、そこには何ら実践結果の責任は問われない。生まれながらイスラーム信徒には、主体的選択能力が備わる前において、戒律である礼拝、断食、喜捨、巡礼などの義務は課されない。信徒の子供たちが聖なる場所とされるモスクで駆けずり回って遊ぶ姿を見れば、そのことを実際に理解することが容易であるように思われる。

　ムカッラフになるためには、こうした能力が備わる成人でなければならない。成人の定義は、身体的に大人ということで、個人差のある理解、実践能力の程度は問題視されない。他の宗教において宗教実践の達成地点における信仰人を理想型として設定するのに対し、イスラームは理性と本能を同時に内包して生活する、出発地点におけるムカッラフを信仰人の基本型とする。

　主体的選択信仰告白と、それ以後の宗教的戒律、および社会経済生活におけ

る義務の実践が最後の審判の日に、善行と悪行として計量され、楽園の住人となるか、業火の住人となるかが決まるわけであるが、イスラームは、それまでの人生での信仰内容をムカッラフ（能力者）概念との関係で捉えるのである。そしてこのムカッラフ概念は、イスラームの人間観の一つと言える「人の信仰心は絶えず増減している」という前提に基づいている。宗教戒律の実践と、その程度は、同一信徒であっても、時と場所により絶えず変化する。イスラームはそれを信仰心の増減と捉える。この増減を、預言者ムハンマドは「信仰の甘美さ」とう比喩を通じて教えている。「甘美さ」とは、「信仰の木に実る果実の甘さ」である。甘さは味覚であるが、理性が味わう味覚は人が本来具有している五感の一つの味覚ではないことは当然である。

　信徒は、甘美さが完熟することで、来世における楽園が約束され、来世の業火の懲罰を免れるという保障をアッラーから得られるのである。主体的選択信仰受容と宗教実践に対して、神は信徒と真正面に向き合い、保障を与えるのである。この真正面に向き合う日が最後の審判の日とされる。『クルアーン』には、善行の信徒の顔は輝き、不信仰者の顔は曇ると明示されているが、この描写が、私たちの五感に強く訴えるのは、我々人間同士が顔を輝かせて他人と会える状況とはいかなる状況かを思い浮かべれば十分納得できる。輝く顔で神と真正面から対峙できることが唯一神教において望外の歓びにも似ていると言えるのは、現世において神の存在を「視覚できない不在」の存在だったものが、目前に現存するという大きな転換がそこに実現されるからである。最後の審判の日において預言者や神の使徒の役割は終焉する。唯一神信仰とその布教は、最終段階に達したという意味において終焉を迎えるのである。

　人間の理性による主体的選択がイスラーム信仰の始まりとなり、次に主体的に選択したが故に責任ある実践が求められるが、その程度は絶えず変動するために、常に唯一神アッラーの導きを求めて歩むことが必要となる。それに対して唯一神アッラーは、成就した者に対して楽園を保障し、業火回避を約束することになる。ここにおいて、人間の主体性はアッラーとの契約において顕示されるが、それが信仰の目的ではなく、歓びに溢れた神との直接的対面が最終教義目標となるのである。

　再び人間の主体性に戻れば、イスラームの主体性は他の宗教における信仰心

と著しく異なる。それは権利の獲得の歩みにも似た主体的人間の行動である。打算的ではないかということの指摘も起こるだろうが、神との歓びに溢れた対面が最終目的であることを理解すれば、入楽園の褒賞は二次的なものでしかない。

　神と人間との関係における最大の歓びで包まれる最後の審判の日における人間の主体性の結果がイスラームの目的であることは、『クルアーン』の中で容易に指摘できるのである。

　唯一神信仰において共通していることは、「唯一神の不可視性」である。現世において人は、「不可視の唯一神」を信仰する。五感に支配される人間にとって、不可視の神を信仰することは極めて困難である。唯一神のメッセージは、預言者や神の使徒たちを通じて、其々の民族に伝えられてきた。唯一神のメッセージを伝える預言者や神の使徒たちもまた、唯一神の姿を目視してはいない。預言者ムハンマドは、一夜、マッカからエルサレムに天馬で飛び、そこから昇天し、唯一神に見えたとされるが、目視した唯一神の姿の描写はそこにはなく、神の存在を告げるだけであった。ムーサ（モーゼ）は唯一神の声を聴いたが、姿を見ることはなかった。

　一方、西洋近代哲学において、真理は唯一神の許にあるが、それを知ることは洞窟の影としてプラトンが叙述した形でしか真理に近づけない人間の立ち位置を規定した。デカルトの懐疑論は疑う自己の存在の発見から出発し、神の真理に近づこうとした哲学者の試みであった。

　唯一神の目視は現世では不可能なことである。しかしながらイスラーム教義は来世における唯一神アッラーの目視が可能であるとする。例えば、『クルアーン』第1章を見れば、「最後の審判の日の主宰者」の明文の意味は深いと言える。それまで、預言者や神の使徒を通じて行われた唯一神からの人間の啓示は終焉し、唯一神アッラーが直接、最後の審判の日に、個々の人間を裁くことであることを示しているからである。そこで預言者ムハンマドが伝えるメッセージは、唯一神アッラーとの直接的対面の日に、「信仰厚き人々の顔は歓びに溢れる」と描き、「不信仰者」と「悪行者」は、「顔を曇らせている」と描く。

　現世では預言者や、神の使徒を通じてのみ知りえた唯一神アッラー、決して肉眼で見ることが可能ではなかった存在（ガイビーヤ：視覚の外にあるという

意味での不在)、伝え聞くものであり続けた存在が、最後の審判の日と、それに続く来世において、唯一神アッラーと信徒の間に存在していた預言者やアッラーの使徒の役割が不要となり、唯一神アッラーが直接、信徒、非信徒を含めた個々の人間と直接対峙する。信徒は初めてアッラーを肉眼で見るのである。信仰深い信徒にとってアッラーとの対面は最大の歓びである。繰り返すが、この歓びの中での対面がイスラーム信仰の目的であり、楽園はそれに付随する二義的存在でしかない。一方、不信仰者にとっては恐怖の対面であり、その懲罰は業火なのである。

　現世と来世の最大の目的は唯一神アッラーとの歓びの中での直接的対面それ自体であって、その他ではないということになる。また超越とは、アッラーを直接目視して、その側に侍る時の安心に他ならない。

　主体的理性によって選択した信仰は、最終目的である唯一神アッラーとの歓びに満ち溢れた対面を可能にすることで成就される。信徒は唯一、アッラーの姿を目視して楽園に生きると教義では説かれる。この最終目的を理解すれば、イスラームにおける「死生観と超越」の輪郭が見えてくるように思える。他の宗教にあって死生観は信仰の正しい理解、そして限りある人の生の理解と意義の発見、そして死の恐怖の克服と、その結果としての超越、あるいは満足であるが、そうしたものをイスラームに当てはめれば、信仰を選択し、理性が本能を統御する中で、唯一神アッラーが課した困難としての宗教的実践と社会経済生活における実践を通じて、死後の最後の審判の日での恐怖の克服と、歓びの確保による安心と超越が重なってくるだろう。

　日本人にはイスラーム教義内容がよく知られていないのではないかと思われることが多々あるので、最初に論考の概略を記したが、これらの詳細を本稿本文として、詳しく論じる。

2　イスラームにおける信徒の基本型：ムカッラフによる唯一信仰

　世俗的生活の中の聖なるものである宗教的実践という意味においてイスラームは聖俗一体であるといえる。それはまた聖職者の存在を想定しない教義であるからとも言える。イスラームが他の宗教であれば聖職者に課すレベルの宗教的戒律実践を一般信徒の義務として課すことにもそのことが現われている。例

えば信仰実践の最重要として位置づけられる礼拝である。1日5回の礼拝を男女の別なく、全ての信徒に課している。また宗教教義の学習も同様である。聖職者が存在しないことから、宗教教義の修得は、生きるための糧を稼ぎながら、世俗的生活の中で行うことになる。

これは、極めて理性的な、別な言葉でいえば、物事の分別のある個人が、社会的責任を全うしながら、信仰する構造を生み出している。

預言者は、極端な宗教実践に走ろうとする信徒を諭し、イスラーム信仰が世俗的生活の中で成就すべきであると説いている。

次の『ハディース』(7)は、日常生活を維持しながら信仰実践をする預言者の姿を示している。

> 三人組の男たちが預言者の妻たちの家を訪問し、預言者の宗教実践の様子を尋ねたが、自分たちが不十分であることを知り、「我々は預言者と比べて、恥ずかしいほどだ、預言者は過去においても未来においても罪を問われることはないほど素晴らしい」と言った。
> 内一人が「私はこれからずっと夜通し祈ろう」と言い、二人目が「私は今年中、断食をして日中食事をしない、断食明けなど私にはない」と言い、三人目が「私は女気なしの生涯を送り、結婚は絶対にしない」と言った（三人とも宗教三昧の生活を送るということ）。そこへアッラーの使者が現れて彼らに「今、喋っていたのはお前たちか？ アッラーに誓って言う。私はお前たちと比べ、最も深くアッラー（の命令）に服従し、かつアッラーを畏怖している。けれど私は睡眠をとるし、断食もする。断食が明ければ食事を摂る。また私は結婚もする。私は言う。宗教実践において、私の流儀に従わない者は私に従う者ではない」。

この『ハディース』は、日常生活を維持する中での信仰が基本であることを説いている。神の使徒ムハンマドは、610年から632年の23年に及ぶイスラーム伝道の中で、聖職者不在の唯一神信仰が普通人を信仰人の基本型とし、さらに他の宗教において聖職者に課されるほどの宗教的戒律実践を世俗に生きる一般信徒に課す厳しい宗教であることも念頭に入れながら、ともすれば世俗よりも

聖なるものへの献身三昧へ向かおうとする信徒たちを諭していた。世俗でも聖なる献身が実行できるということでなく、聖俗を区別しないイスラーム信仰生活の意味を伝えた。他の宗教であるならば、俗人から聖職者へ行われる布施という世俗的行為を、一般信徒から貧しい者への布施とした福祉的扶助が宗教的戒律であるとの意味を伝えたのである。

聖職者不在の中で、宗教教義の理解、伝達、信徒の再教育などが必要なのは、ムカッラフ概念を信仰の基本型としても、個々の理解力の差があるからである。多数や世の雰囲気に従うのも社会的分別の一つと考えたり、あるいは気分や本能に従うのは当たり前と考えるムカッラフ信徒が多数であることが現実ではないのだろうか。『クルアーン』はそのような人間が多いことから、理性が理性に依存するのでなく、理性の正しい働きは神の導きという綱をしっかりと握ることを通じて信仰が達成されると明示している。また神が課した導きが、本能の求めるものとは一致せず、むしろ困難であると明示している。したがって信仰における理性の理解力と、理性に依拠してなされる信仰実践の危うさも指摘していることは当然といえる。

理性の役割は神の伝達した啓示を理解することにある。この理解力に個人差があることから、それを補強するために宗教学校が設立されたが、教員も学生も共に聖職者ではない。ただ他の信徒よりも宗教教義に対する知見が深いということで、イスラームに関する理解、知識の普及を教師として担うことになるのであって、彼らに、他の宗教に見られるような聖職者が有する特別の権利は付与されていない。権威は常に、神との距離の近さにある。

3 聖職者不在と、日常生活のなかでの宗教実践

イスラームにはなぜ聖職者が不在かの理由を的確に説明するのは難しい。ヒントとなるとされているのは、預言者が人の姿となって現れた天使との問答の中で、信仰（イーマーン）、宗教戒律実践（イスラーム）、イフサーン（他者への思いやりのある道徳的行動）[8]の三つを宗教に含めたことである。通常は、信仰と宗教戒律実践でも十分であり、イフサーンに分類される事項は世事として、宗教的関与がない部分である。[9]

信仰は六信で、宗教戒律は五行、そしてイフサーンは社会経済生活における

道徳的行為の実践である（注2、3、4参照）。

　徹底を目指さないのであれば入信しないという日本的宗教観がある。日本人研究者でイスラームに入信しない理由を、スーフィーのように世捨て人となって信仰生活三昧にはなれないということを度々、耳にするが、なぜ極端でなければならないのかの答えはイスラームの側ではなくて、日本人の側にある。イスラームは選択的信仰であり、その実行は容易ではないが、最終目的は前記の通り、歓びであり、歓びの中での唯一神アッラーの目視の実現である。それは人間にとっての救い、救済であると言える。徹底とは世を捨てることではないし、自己の社会的責任や、ありのままの人の性質を放棄して宗教三昧に走ることでないことは、前記の預言者言行録により明らかである。同時に社会の普通人を礼賛もしてはいない。信仰人の基本型が社会的普通人にあったとしても、それを礼賛しているのではなく、人のありのままの姿から信仰が始まると言っているだけである。信仰を受容しても信仰実践が達成される保障は理性が神の導きに従うことを第1条件として、その後に神の支援が必要とされるのである。ここにおいて、主体的自力と、導きに従う他力の調和の実現が求められてくる。

4　宗教的戒律は困難さを伴うこと

　唯一神アッラーが課す宗教戒律と社会経済生活における道徳的行動は、「困難を克服して実行するものと」と『クルアーン』に明示されている。

　人は本能的に宗教に向かうことはないというのが、イスラームの宗教教義における人間観である。人間は本能を持っている。本能はハワー（気分、空気）の赴くままに判断し、行動する。無軌道がその本来の性質である。理性が本能の無軌道さを統御して、神の啓示を理解するが、神の命令は不可能を可能にせよと命じるものではなく、理性が本能を統御することで実行できる性質のものである。これは、他の宗教における修験道のようなものへとは向かわないことを示すものである。

　「アッラーは誰にも、その能力以上のものを負わせられない。」（クルアーン2：286）
　「裕福な者には、その裕福さに応じて支払わせなさい。また資力の乏しい

者には、アッラーがかれに与えたものの中から支払わせなさい。アッラーは、誰にもかれが与えられた以上のものを課されない。アッラーは、困難の後に安易を授けられる。」（クルアーン65：7）

　この「困難の後に」という文言は、イスラームの実践戒律が人間の本来具有する性質とは一致しないことを示している。
　イスラーム法学ではこの点に注目して、ルクサ（免除）という概念を導入している。例えば、イスラーム初期の時代の旅は困難さを伴っていた。その中で、日常生活の中での宗教戒律実践である礼拝と断食は、さらなる困難を旅する信徒に課すことになる。このため、イスラームは、昼と午後、あるいは日没と夜の礼拝の合体や昼、午後、夜の礼拝での跪拝数の４から２への短縮を認めている。これは旅の困難を軽減させるものである。シーア派などは、このルクサを唯一神からギフト（プレゼント）であるから受領するのは義務であるとしている。スンニー派は、ルクサを受け取るか、それとも好意だけを受け取り、通常通り実行する（アズィーマ）かは信徒の判断に委ねている。だが、宗教戒律実践が「困難」を伴うという点は、スンニー派とシーア派の共通理解である。
　子供に遊べと命令する親はどこにもいない。子供が遊ぶのは本能からである。本能による行動から、人は身体から湧き上がる歓びを味わうことができる。しかしながら、礼拝などの信仰実践は子供が遊ぶような本能からの行為ではないことは明らかである。信仰選択も本能からなされることはない故に「選択」なのである。理性的選択なのであると、イスラーム教義は信仰の選択的側面を規定する。

5　ムカッラフ概念と宗教戒律実践との関係

　信仰選択後の信仰実践が困難さを伴うものであり、本能に依存するものでないことから、ムカッラフ（能力者）概念の重要性が浮かび上がってくる。ムカッラフの辞義は、「義務行為を課された人」「成人に達した人」であり、イスラームにおける義務行為とは宗教的戒律である。イスラーム法学では、「唯一神アッラーの命を実行する行為の主体」[10]として定義されている。
　イスラーム信仰が歓びとなるまで高まるためには、理性に基づく成熟が必要

であることは、後の「信仰の甘美さ」の検討で論じるが、イスラーム入信選択、入信、戒律実践が本能ではなく、困難さを伴うものであることを『クルアーン』に求めることができる。その場合には、ムカッラフ概念なしでは見落としてしまうことも指摘したい。なぜなら多くの場合に、信仰を困難さが伴うと発言することは、熱心さに欠けるということで不信仰の烙印を押されてしまう危険があるからだ。しかしながら、イスラーム教義における信仰の特徴を明らかにするためには、そのような認識が必要となる。次にあげる『クルアーン』の節は、入信の困難さと、唯一神アッラーの命令に服するために本能の統御と克服を伝えるものである。

「(この子が) かれと共に働く年頃になった時、かれは言った。「息子よ、わたしはあなたを犠牲に捧げる夢を見ました。さあ、あなたはどう考えるのですか」。かれは (答えて) 言った。「父よ、あなたが命じられたようにして下さい。もしアッラーが御望みならば、わたしが耐え忍ぶことが御分りでしょう」(102)。そこでかれら両人は (命に) 服して[*]、かれ (子供) が額を (地に着け) うつ伏せになった時、(103)。」(クルアーン37：102-103)

  [*]「(命に) 服して」の服するという箇所が、アスラマー (二人は服した) で、その結果、二人は「服した人 (ムスリム)」となり、その服した行為の名詞が「イスラーム」であり、それが『クルアーン4：3』で、「アラブ人たちの宗教をイスラームとすることを良しとした」と呼応する。

イブラーヒーム (アブラハム) と息子イスマーイール (旧約聖書ではイサク) は血のつながった親子である。唯一神アッラーはイブラーヒームに息子イスマーイールを犠牲に捧げるように命じる。命令は親にとって忍び難いものである。それが本能に逆らうことであるのは、動物の親子の例を見ても明らかでああある。

イブラーヒームとイスマーイールとは、イスラームにとって、そして預言者ムハンマドにとって、他の誰よりも親近感を抱く預言者たちである。彼らがイ

スラーム信徒となったと語るのは簡単だが、イスラーム学者たちの多くの見解はそうではない。本能に従えば、苦痛であり、逃れたい命令である。人は誰でも自己の生命の安全を、たとえそれが、数十年の限られた年月だとしても、あくまでも生を全うしようとするのが人間の本能である。したがって、「服した」のはどのような意味であるのかが重要なのである。それは本能を抑え、自ら自発的に選択したのである。あたかも、病人が治癒のための苦い薬を飲むように飲んだのである。

イスラームは、人間の本能を前提として信仰を説くので、神を信じることは尊い、当たり前だとか、本来に戻ったなどと論じることはない。本性に従えば、信仰へは向かわないと考えるのである。イブラーヒーム親子はイスラームを自発的選択で選び取ったのである。力に圧倒された後での絶対服従ではないし、全的服従でもない。ムカッラフの概念を使えばこうした部分も見落とさない。

イスラームの名称の由来が、『クルアーン』37章（整列者の章）102〜103節にあるように、イブラーヒームが息子イスマーイールを犠牲に捧げるように命じられた時、父イブラーヒームと息子イスラマーイールが、アッラーの命に従うことを「自ら選択して」服従を決めた事情を伝える、この『クルアーン』の箇所はイスラームの信仰の内的論理性が、人間をありのままの状態で見つめ、そこから出発していることを強くうかがわせるものである。冒頭の『クルアーン』の節「宗教に強制はあってはならない」とのイスラームの原則は、ここでも貫かれていると言える。アッラーの前に平伏するしかない非力な人間であっても、イスラームという宗教は強制的に信じさせようとはしない。自らの選択によって信仰を選び取り、その結果として戒律命令実行の義務があることを示しているからである。

6　信仰選択拒否について

イスラームの信仰選択についての教義上の原則は、唯一神教の信徒の改宗は本人の自由意思によるものでなければならないとされる。

先の「宗教に無理強いがあってはならない」との啓示理由は、次のようなものである。

預言者ムハンマドと、彼の教友たち（ムハージルーン：移住者たち）がマデ

ィーナに移住した後、マディーナのアラブ部族ハズラジュとアウス族がイスラームに入信した。彼らを支援者たち(アンサーリー)と呼ぶが、そのアンサーリーの一人が神の使徒に、キリスト教徒であった息子を改宗させるかどうか糺した。その答えは神からのメッセージとして神の使徒に伝えられた。それがこの啓示なのである。

また、預言者ムハンマドに伝えられた啓示は彼の民のアラブ民族であった。唯一神アッラーは最後の審判の日の前に、全ての民族に唯一神信仰のメッセージを、その民の中から選ばれた使徒を通じて伝えるとされるが、預言者ムハンマドのアラブ民族は、世界の諸民族の中で最終メッセージを伝えられた民族となった。これが『クルアーン』40章33節に言う「預言者たちの封印」の素直な解釈である。それが、最大の預言者とは先行する預言者たちを統合する預言者とか、預言者ムハンマドに啓示された唯一神信仰の生き方がそれ以前の一神教に代わるものとか、拡大表現されているが本質的変更はない。

「ムハンマドは、あなたがた男たちの誰の父親でもない。しかし、アッラーの使徒であり、また預言者たちの封緘である。本当にアッラーは全知であられる。」(クルアーン33:40)

そして彼の啓示は彼の民であったマッカのクライシュ族に伝えられたが、拒否に出会ったのである。610年間の3年間は秘密裡の布教活動を行い、3年後の啓示再開と共にマッカで公に布教活動を開始し、マッカの富裕層たちの拒否に会う。

彼の庇護者の叔父アブー・ターリブはイスラームを理解したが、ハーシム一族の長という社会的な立場から入信しないまま、マディーナ移住前の西暦619年頃に死去する。二人の息子ジャアファルとアリーは入信し、アリーはムハンマドの娘ファーティマと結婚し、後にイスラーム共同体の長である4代目カリフとなった。

ここでの本稿の検討事項は、預言者ムハンマドのイスラーム宣教に対するマッカ富裕層の信仰受容の拒否と、それに対する『クルアーン』の啓示内容である。拒否する富裕層に対して、1)彼の富がアッラーの恩寵にあったこと、

2）彼ら以前に信仰を拒否した旧約の民や、伝説のアラブの民の破滅の運命、3）最後の審判の日の兆候（天変地異）、4）唯一神アッラーとの出会いと、目視、5）最後の審判の日を境にして入信が認められないこと、6）現世の商売での儲けよりも、来世で儲けを説く比較論が警告の主な内容である。

その中で、マッカ富裕層の拒否選択状況を的確に伝えているのが、『クルアーン』80章「眉をひそめて（アバサ）」である。[11]

本啓示は、預言者ムハンマドが貧しい目の不自由な人アブドゥラー・イブン・ウンム・マクトゥームが教えを乞うのを無視して背を向け、マッカの富裕層を優先したことを伝えるものである。啓示をざっと見れば、布教に貧富の差をつけてはならないとの啓示にも読めるが、そう読むと、6節以降が文脈に合わなくなってくる。それは預言者ムハンマドの宣教を拒否した富裕層に対する警告という、イスラーム布教の歴史的事実の中で展開されている啓示であるからだ。そこでこのマッカの富裕層とは誰だったのかを見れば、その中に預言者ムハンマドと彼の教友たちを弾圧し、妨害した最大の敵とされるアブー・ジハルがいたことがわかる。つまりこの章は、マッカ富裕層に対する警告の啓示と読めば、論理が一貫しているのである。そして最後の部分では、唯一神アッラーの目視が歓びのなかで実現できるのか、そうでないのかが示されている。

イスラームの始まりから、人には拒否も可能であった中に信仰を選択した事情が示されている。また拒否の選択を貫いた不信仰者は、最後の審判の日に神と対面し、拒否の責任が問われることになる。

イスラーム信仰を拒否した人間とは、ムカッラフとして拒否した人間である。

7　人の生きる世界─ハラールとハラーム概念─

イスラーム信仰を検討する場合、アッラーの命令は、生きる世界における行為規範と理解されるが、同時に生きる世界自体も理解の対象とされなければならない。例えば飲酒の禁止、豚肉の禁止、他人の財産に対する権利なき侵害の禁止などは、神が創造した世界と、その世界で示される神の恵みの利用に関する禁止と義務が、イスラーム信仰の実践活動と深く結びついていることを示すものである。

イスラームはこうした世界を原則ハラール（許されたこと）、あるいは原則

自由として規定している。だが人は原則自由の世界のなかで、本能の命ずるまま、あるいは気分の命ずるままに行動することはできない。なぜなら、神がそれを禁止しているからである。逆に言えば、禁止のない事に関しては原則ハラール、原則自由の原則が適用されるということになる。

イスラーム法学者の主要な役割は、禁止と原則自由であるハラールの領域の間に存在する、グレーな領域を明らかにすることにある。⁽¹²⁾

ムカッラフは、原則ハラールの世界における神の命令による規制を理解し、受け入れ、それに従ってイスラーム信仰を実践することが求められる。ムカッラフは法律概念ではなく、神が創造した世界に主体的に生きる信仰概念であると規定される。それは創造された世界、原則ハラールの世界を前提としている。

8　信仰の甘さの意味──ムカッラフ概念を俗人礼賛としないために──

信仰の甘さほど、イスラーム信仰概念の総合的に、かつ微細に説明する例えと言えるのは、人の信仰心が増減するというイスラームの人間観では、信仰心の微妙な変化や、理性と本能の葛藤を十分に表現できないのに対し、信仰の甘さは、信仰の木を設定し、信仰の状況を、ある時は枯れてしまうこともあることの危険性、枯れてしまわないまでも、果実が実らないこともあるということ、また枝の葉が揺れ動くように信仰心も本能の風に揺らぐこと、信仰の果実には酸っぱいものも甘いものもあること、成熟しない果実もあることなど、人の信仰のあらゆる面を微細に語ることができ、信仰理解の促進に適しているからである。

預言者は次のように言った。

> 三つ（の獲得されたもの）がある。あなたたち（信徒）の誰でも、その（三つの）中にあれば、信仰の甘美さを見出すのだ。それは、信徒にとってアッラーとアッラーの使徒がそれ以外の何よりも、最も愛する存在であること、信徒が他の人を愛するのは、アッラー以外に彼（その人）を愛さないからであること（他人を愛するのはアッラーを愛するからである）、そして、（来世の）業火に投げ込まれることを嫌うのと同じように再び不信仰へと戻ることを嫌うこと（の三つ）である。⁽¹³⁾

自発的選択と本能

　イスラームでは、神が全てを創造した。全てとは、人間に関して言えば、人間存在そのものばかりでなく、性質も含まれている。神は善である。善である神が創造したものは善である。それが自然の恵みを含めた神の人間に対する恩寵である。神は人間が本能に従うものとして創造した。イスラームは人間が本能を抑えて、神の導きに従って信仰を歩めと命じるが、その命令は強制ではない。そして主体的信仰選択の後、個々の信徒の信仰の有り様を明らかにするのが「信仰の甘美さ」という預言者の例えである。本能が知る甘美さではなく、理性信仰実践によって得られる果実の甘美さである。

　イスラーム信徒たちは、人間をあたりまえの本能的人間と規定しているから、このハディースは論争となる。つまり、本能に逆らう人間が、どうして信仰の甘さを味わえるか、味わうとは五感の一つ、味覚である。五感は理性を経由しない本能に一番近い感覚である。その本能を抑え、信仰を選び取った人間は、人間の意思という理性が支配する領域で入信したのだから、五感と一番遠い部分にある。その二つが、どうして信仰で一つになれるのかと論議する。ムカッラフである普通の常識的人間がなぜ信仰に入り、甘美さを味わえるかを、イスラームの人間観であるムカッラフ概念を踏まえて信仰の有り様を検討すれば、「信仰の甘美さ」はイスラームの信仰理解の優れた教材となる。

　信仰が高まり深まることを信仰の甘美さとして表現しているが、甘美さは舌で感じ取る味覚であるが、味覚でない理性が信仰を五感の味覚として感じ取れるのは何故か。それは信仰の甘さが最後の審判の日に、神と直接対面できる信徒の歓びであるからだ。

　同ハディースの定評ある解説書の要約は次の通りである。「サヒーフ・ブハーリー」の伝統的解説書であるファトフル・バーリーの解説を要約する。
1）篤信者（ムウミン）は信仰において、理性の味覚による甘美さを味わうことができる。味覚障害の病人と正常な人間の違いが信仰においても言える。消化器系の病人は甘い物を苦いと感じ味覚が麻痺している。健康な人間は甘い物は甘い、辛い物は辛いと正常な味覚を持つ。健康が損なわれる程度がひどくなるに従い、味覚の衰えもひどくなる。信仰が弱くなる程度に応じて理性信仰の味覚障害もひどくなる。

2）味覚の例えは、イスラームの基本的信仰の立場を示す「信仰の強さは増減する」という論よりも、五感に訴えるという点から信仰の有り様を深く理解できる。
3）信仰の甘美さはアッラーが信仰を木に例えたことに由来する。

> 「あなたはアッラーがどうして善い御言葉に就いて比喩を上げられているかを考えないのか。それは良い木のようなもので、その根は固く安定し、その幹は天に（聳え）（24）、（それは）主の命により凡ての季節に実を結ぶ。アッラーは人々のために比喩を挙げられる。それは人々を反省させるためである（25）。悪い言葉を譬えれば、悪い木のようなもので、地面から根が抜けて、それに安定性がない（26）。アッラーは現世の生活においてもまた来世でも、堅固な（地歩に立つ）御言葉で、信仰する者たちを立たせられる。だがアッラーは悪を行う者を迷うに任せる。かれは御心のままになされる（27）。」（『クルアーン』14：24）

良き言葉はしっかりと聳え立つ木のようなものである、その言葉とは誠実である。その木は信仰の根本である。茂る枝とは、（アッラーの）命に従い、義務を履行することである。繁る葉は、篤信者（ムウミン）が生きる信条とする善行である。その果実は（アッラーへの）服従行為である。果実の甘さとは、果実の成熟度である。果実の成熟が十全となるとは完熟である。そこに甘美さが生じる。
4）「信者にとって……最も愛する存在」の「愛」とは、理性（分別）の愛である。正常な理性が成しうることである。本能による心の赴くままの愛とは違い、理性がそれを正しいとする愛である。（バイダーウィー）
5）病人の例え。薬で回復するが、たいていの人は薬が嫌い、飲みたくない、しかし同時に理性（分別）によって薬が必要なことは分かる、気分に任せたいが、我慢して薬を服用し、回復する。

ここに信仰実践の難しさが示されている。

前記の薬の例えは、信仰の危機も示されている。信仰選択と実践を後回しにしても間に合うか（緊急性がないか）を熟考する。理性はどちらが最良かを判

断し、気儘を抑える。このようなプロセスの中で、理性は、理性の本領を全うし、理性は十全で最良なものとなる。この状態を「甘美さ」という語を用いて表現するのは、五感としての味覚と理性の味覚とが対応するからだ。

6）ここで述べられた三つのことが信仰の完全さを具体的に表現したものだと言えるのは、恩寵を垂れる神の他に、許したり禁じたりする存在はいないことが真実であり、神以外には、あるのは神と人の仲介を務める神の使徒たちであり、その存在もまた真実であるからだ。

7）神の使徒は神の意図を明らかにし、理性信仰へと向かわせようとしている。

8）人が他人を愛するのは、アッラーへの理性愛の結果である。来世の火獄へ投げ込まれないためにアッラーを信仰するのは、アッラーの言葉を真実として信じていることを示す。アッラーの最後の審判の日における約束を現実として信じなければならない。

9）アッラーへの愛が完全さを備えるとは、信仰の実践の完全さを意味する。具体的にはアッラーの義務と禁止の命に従うことで、ファルド（義務）も愛に分類される。気分が理性を圧倒すれば、許されているものでも忌避される行為を行い理性愛は減じる。気分に支配された願望のなかで、忌避行為の枠が広がっていくことは、言ってみれば無知の継承である。ハディースの「篤信である姦淫者（ザーニー）は姦通行為をしない」は、それに似たような行為を避けよとの教えであり、実際にはそのようなことが起こるのは稀である。

10）預言者ムハンマドへの愛もまた理性愛で、同様に二つに分類される。彼の生き方を踏襲することとシャリーア（神の法）に満足をもって従うことである。それが完全となるのは、そのような生き方に苦痛がなくなる時である。預言者の良き倫理観を自己のものとし、敬虔な態度を学ぶようになる時である。

11）信仰実践の中で、信仰の果実は実り、それを味わえるようになる。その味わいは信仰実践の完成度によって差が生じる。

12）同ハディースは信仰の根本の根本を伝えている。そして「信仰の甘さ」とはアラーに服従することの甘さを味わうことである。服従とはアッラーからの義務と禁止の命への服従であり、その実践は困難さを伴う。

13）現世に生きる者にとり、信徒のアッラーへの愛は（義務と禁止の命）守ることである。

14）「何よりも」であって「誰よりも」でないとの表現は比喩であって、殊更問題にする必要はないが、理性ある人も、ない人も全てを含んでいる。また言葉通りに、あらゆるものを指すと主張する必要はない。同様に「（アッラーと預言者の）双方に背く者」と三人称で語られていても、それは聞き手のことである。ハディースにはそのような表現が見られる。ハディースの「双方に背く者は自分自身をしか害さない」はその例である。

15）このハディースに対応するように、『クルアーン』には、「言え、あなたがたがアッラーを愛するならば、わたしに従え。そうすればアッラーもあなたがたを愛され、あなたがたの罪を赦される。アッラーは寛容にして慈悲深い」（3：31）とある。

　これは信徒の、アッラーと預言者への理性愛が一方的なものでないことを示している。

　だが、理性愛はアッラーの義務と禁止を守ることであるから、アッラーの信徒への愛は具体的なものである。その愛とは信徒が天国に入り、火獄を回避させることである。同時にアッラーへの愛だけで、アッラーの使徒への愛がないのであれば、信仰が完全でないことも示している。

16）このハディースでは「アッラーと預言者を愛する」と同格にあるが、理性愛の実践においては、次の『クルアーン』の節では「従う」との語が同格として2回使われている。

　　「あなたがた信仰する者よ、アッラーに従いなさい、また使徒と、あなたがたの中で権能を持つ（シャリーアに精通した）者に従え。あなたがたは何事についても異論があれば、アッラーと終末の日を信じるのなら、これをアッラーと使徒に委ねなさい。それは最も良い、最も妥当な決定である。」（クルアーン4：59）

　このことはアッラーに従うことと、アッラーの使徒に従うこととが独立的であることを示している。権能のある者へ従うことは、アッラーへ従うことから独立してはいない。

17）「アッラーが救った後で」について。アッラーに救われた者とは、教友た

ちの多くが抑圧の闇から信仰の光へと救われたように、特定の人を対象としていない。
18）アッラーは信徒を現世の業火から救ったのである。

　これら三つのことを含む信仰は完璧な信仰と言えるのだろうが、その場合の完璧さとは何か。アッラーと預言者を他の誰よりも愛し、他人を愛するのもアッラーへの愛が前提となる。我々の本能は、血の繋がりに縛られている。愛情深く育てられた人は、生育の中で母を、父を深く愛するようになる。両親へのイフサーン（思いやり）を大事にせよと『クルアーン』や『ハディース』は教えている。したがってアッラーと預言者の愛は、解説にあるように「理性愛」であることは明らかである。

9　理性信仰の目的—最後の審判の日における神との直接的対面—

　イスラーム信仰は現世における善行を勧めるが、「最後の審判の日」との関係における教義理解においてイスラーム信徒の死生観を明らかにする。現世での信仰実践は、神との歓びの対面を果たすためにある。楽園と業火は恐ろしい事実として信徒の心に刻まれるが、信仰の果実が甘ければ、最後の審判の日、信徒の顔は輝き、歓びの中で神との対面が実現される。死は現世での全ての信仰行為の終了、来世の準備となる。神との対面の日まで、復活の日の到来を安心して待つために現世の信仰実践が信徒に課されている。現世での死は信仰実践が終了する日である。安心して来世を迎えるために現世があり、神との直接的対面の日を歓び迎えられるように現世がある。信仰が甘いものであれば、神はその実現を確約する。主体的選択に始まった信仰は、主体的人間が神と対峙し、神がその信仰の甘さの熟成度によって信徒と向き合うことを約束する。

10　主体的選択信仰と、アッラーとの対面

　イスラーム信仰が拒否も可能であった中で、本能でなく理性によって選択される信仰であること、そして聖職者を認めない教義の実践は世事を全うしながら信仰を実践することを強調する。イスラームの信仰一筋とは、人間の本能や気分による恣意的判断や行動を行う中で、それらを理性によって統御し、神の導きに従うことである。したがってそのようなイスラームの信仰実践の在り様

は「信仰の甘美さ」によって的確に表現される。信仰選択は信仰の木となり、枝は命令、葉は揺れ動きザワツク人の心の在り様を描写する。そして果実は信仰実践の結果であるが、信仰実践の程度によって甘くない果実もあり、甘い果実もあるという意味で信仰の甘美さは一様でない。また枝は枯れる場合もある。悪しき信仰は現世と来世で懲罰を受け、良き信仰は現世と来世で報償を受ける。

　来世への信仰の果実の甘さの程度は最後の審判の日に判明する。甘い果実となった信仰の報償は楽園であり、苦い果実となった信仰の報いは業火である。

　また最後の審判の日は唯一神信仰構造が、不可視の神から目視の神へと変化を遂げる日でもある。不可視の神だったために使徒が重要な役割を果たしていた唯一神信仰構造は最後の審判の日に構造変化を遂げる。

　そして最後の審判の日は、神が直接、人の信仰状況（信仰の果実の甘さ）を裁く日である。人は主体的に神と対峙する日であり、主体的信仰選択が主体的対峙へと導かれる日である。

　最後の審判の日に歓びに溢れ、輝く顔で神と対面できる信仰篤き人々は神の側に侍り、神を目視する。曇る顔、困惑顔で神と対面する不信仰の人々は神を目視するが業火へ投げ込まれる。

　これまでのイスラーム解説は懲罰的観点から信仰へ向かうこと、すなわち警告的側面が強調され、それは現代の今も続いているが、『クルアーン』には同時に神との直接的対面の日が記されていることに注目すれば、直接的対面は唯一神信仰の根本教義である使徒と預言者の役割が終焉する日であり、この日に歓び光り輝く顔で神と対面することは懲罰的観点を超えた、イスラーム信仰の究極目的を示していると言えるのではないだろうか。

註
（1）「宗教には強制があってはならない。正に正しい道は迷誤から明らかに（分別）されている。邪神を退けてアッラーを信仰する者は、決して壊れることのない、堅固な取っ手を握った者である。アッラーは全聴にして全知であられる。（クルアーン2：256)」、日本ムスリム協会訳。
（2）六信とは、唯一神アッラー、天使たち、諸啓典、預言者たち、来世、運命を信じることである。

（3）　五行とは、信仰告白表明「アッラー以外に神はなく、ムハンマドはアッラーの使徒である」を唱えること、1日5回の義務の礼拝、太陰暦1年を単位とした義務の喜捨（ザカート）、日の出の少し前（ファジュル）から日没までの太陰暦年1か月の断食（サウム）、可能な者に課せられたマッカ巡礼（ハッジ）の五行である。

（4）　イフサーンとは、両親への献身と思いやり、同時に社会経済生活における他人の権利の尊重などの道徳的行動である。

（5）　懲罰とは、アッラーの権利に対する侵害として規定される。

アッラーの権利。アラビア語のフドード（禁止）。イスラーム法における意味は、アッラーの権利侵害に対する「懲罰」である。この言葉は、断食月の戒律規定説明の中では「フドード（踏み入れてはならない境界線、掟）」。

「それはアッラーの「あなたがたは斎戒の夜、妻と交わることを許される。かの女らはあなたがたの衣であり、あなたがたはまたかの女らの衣である。アッラーはあなたがたが自ら欺いているのを知っておられ、不憫におもわれ、あなたがたを許された。だからかの女らと交わり、アッラーがあなたがたのため、定められたところに従え。また白糸と黒糸の見分けられる黎明になるまで食べて飲め。その後は日暮れまで斎戒を全うしなさい。マスジドに御籠りしている間、かの女らに交わってはならない。これはアッラーの（定められた）掟だから、かの女に近付いてはならない。このようにアッラーは、人びとに印を説き明かされる。恐らくかれらは主を畏れるであろう。」（クルアーン2：187）

懲罰が課される罪とは、1）夫婦以外の男女関係（懲罰未婚者鞭打ち100回、所払い1年）、2）男女間以外の性交、3）女性に対する不倫中傷行為、4）窃盗、5）飲酒、6）追剝強盗。反乱で、それらの懲罰は次の通りである。

1）夫婦以外の男女関係

未婚者：懲罰未婚者鞭打ち100回、所払い1年、既婚者：石打ちによる死罪とあるが、石打ちの根拠は『クルアーン』にはない。預言者が行ったという事実が根拠になっている。

「姦通した女と男は、それぞれ100回鞭打て。もしあなたがたが、アッラーと末日を信じるならば。アッラーの定めに基づき、両人に対し情に負けてはならない。そして一団の信者に、かれらの処刑に立ち会わせなさい。」（クルアーン24：2）

2）男女間以外の性交

これに関する明確な規定は『クルアーン』にはない。それを強いて『クルアーン』

に求めようとすれば次の節である。

「あなたがたは創造された者の中男だけに近付き（165）、主があなたがたのために創られた配偶者を顧みないのですか。いや、あなたがたは罪を犯す者です（166）。かれらは（答えて）言った。「いい加減止めないなら、ルートよ、あなたは必ず追放されるでしょう」（167）。かれ（ルート）は言った。「わたしは、本当にあなたがたの行いを忌み嫌っています」（168）。」（クルアーン26章）

「また（われは）ルートを（遣わした）、かれはその民に言った。「あなたがたは、あなたがた以前のどの世でも、誰も行わなかった淫らなことをするのか（80）。あなたがたは、情欲のため女でなくて男に赴く。いやあなたがたは、途方もない人びとである」（81）。」（クルアーン7章）

刑法原則「法（明文）がなければ罰せられない」が貫徹されれば、こうした部分は解釈の余地がある。懲罰が石打ちによる死罪であるが、前記のように同懲罰は『クルアーン』を根拠としていないし、また姦通の類推（正常でない性行為）であることから、反対する学派がいる。

3）女性に対する不倫中傷行為

鞭打ち80回である。

「貞節な女を非難して4名の証人を上げられない者には、80回の鞭打ちを加えなさい。決してこんな者の証言を受け入れてはならない。かれらは主の掟に背く者たちである。」（クルアーン24：4）

4）窃盗

手首からの切断であるが、適用には窃盗品の価値が、預言者時代の兜、あるいは船の手綱の値段で、40ディナール以上に適用されるとしている。

「盗みをした男も女も、報いとして手を切断しなさい。これはかれらの行いに対する、アッラーの見せしめのための懲しめである。アッラーは偉力ならびなく英明であられる。」（クルアーン5：38）

5）飲酒

飲酒禁止は、意識を失った責任能力のない状態で礼拝してはならないことを根拠とするが、『クルアーン』には明確な禁止の規定はない。

「かれらは酒と、賭矢に就いてあなたに問うであろう。言ってやるがいい。「それらは大きな罪であるが、人間のために（多少の）益もある。だがその罪は、益よりも大である」。またかれらは、何を施すべきかを、あなたに問うであろう。その時は、「何でも余分のものを」と言ってやるがいい。このようにアッ

ラーは、印をあなたがたに明示される。恐らくあなたがたは反省するであろう。」(クルアーン2：219)

「信仰する者よ、あなたがたが酔った時は、自分の言うことが理解出来るようになるまで、礼拝に近付いてはならない。また大汚の時は、旅路にある者を除き、全身を沐浴した後でなければならない。またもしあなたがたが病にかかるか旅行中であり、または誰か廁から出るか、あるいはあなたがたが女と交わって、水を見つけられない場合は、清い土に触れ、あなたがたの顔と両手をなでなさい。本当にアッラーは、罪障を消滅なされる御方、度々御許しなされる御方である。」(クルアーン4：43)

「あなたがた信仰する者よ、誠に酒と賭矢、偶像と占い矢は、忌み嫌われる悪魔の業である。これを避けなさい。恐らくあなたがたは成功するであろう。」(クルアーン5：90)

「またナツメヤシやブドウの果実を実らせて、あなたがたはそれから強い飲物や、良い食料を得る。本当にその中には、理解ある民への一つの印がある。」(クルアーン16：67)

前記の引用から、飲酒が悪であるというものではないことが分かる。しかし礼拝との関連で禁止され、懲罰は40回の鞭打ちである。

6) 追剥強盗、反乱

手足の切断と追放とされるが、「アッラーとその使徒に対しての戦い」とあるのを、類推適用でイスラーム国家に対する敵対行為としての犯罪と反乱に適用している。

「アッラーとその使徒に対して戦い、または地上を攪乱して歩く者の応報は、殺されるか、または十字架につけられるか、あるいは手足を互い違いに切断されるか、または国土から追放される外はない。これらはかれらにとっては現世での屈辱であり、更に来世において厳しい懲罰がある。」(クルアーン5：33)

アッラーの権利に対する懲罰概念があるものの、根拠となる明文規定を欠くものがあり、学派の間でも意見の違いがある。したがって実際の適用は難しいものとなってくる。ただ本稿は懲罰論ではないので、極力、規定に関する程度に留める。

（6）補償とは、アラビア語でカッファーラと言い、原義は、「隠すこと」で、「間違い、犯した罪を補うこと」となる。イスラーム法では、「隠すこと」と「間違いを別の行為で補うこと」の両方の意味で用いられる。

「隠すこと」の意味では、「巡礼者が布で身体を覆い隠すこと」である。「間違いを補うこと」は、1) 無過失殺人、2) 妻への侮辱的言動、具体的には、「あなた

の背中は私の母さんのよう」との発言、3）断食中の飲食や性交、4）アッラーへの誓言違反である。

　これらの補償行為は、1）奴隷解放、2）2か月連続の断食、3）貧者への食提供である。

（7）『スナヌ・ナサーイー』「結婚の書」宗教三昧生活の否定　3217
　現世を捨てて、ひたすら神への信仰のために生活する若者たちの行為を諭した預言者言行録である。番号は同ハディース集の通し番号である。

　ナサーイー（915年没）は中央アジアのホラサーン出身とされるハディース学者で、彼の編纂した預言者言行録を、スンニー派は「サヒーフ・ブハーリー」「サヒーフ・ムスリム」に次ぐ第3書としている。預言者言行録9書のひとつ。

　http://hadith.al-islam.com/Page.aspx?pageid=192&BookID=27&PID=3165

（8）　このハディースは、イスラームの信仰、戒律実践（イスラーム）、そしてイフサーンを的確に信徒に教えたものとして理解されている。

　ある日われわれがアッラーの御使い―アッラーよ、彼に祝福と平安を与えたまえ―と一緒に坐りこんでいると、真白な服を身にまとい、真黒な髪をした男がこちらにやってきた。この男には旅をしてきたという風情は少しもなかったが、われわれは誰も彼を知らなかった。彼は預言者―アッラーよ、彼に祝福と平安を与えたまえ―の前に膝と膝をつきあわせて坐り、両の掌を両腿の上に置いた姿勢でこう訊ねた。「ムハンマドよ、イスラームについて説明願いたい。」するとアッラーの御使い―アッラーよ、彼に祝福と平安を与えたまえ―は答えた。「イスラームとは、アッラー以外に神はなく、ムハンマドはアッラーの御使いであると証言し、礼拝を行ない、喜捨を払い、ラマダーン月に断食し、可能な場合に〔アッラーの〕家に巡礼を果すことです。」すると男はいった。「その通りだ。」われわれは預言者にこのような質問をし、その答えに肯く男に驚きの眼をみはった。

　男はまた訊ねた。「それではイーマーン〔信仰〕について説明して欲しい。」すると預言者は答えた。「それはアッラーとその諸天使、〔啓典の〕書と使徒たち、審判の日、善悪二つの相をもって〔アッラーが定めたもう〕宿命を信ずることです。」男は「その通り」と繰り返してから訊ねた。「それではイフサーン〔善行〕について話して欲しい。」預言者は答えた。「それは貴方がまじまじとアッラーを見るように彼を敬い崇めることです。貴方が眼にしていなくとも、アッラーは貴方を見ておられるのですから。」そして男が件の時〔最後の審判の日〕

I　宗教における死生観と超越　85

について訊ねると、預言者は答えた。「その問題については、訊ねられた者も訊ね手以上に知っている訳ではありません。」男がさらにその〔時がやってくる〕徴候について訊ねると預言者はこう答えた。「奴隷女が女主人を産み、また貴方は、はだしで素っ裸の文なし牧童どもが、競って豪華な殿堂を建てる姿を見かけるでしょう。」そこで男は立ち去り、私はそのまま暫くじっとしていたが、預言者がこう訊ねられた。「ウマルよ、いろいろものを訊ねたあの人が誰だか解るかね。」私は答えた。「アッラーとその御使い〔だけ〕が御存知です。」すると預言者は言われた。「あの方は天使ジブリールだよ。お前たちにお前たちの宗教について教えるためにいらっしゃったのだ。」(『40のハディース』黒田寿郎訳)

(9) 信仰の原理を説くにあたって、イスラーム教徒の神学者は、「イーマーン(信仰)」と、「イバーダード(義務としての宗教儀礼)」と「イフサーン(世俗生活での他者への思いやりのある接し方)」を区別するが、それらすべてを「ディーン(宗教)」という言葉で包括している。(フィリップ・K・ヒッティ「アラブの歴史」上巻、岩永博訳、講談社学術文庫、2001年、259頁)

　フィリップ・K・ヒッティは米国の大学でイスラームを教えたが、彼はキリスト世界でイスラームを説明することを常に意識していたようである。同時に彼がキリスト教徒とイスラーム信徒が共存するレバノンで育ったことから、イスラーム教徒では気づかないでしまう論点も見逃さないで説明している。彼の著書『アラブの歴史』は、イスラーム入門の書として日本でも多くの読者を勝ち得た。

(10) アブドル＝ワッハーブ・ハッラーフ『イスラムの法』中村廣治郎訳、東京大学出版会、1984年、12頁。

(11) 多少長くなるが、信仰選択も可能であったことの検討のために全文を引用する。
　「慈悲あまねく慈愛深きアッラーの御名において。(ムハンマドは)眉をひそめ、顔を背けた。(1)　一人の盲人がやって来(て話が中断され)たためである。(2)　あなたにどうして分かろうか、かれが清められるかも知れないことが。(3)　または訓戒を受け入れて、その教えはかれを益するかも知れないことが。(4)　だが何の助けもいらない者(財産家)には、(5)(関心をもって)応待する。(6)　しかもかれが自ら清めなくても、あなたに責任はない。(7)　だが熱心に(信仰を)求めてあなたの許に来た者で、(8)　畏敬の念を抱いている者には、(9)　あなたは軽視した。(10)　断じてそうであるべきではない。本当にこれ(クルアーン)は訓戒である。(11)　だから誰でも望む者には、訓

戒を念じさせなさい。(12) それは（アッラーの御許にある）帳簿に記されているもの。(13) 至高にして清純なもの。(14) 書記たち（天使）の手で（記録されたもの）。(15) 気高く敬虔な（書記たち）。(16) 人間（不信心者）に災いあれ。何とかれは忘恩なことよ。(17) かれはどんなものから、創られるのか。(18) 一滴の精液からである。かれ（アッラー）は、かれ（人間）を創り、それから五体を整えられ、(19) （母の胎内からの）かれ（人間）の道を容易になされ、(20) やがてかれ（人間）を死なせて墓場に埋め、(21) それから御望みの時に、かれ（人間）を甦らせる。(22) いや、かれ（アッラー）が命じられたことを、(不信仰者は）果さなかった。(23) かれ（人間）に、自分の食物について考えさせてみるがよい。(24) 本当にわれは、水（雨）を豊かに注ぎ、(25) 次いで大地を裂いて切れ切れにし、(26) そこに生長させるものには、穀物、(27) またブドウや青草、(28) オリーブやナツメヤシ、(29) 繁茂した庭園、(30) 果物や牧草（がある）。(31) あなたがたとあなたがたの家畜のための用益である。(32) やがて、(終末の）一声が高鳴り、(33) 人が自分の兄弟から逃れる日、(34) 自分の母や父や、(35) また自分の妻や子女から（逃れる日）。(36) その日誰もかれも自分のことで手いっぱい。(37) （或る者たちの）顔は、その日輝き、(38) 笑い、且つ喜ぶ。(39) だが（或る者たちの）顔は、その日曇り、(40) 暗黒が顔を覆う。(41) これらの者こそ、不信心な者、放蕩者である。(42)」（クルアーン80章）

(12) バシールの息子、アブー・アブドッラーフ・アンヌアマーン―アッラーよ、彼ら両名を嘉したまえ―の権威による。彼は伝えている。

　　私はアッラーの御使い―アッラーよ、彼に祝福と平安を与えたまえ―がこう言われるのを聞いた。

　「許されたことは明らかであり、禁じられたこともまた明瞭であるが、その中間には多くの人々が知りえないさまざまな疑わしい事柄がある。したがって疑わしい事柄を避ける者は、自分の宗教、名誉に関して〔過ちから〕免れるが、それに足を踏み入れる者は禁じられた行為を犯すことになる。これはちょうど聖域のまわりで動物を飼う牧童が、聖域の中で動物に草を食ませる危険を冒すようなものである。まことに王者は誰しも聖域をもっているが、アッラーの聖域とはそのさまざまな禁令である。まことに肉体の中には一片の肉があり、それが健全な場合肉体はすべて健全だが、それが腐ると肉体もすべて腐ってしまう。その〔一片の肉〕とは心のことに他ならない。」（『40のハディース』黒田

寿郎訳）

(13) イブン・ハジャル・アルアスカラーニー『サヒーフ・ブハーリー解説ファトフル・バーリー』「信仰の書」信仰の甘美さ16。

　伝承経路は次の通りである。

　　ムハンマド・ビン・アルムサンナーは私たちに語った。ちなみに、彼の通称は、アブー・ムーサー・アルアナズィーと言った。

　　彼は次のように伝えている：アブドルワッハーブは私たちに次のように語った。彼の通称はイブン・アブドルマジードである。

　　彼は次のように伝えている：アイユーブ、通称イブン・アビー・タミーマ・アッサフティヤーニーは私たちに、アブー・キラーバが語ったことを伝えている。アナス・ビン・マーリキは言った。

　http://hadith.al-islam.com/Loader.aspx?pageid=194&BookID=33

　同サイトはサウジアラビア宗教・ワクフ省と、サーレフ・ビン・アブドルアズィーズ・ビン・ムハンマド・ビン・イブラーヒーム・アール＝シャイフが監修。

II
「死生観と超越」の対話的研究 1

「神道と死生観」を考える

櫻井 治男

はじめに

　ここで、「神道の死生観」ではなく、「神道と死生観」と掲げたのは、「神道」という宗教現象においていかなる「死生観」が持たれているのかという問いかけとは異なり、「神道」がどのように「死生」という課題に向き合ってきたのか、あるいは向き合っているかの観点から死生観の問題を捉えてみようと考えるからである。宗教の死生観を問う営みは、宗教一般の問題として、あるいは個別具体的な宗教に則して論じられる場合でも、「神道」という観点や「神道では」という問いかけの節、一つの明確な死生観や、生死の意味付けについて統一的な説明原理が存してきたわけではない。

　しかしながら、神道が「死生」の問題に無関係であったわけではなく、「死」という現象に向き合い、また「生」のあり方について、両者の意味を問いかけることが、神道思想の上で関心事であったことは認められるところである。

　ただし、かつて石田一良氏が「神道は生の宗教であって死の宗教ではない。神道は仏教やキリスト教と習合しない限り、来世的性質をもつことはなく、死者の魂の救済には全く関係がなかった」と指摘されたように[1]、「来世的性質」や「死者の魂の救済」という点について比較すれば、論理的に体系づけられた来世観や特定の「究極的実在」との関連における救済観は明確ではないであろう。しかしながら、死者の霊魂の行方や在り方に無関心というわけでもないし、死者の霊魂の安寧・安鎮をねがう儀礼を、神道として実修されてきた点も見出されるところである。

　ところで「神道」という場合に、どのような局面を照射するのか、またいかなる立ち位置において捉えようとするのかにより、死生観の認識も異なってこ

ようが、本稿では死生観についての一つの回答を導き出すのではなく、これまでに「死」と「生」の問題について意識され、それらの問題について考えられてきたことを、筆者なりの関心において取り上げ、今後の考察へつなげておきたいと思う。

1　神道における死生観の問題

　神道を構成する要素として、筆者は、①神社、②祭祀（祭り）、③「神道的」信心・生活態度、④「神道的」思想の四点を指摘しておきたいと思う。もちろん、こうして掲げて見ても、「神社」とは何か、「祭祀」とは何かなどとなれば、神道の内側にあって（例えば神社に勤める神職の立場）や自らが「神道」にあるとの自覚において理解される場合と、それを他者的に理解される場合とでは異なりがあろう。ただし、神社や神祇祭祀が神道を特徴づける要素と見ることは一定の合意を得られよう。それに対して③④のように「神道的」とする場合に、そこにいかなる意味内容が持たれているかということが問題で、「神道の死生観」への問いかけもそこにあるのではないかと考えられる。

　これについて、まず死生観の問題と関わる点として、神道と死の儀礼、一般的に「神葬祭」と呼ばれる事柄との関係を述べておきたい。神葬祭とは神道式とされる葬儀式とその後の霊祭とを含むもので、「神道葬祭」といわれ、仏式葬儀と比較すれば実際に行われる回数は少なく、特定の地域での広がりや、神職など限られた人々の間での儀式スタイルとなっている。現在的には儀式の簡素さなどの理由からそれが選択される場合もあるといわれるが、この儀礼が一般社会において行われるようになったのは、檀家制度の廃止など新たな宗教政策がとられた明治維新以降のことである。

　ところで、葬儀が神社で行われることはない。霊祭について、神社のなかには祖霊社・祖霊殿などを境内域に構える例もみられそこで行われることもあるが、それが神社に必須の施設とは位置付けられておらず、こうした施設が古くからあったわけではない。今日では神葬祭を神職が担うことが通例となっているが、そうでない場合もあり、神職による神葬祭執行も明治維新以降の近代日本における神社・宗教制度の歴史と関わっている。また、神社において神葬祭は「神社祭祀」のカテゴリーには含まれていない。例えば全国神社約8万社の

連合組織体である宗教法人神社本庁（昭和21年設立）では、神葬祭を「雑祭」と位置付けており、神社での恒例の祭りなどと同列の扱いではない。さらに、神職が葬儀に関与しないという立場がとられている場合もある。[2]

　このような状況は、神道が死という問題について極めて緊張・拮抗関係にあり、出産時とともに神社の祭祀儀礼の時には両者との接近が避けられてきたことと連動している。[3]

　しかしながら、「神道の死生観」を問う営みは行われており、これまで実践的な観点からの説明や中近世以降の神道家・神道書の言説・思想の分析などなされてきている。前者について、その一端を岡田米夫氏の執筆にかかる啓発書の『神道百言』[4]によって紹介しておこう。本書は、神社の社頭における掲示や祭典後の講話などでの材料提供という、実践的な教学の立場において、神道の考えや立場、態度を現わしている和歌や言葉をとりあげ平易に説かれたものである。本書では「死生観」の項がたてられ、以下の和歌七首をかかげ、それぞれについて簡潔に解説が施されている。引用に当たっては、新たに①～⑦の番号を付け、省略した個所がある。

①神路山わが越し方も行末も峰の松風、峰の松風―荒木田守武辞世の句―
　　神路山は伊勢の皇大神宮―御祖の神・天照大御神の鎮まるところ、天照大御神は我が民族の魂の祖神である。私共国民としてはその過去も将来も、祖先の神から出で、祖先の神のところに帰る以外にないことを示したものである。（中略）この歌は昔から"悟り"の歌として、神道に志すものは、この歌を心から味はふべきだとされて来た。この"峰の松風"は"すべてはみ祖の神のみ心のまにまに"の意味も蔵されてゐる。すべては「神ながら、神ながら」と考へてもよい。文字通りに深くも浅くも解されるであらう。禅、俳諧の悟りがこのうちにも含まれてゐる。

②日の本に生れ出でにし益人は神より出でて神に入るなり―中西直方・死道百首―
　　神道は神より出でて、神に帰一する道である。別言すれば、氏神のみ許(もと)に生をうけたものは、やがて死すれば、氏神のみ許に帰つていく。人は自分から生れんとする意志を以て、生まれてきたものではない。といふ意味は、

人間の生命も、生きようとする意志も、広く見れば神から与へられたものであることを意味する。死んで人間の帰つていくことも、自己の意志によるのではなく、総ては神のまにまにである。神のみ手に引かれての生き方に、安心を見出す道がここにある。(下略)

③生まれこぬさきも生れて住める世も死にても神のふところのうち—橘三喜・神道四品縁起—

(前略)神道でも鎌倉時代以降、信仰心に根ざし、死生を見極めた歌も少なくない。それが特に神道引導歌といふ形で生まれて来たのは江戸時代中期、神葬祭といふものが段々形をととのへるに至ったことに伴ったものである。(中略)死者の魂の行方を思ふものに対し、過去も現在も未来も、これを生んでくれた祖神のふところを離れるものでない道理を、わかり易く説いたものである。(下略)

④影かたちその源は二つなし死生やともに一筋の道—中西直方・死道百首—

(前略)自分の実在についても、何が自分を生んでくれたか。信仰的には産霊の神の働きによる。死んで分解されても、そこへ行き着く以外に道はない。生れたものはやがて死に、死んだものは再び生れてくる。死生が一つの産霊の道に帰するという信仰がここにある。(下略)

⑤本(もと)出でし高天原の本津国かへるみ魂は二つなきなり—中西直方・死道百首—

人間及び万物は神道信仰によれば、高天原(神の世界)なる産霊(むすび)の神(すべてのものを生み育てる神)の力によつて生成化育されたものだと伝へている。(中略)仏教では極楽浄土(十万億土)に帰るのだと教へてゐる。若しも、帰る魂が二つあるなら、高天原の本津国に一つ、他の魂の一つは十万億土にも帰ることができよう。然し残念なことに、帰る魂は一つだけしかないのであるから、神道信仰に生きるものとしては神道の教へに従つて、魂の本津国である高天原なる産霊の神の御許(実際には祖先の神のみもと)に帰る以外に道はないと知るべきである。(下略)

⑥産土に生れ出でつつ産土に帰るこの身と知らずやも人—本田親徳・産土百首(5)—

「産土(うぶすな)」とは六人部是香の「産土社古伝抄」がいふやうに「産す根(うぶすね)」であ

って、「万物を生産せしむる根本の神」と申す意に解してよい。(中略)　神道では「大地なる母から出たものは、最後には母なる大地に帰る」といふ鉄則にゆるぎはない。(下略)
⑦大神は哀れみ給ひ彼方より御手を伸ばして迎へましけり―貞明皇后御歌―(前略)　皇室の祖先天照大御神の御恵みを信じ、これに任せ切られてゐるご信仰を示されたものの一つである。(下略)

　以上、引用した詠者のうち、荒木田守武と中西直方は伊勢神宮の神職・関係者である。守武（文明5年〈1473〉～天文18年〈1549〉）は内宮の禰宜職をつとめ俳諧の祖として知られる人物である。直方は、外宮神職（寛永11年〈1634〉～宝永6年〈1709〉・宮掌大内人職）であったが、それを辞してから多くの書を著しており、なかでも『死道百首』という題で「死」を詠じた人物として知られている(6)。

　岡田氏の選択にかかる和歌及び解説内容には、死後の魂の行方、帰すところを「神」のもととし、それは「生」が「神」のもとより出るものであるということとの一体関係の認識、換言すれば「神ながら」において生と死とを受け止める理解が共通点となっていることがうかがわれる。和歌という情緒性が強い表現形式で、その受け止め方に多様性を残すものを素材として取り上げられた点、また解説者の考え方や解釈に依存するという限定性を考慮する必要があるが、死生観の問題に向き合う神道の姿の一つとなっており、他に類書が少ないなかで参考となろう。

2　神道における死生観の研究

　「神道の死生観」についての研究は、大きく分けて三つの領域がある。一つは、神道家・神道思想家の「死生観」に関する研究である。神道を信仰する立場から「死」の問題に向き合う研究として精力的に進めてきた安蘇谷正彦氏は、研究の分析枠を、①人間や死をどのように捉えるか、死後の世界について、死の対処法についての考え方に焦点をあて、②分析対象とする「神道」を吉川神道、伊勢神道、垂加神道、古学神道と類型化された神道の言説に向けられている(7)。

二つ目は、死生観・神葬祭関係資料の発掘や紹介である。そこには、神葬祭の歴史、例えばその成立・形成を明らかにすることで、日本の固有信仰や固有葬法の論議と関連する問題もある。ここでは特に文献資料への着目がなされるが、資料の所在確認や成立などが進められているところである。[8]

　三つ目は、神葬祭実施の問題として、①教学確立の観点からの研究、②儀礼の準拠構築（各地の神葬祭の実施状況把握）、また、③神葬祭の受容と課題、すなわち近世における神葬祭化運動、明治初年の神仏分離・檀家制度の廃止、神葬祭化などに着目し、地域社会における新たな葬儀体系や宗教的価値観の受容と変容を明らかにする研究などがある。

　第一点の神道家・神道思想家の死生観の研究に関して、安蘇谷氏は「死」の問題に体系的な答えを出した人物として、吉川神道の吉川惟足（元和２年〈1616〉～元禄７年〈1694〉）、伊勢神道の中西直方（寛永11年〈1634〉～宝永６年〈1709〉）、垂加神道の若林強斎（延宝７年〈1679〉～享保17年〈1732〉）、古学神道の本居宣長（享保15年〈1730〉～享和元年〈1801〉）・平田篤胤（安永５年〈1776〉～天保14年〈1843〉）・岡熊臣（天明３年〈1783〉～嘉永４年〈1851〉）を取り上げ、前述のように、①人間観・死の観念、②死後観、③死の対処法の三点を明らかにしている。各人物によって、思考の立脚点や論法に差異はあるが、ある程度共通した思想として、①について、「人間は神との関係において出生している」として捉え、「生きる意味が同じく神から与えられている」という認識であるが、死後観は儒教的神道家である惟足・直方・強斎と古学神道家（国学者）の宣長・篤胤・熊臣とでは異なっている。すなわち、前者のグループは「形あるものは、終わりがあって当然と淡々とし」ているが、後者は「死を神の仕業と見、禍事と規定……死ほど悲しきものはない」と主張している。②についての主だった内容では、「死後の霊魂を祭れば来格し祭りを受け（中略）御魂祭りの意義を強調し、現在の日本人の習俗的信仰と一致する」ところである。ただし、死後の世界の想定は記紀の理解に基づき、霊魂の行方が「高天原」か「黄泉国」かに分かれ、こうした議論をどのように受け止めるかが課題となる。③は、「人間のこの世における精進が死の対処法として最も重要」という立場と、「人間の努力は必ずしも死の恐怖を克服するものでは無い。死は神の仕業」であり「悲しむ他」は無く、特別な対処法がないこと

を悟ることであると考えられていたとされる。[9]

　安蘇谷氏の研究からわかるように、「神道の死生観」が実際には内容的に多様であり、それら言説は個々の神道家・神道思想家の理解のあり方として示されるところで、また考察の根拠におかれているところは、記紀などの古典研究とその解釈にあると言える。ただし、こうした思想的な営みにおいて、死生観の受容が確実化されているわけではなく、例えば、本居宣長のように、死自体を淡々としてうけとめ、死後の世界（古事記神話におけるイザナミの命の赴いた黄泉の国）については畏怖し避けるべき危険性の高い空間との解釈を示している。しかしながら、彼自身は家の宗旨である浄土宗との決別はないものの、一方で独自の墓地を選定し、自己の魂の落ち着きどころが定まったことによる安心の境地を和歌という形で残し、理念と実際の行動との狭間で揺れ動く様相もみられる。

3　伊勢神道と死生観

　神道思想として着目されてきた思想的営み、言説に伊勢神道がある。これは伊勢神宮を構成する中心的な二つの宮、すなわち内宮と外宮の内、外宮の祠官（祠職）がその中心として発生・展開を見た思想で、外宮祠官が度会姓を称してきたところから度会神道とも呼ばれている。この思想は、平安末期〜鎌倉初期の政治・社会、宗教思想上の変革の基盤の上に形成され、鎌倉末・南北朝期になって、外宮禰宜でそのトップに当たる一禰宜に昇任した度会（村松）家行の手で集大成されたものと考えられている。また家行をはじめとする当時の外宮祠官と親交のあった慈遍や北畠親房の思想への影響、室町期の吉田神道への継承、近世の儒家神道にまで影響を与え、「中世から近世にかけての神道思想の礎」となったと位置付けられている。[10]

　一般に伊勢神道は、前期伊勢神道と後期伊勢神道とに分けられ、前者においてはいわゆる神道五部書として知られる神道書が発生した時期であり、度会行忠・家行・常昌といった思想家が輩出している。後者は江戸時代の初期に出口（度会）延佳に代表される思想家の輩出があり、伊勢神道思想の再定置と展開とが図られている。なお、これを、前中後の三期に区分し、度会行忠と家行・常昌の間で前・中期に分けて捉える考え方を示されていたのは久保田収氏であ

る。

　これまで、伊勢神道の研究は数多くなされ、思想内容はもとより、人物研究、神道書の成立や文献研究が深められ、近年では中世神話研究という視点からも研究展開が図られている。

　第1節で紹介した中西直方は、後期伊勢神道のグループに位置付けられる存在であるが、直方への着目は「死生観」を直接示したことにあり、理論的な展開がみられるからである。彼の死生観については既に中西正幸氏により研究が行われ、また安蘇谷氏は彼の死生観が、極めて排仏意識の強いなかから生み出されていると指摘されている。

　そこで、ここでは前期伊勢神道における、「死生」への問題意識を、度会家行の言説に着目して考えてみたい。但し、こうした祠官や神道書に現れた思想については既に多くの研究がなされており、筆者の及ぶところではないので、問題点を絞りつつ課題提示ということとしたい。

（1）伊勢神宮における「死」という問題

　神祇祭祀の執行が「死」という事象に対して極めて緊張を呼び起こすところは、神道だけの問題ではなく、今日の民間習俗における祭礼行事や宗派によって異なろうが、仏教寺院においてもそうした状況があると聞き及ぶところでもある。死ということが古くからケガレという観念と結びついてきたことは屡々論じられてきたが、「死喪の忌」「産忌・月事の忌」への意識が強く持たれてきた一方で、それらへの斎忌のあり方は時代により変容することも指摘されている。

　『神祇令』の条文に散斎・致斎の期間中における禁忌事項として弔喪のことが定められているが、伊勢神宮の古記録である『皇太神宮儀式帳』（延暦23年〈804〉撰上）と令制下における神宮を規定する『延喜式』（延長5年〈927〉）の「斎宮式」には、死を「奈保利物」（直りもの）・「奈保留」と言い換える忌詞（いみことば）の規定が掲げられている。忌詞は他に、血を「阿世」（汗）、病を「慰」（ヤスム）、仏を「中子」、経を「志目加彌」（染紙）、塔を「阿良々支」（蘭）、寺を「瓦葺」、法師を「髪長」、優婆塞を「角波須」（ツノハズ）、墓を「土村」（ツチムラ）など、身体的な事象や仏教に関わる用語が対象となっ

ている。
　こうした流れは、死や仏法などへの対処として、『文保記』という服忌規程集が編纂されたり、「早懸け」と称する、死者を死人とはせずに野辺送りを行う、「死穢を避けるための方便として、清浄を重んじる伊勢祠官の間で行われた特殊な葬法」を生み出してきた背景と言える。

　伊勢神宮における「死」という問題を考える上でも看過できないことは、神宮の基本的性格が祭儀の場であり、そこで形成される思想や言説も、神宮祭祀と一体化される神信仰と深く関わっている意識のなかで発出されている点であろう。ここでは、「死」ということが積極的に語られるというよりも、「死」という事象との隔離状況をいかに保障するかが制度化され、死の問題にも向き合う立場として、それが理念的に存在しない状況が重視されてきたといえよう。

（2）「生を超え死に出ずるをもって清浄となす」

　ところで、中世の伊勢神道以来重視された観念として「清浄」と「正直」とがあり、その理論化が積極的に進められてきた歴史がある。例えば、成立時期に議論があるが、両部神道書で伊勢神道に影響を与えたとされる『中臣祓訓解』に、「神主人人。須以清浄為先、不預穢悪事。鎮専謹慎之誠。宜致如在之礼矣。」（神主の人人、須く清浄を以て先となし、穢悪の事に預からず。鎮に謹慎の誠を専らにして、宜しく如在の礼を致すべし）とあるように、神主の態度、心がけの規範として「清浄」の重要性が語られている。ここでの文言は、神道五部書と通称される神宮の古典に、「以清浄為先」（『造伊勢二所太神宮宝基本記』）や「鎮専謹慎之誠。宜致如在之礼矣」（『伊勢二所皇太神御鎮座伝記』）として見出されるが、この清浄という観念は「内外清浄」思想として、仏教思想とは異なる神道的解釈、すなわち心身の清浄を期すことで神の心と一体となり、その境地においては何かを望み祈ることではなく、無心で手を合わせることが真実の祈りという観念として理解され、伊勢神道の根幹をなす教説とも見做される位置にあるとされる。

　さて、伊勢神道の大成者と評される度会家行であるが、その生没年は不詳で、外宮三禰宜有行の子として生まれ、徳治元年（1306）に九禰宜に初任し、興国2年（1341）8月には一禰宜に昇り、正平4年（1349）11月に職を退くまで、

在任9年弱に及んでいる。外宮一禰宜とは、当時の組織体制でいえば、外宮を代表する立場に就いていたということである。家行の代表的な著作に『類聚神祇本源』(元応2年〈1320〉成) という大部の神道書があるが、その一節に、「清浄」を次のように説く個所 (「神道玄義篇」) がある。なお、本書は『大神宮叢書　度会神道大成　前篇』(昭和32年、神宮司庁、以下『大神宮叢書本』と略)、『神道大系　論説編　伊勢神道 (上)』(平成5年、神道大系編纂会、以下『神道大系本』と略) に全文の校訂翻刻が収められており、『日本思想大系19　中世神道論』(1977年、岩波書店、以下『思想大系本』と略) は抄出であるが、本文・訓読文・注が付されており、適宜参考とした。ここでは、『神道大系本』より引用する (番号は筆者)。〈返り点等は省いた〉

①問、何謂清浄乎。
　答、其品非一、或以正直為清浄、或以一心不乱為清浄、或以超生出死為清浄、或以六色之禁法為潔斎之初門者也。
②問、何謂六色哉。
　答、神宣曰、散斎致斎内外潔斎之日、不得弔喪問疾食宍、不判刑殺、不決罰罪人、不作音楽、不預穢悪之事、不散失其正、致其精明之徳。文。神宣勅語具載禁誡篇畢。
③問、何故名六色哉。
　答、用名言之相通、為和漢之習俗。所謂六色者六境也。又第六意識也。以識為色。惣言之者、一心不乱之義、別談之者、六根清浄之義也。鎮座本記曰 (中略)。大宗秘府云、居無為無事大達之場、超生出死、名之清浄。文。潔斎之法不可不知。神不享非礼。尤可存謹慎歟。

以上、三つの問いを立て、それぞれに答えるという形で家行の考え方が示されている。②の六色の禁色は『神祇令』にも見られる散斎・致斎期間における斎戒規定である。③に引用されている『大宗秘府』は散逸書であるが、鎌倉時代末から南北朝時代初にかけ、神道関係の人々の間に知られ諸書に引用され、伊勢神道と両部神道との接点にある書と考えられている。また同書は、長らく著者は行基と信じられていた[18]。

引用文中で注目したいのは、①で家行が「清浄」の本質について、「其の品は一に非ず」とし、「正直」「一心不乱」「超生出死」と述べている点である。この個所の理解について神道の神学研究を進められた谷省吾氏は、「彼の思索によれば、一心不乱が、また生を超え死を出づることが、清浄であり、正直であり、混沌の始めを守ることでもあった」と述べている。ここで「混沌の始めを守る」と指摘されている内容は、家行を含む伊勢神道の関心の方向が、「志」と「行」にあり、『類聚神祇本源』に「所志者、以機前為法、所行者、以清浄為先」（神道玄義篇）と見えることと関係し、なかでも「機前」というキー概念と結びついていることにある。

　「機前」とは家行の中枢的な神道観といわれ、その意味するところは「開闢の前の、しかも開闢のきざしを含んだ状態のことを言ふ。それは一見混沌であり静謐であるが、その混沌・静謐の中に、きざしを内在せしめてゐる。」と捉えられた内容で、家行はその機前のなかに根源的な神（＝機前の神）を思い描き、それは「天譲日天狭霧国禅日国狭霧尊」であり、久保田収氏によれば、宇宙の本体、すなわち不生不滅の存在として捉え、この神が具象化されると古典に見られる国常立尊となり天御中主神となると説いていた。

　このような理論が導かれた背景には、明治４年（1871）の改革以前の神宮が、内宮（荒木田氏）と外宮（度会氏）とに分かれた祭祀組織体制にあり、両宮祭神の違い（内宮：天照大神、外宮：豊受大神）や両宮の関係性、位置付けも含めいかに理解するかという点で、まずは外宮祠職側から意見主張がなされたことと関係する。もちろんそこには中世社会という時代性のなかにある神宮の位置の問題があるが、今はこうした点について深く立ち入ることはできない。ただ、そうした状況下で、家行が根源的な「神」の問題と宇宙観への思索を試みるなかで、人間のあり方を「正直」「清浄」という観点から見つめていたことは着目されよう。

　さて、先の引用文のなかで、家行が「清浄」を語るに当たり、「超生出死」と述べていることは何を意味するのであろうか。「一心不乱」については、「仏教で心が散乱動揺しないことをあらわす語。特に浄土教で念仏の実践を説く場合にいう」とされている。家行の著述が日本古典、神宮秘伝の書、漢籍、仏典などの読書の上にあることはいうまでもないが、その思想的影響として仏教や

老荘思想のことがこれまでも指摘されている。「超生出死」の表現が、どのように形成され、その意味するところについて筆者は明確に答えることができないが、「生を超え死を出ずる」（日本思想大系本）と読むといささか違和感を覚えるところで、「生を超え死に出ずる」とまず読んでおきたい。また、この意味を、「『生』に執着せず、『死』すことも厭わない」との理解を試みておこうと思う。このように解すると、家行の言説は「生死を超える」認識と受け止めることが可能ではなかろうか。

家行においては、宇宙の本体である「機前」に意を留めることが神道の極致ということであるが、そこへ至る前提としての「清浄」の意味が、「正直」「一心不乱」「超生出死」と説かれるところは、「清浄」が状態、態度、境地、認識の総合された思考ともいえよう。ただ、これら三つの概念の相互関係と清浄の意義、さらに根源的な「神」観念と混沌的な世界との関連性の脈絡が、「死生観」という視点からどのように理解するかの検討課題を残してしまうこととなった。

おわりに

以上、縷々述べてきたが、「神道の死生観」という点での問いかけは、なかなか捉えきれない難しさを感じる。また、そうした問いかけが成り立つのかということも考えなければならないであろう。本稿では、祭祀空間の中に身を置く伊勢神宮の祠官の言説の一部を取り上げただけにすぎず、派生する課題や、そのことを分析する前提を十分に把握した上で論を進めることができなかった。ただし、「死生観」という観点から、伊勢神道書とされるものを改めて見た時に、直接的に死生を語る内容ではないが、「神」や人間存在の根源を思索する営みのなかに、生死の課題が組み込まれてきたのではないかとの問いかけの可能性を有しているように印象付けられる。

『造伊勢二所太神宮宝基本記』の一節に「神道則出混沌之堺、帰混沌之始」と説かれる個所がある。ここには死生観が説明されているのではないが、混沌にリアリティを見ようとした志向性がうかがわれる。その混沌から生じ、混沌に帰るという言説と生死の意味付けとに、「神道と死生観」の接点を見出すことができるのか、今後とも考察を試みたいと思う。

註

（１） 石田一良「神道の思想」（『神道思想集　日本の思想14』、1970年、筑摩書房）、34頁。
（２） 拙稿「神道の葬儀」（『自然葬と世界の宗教』、2008年、凱風社）。
（３） 岡田重精『古代の斎忌―日本人の基層信仰―』（昭和57年、国書刊行会）、同『斎忌の世界―その機構と変容―』（平成元年、同）では、こうした問題を「斎忌」という問題設定において明らかにしている。
（４） 岡田米夫『神道百言』（昭和45年、神道文化会）。なお、岡田米夫氏（明治41年〈1908〉～昭和55年〈1980〉）は神社本庁教学部長などを歴任している（参照『岡田米夫先生　神道論集』、昭和55年、遺稿刊行会）。
（５） 本田親徳は文政５年（1822）～明治22年（1889）の神道家で、帰神鎮魂法で知られている。
（６） 拙稿「伊勢神宮神職の死生観をめぐる諸問題」（『龍谷大学人間・科学・宗教オープン・リサーチ・センター　2011年度報告書　死生観と超越―仏教と諸科学の学際的研究』、平成24年）、113-133頁参照。なお、付録として中西直方『死道百首』の全文翻刻を掲載した。
（７） 安蘇谷正彦『神道の生死観―神道思想と「死」の問題』（1989年、ぺりかん社）。
（８） 國學院大學日本文化研究所『神葬祭資料集成』（1995年、ぺりかん社）、牟禮仁編「神葬祭文献目録稿」（『皇學館大学神道研究所所報』45号、平成５年７月）など。
（９） 安蘇谷前掲書参照。
（10） 高橋美由紀『伊勢神道の成立と展開』（平成６年、大明堂）、166頁。
（11） 久保田収『神道史の研究』（昭和48年、皇學館大学出版部）。
（12） 中西正幸『伊勢の宮人』（平成10年、国書刊行会）。
（13） 岡田重精『斎忌の世界』、第六章「斎忌の機構と変容」参照。
（14） 岡田重精『斎忌の世界』、222-243頁。
（15） 岡田荘司「神葬祭成立考」（『神道学』128号、昭和61年４月）、３頁。
（16） 神道五部書とは、①『造伊勢二所太神宮宝基本記』、②『倭姫命世記』、③『伊勢二所皇太神御鎮座伝記』、④『豊受皇太神御鎮座本記』、⑤『天照坐伊勢二所皇太神宮御鎮座次第記』を指し、その成立・著者については諸説あり、①～⑤の並びは久保田収氏説による（『神道史の研究』、昭和48年、皇學館大学出版部）。これらのうち、③～⑤は宮三部書とも呼ばれた。神道五部書と言い出されたのは、近世に入ってからとされ、山崎闇斎と出口延佳との交流のなかで登場したのではないかと指

摘されている（田中卓「解題（神道五部書について）」『神道大系　論説編　伊勢神道（上）』、8-10頁）。
(17)　古谷易士「坂十仏『伊勢太神宮参詣記』と内外清浄の思想について」『神道宗教』222・223号、平成23年7月）。
(18)　久保田収「『大宗秘府』について」（前掲『神道史の研究』、385頁）参照。
(19)　谷省吾『祭祀の思想』（昭和60年、国書刊行会）、32頁。
(20)　小山悳子『日本人の見出した元神―『古事記』より『古事記傳』まで―』（昭和63年、ぺりかん社）、67頁。
(21)　谷前掲書、31頁。
(22)　久保田前掲書、515頁。
(23)　「類聚神祇本源　神道玄義篇」頭注（『日本思想大系19　中世神道論』）、114頁。

場と関係性―事例に見られる死生観―
"Place and Relationship: Case studies of views on life and death"

釋　徹宗

はじめに

　広井良典によれば、死生観は「宇宙や生命全体の大きな流れの中で、自分の生や死がどのような位置にあり、またどういう意味をもっているかについての理解や考え」と規定される。自分自身の生と死を大きな流れの中で意味づけようとする営みは、人間だけが背負わねばならない課題である。その意味では、死生観的営為は古代より連綿と続けられてきた。しかし、今日、われわれが突きつけられている「死生観」の問題は、特有の事情をもつ。ひとつは近代自我が生み出したものであるという側面、もうひとつは医療技術との関係である。この事情のために、死生観と聞けばどこか、「確たる信念と態度」「死をも超える境地」「その宗教特有の『生と死のストーリー』を指す」といったイメージがつきまとっているようだ。

　本稿では、死生観を「常に一貫した堅固なものというわけではない」「幅やグラデーションがある」「いつも揺れていて、さまざまな場や関係性から影響を受け、場や関係性へ影響を与える」といった動的な側面から注目している。死生観が個人の内面にとどまらず、いくつかの構成要素によって編み上げられていくさまを、事例に基づいて考察する。

　このプロジェクト（龍谷大学ORC「宗教多元世界における死生観と超越の対話的研究」ユニット２）が始まってから、筆者は三つの事例を追ってきた。それぞれ、老病死に関する事例である。しかし、本稿では紙数の都合で主として「スペースALS-D」を取り上げることとする。

1 　場と関係性の死生観

　われわれがイメージする「死生観」とは、近代自我なしには成り立たないものである。島薗進は、「死生観」は近代自我の産物であり、せいぜい150年程度の経緯によるものであるとしている[2]。島薗は、「死生観」という用語自体、1904年における『死生観』（加藤咄堂）という著作以来のものであると語る[3]。

（1）　死生観が求められる社会

　今日、われわれは「脳死臓器移植」や「終末・延命医療」などによって、死生観の確立を求められる事態となっている。いわば、死生観は現代社会からの要請でもあるのだ。場合によっては、好むと好まざるとにかかわらず、「死生観を確立せよ」という課題が突きつけられることもある。われわれはそのような社会に身をおいているのである。

　1996年、『「福祉のターミナルケア」に関する調査研究事業報告書』（長寿社会開発センター）において、竹中文良や広井良典が、「超高齢者や認知症高齢者が末期状態となった際、医療をひかえて自然の成り行きに任せる選択」（釈による取意）を語った際、この意見に対して数多くの反論が寄せられた。翌1997年には、医学者や高齢者施設運営者たちによる「フォーラム・末期医療を考える――老人に生きる権利はないのか」と名付けたシンポジウムも開催され、この報告書に対するバッシングのごとき様相となった。時には広井たちの論を「日本のナチス」と評する文章まで登場し、その後『社会保険旬報』などにおいて、広井良典と石井暎禧・横内正利による論争が展開されたのである[4]。

　それから15年以上を経過した現在、石飛幸三による『平穏死のすすめ』が大きな反響を呼び、中村仁一の『大往生したけりゃ医療とかかわるな』（幻冬舎新書）がベストセラーになるなど、「医療を拒否して、自然死を求める傾向」が強くなっている。もし15年前に石飛や中村の書籍が発売されていたら、広井たちへのバッシングどころではなかったであろう。

　こうして見ると、われわれを取り巻く生と死の事情が一貫しているわけではないことがわかる。時には社会のコンセンサスや潮流は大きく反転する。

　また、この15年あまりで、「死生観」という用語が新聞や雑誌で頻繁に使用

されるようになってきた。つまり、われわれは「死生観を求められる社会」に暮らしているのである。すなわち、「延命治療をどう考えるか」「脳死・臓器移植をどう考えるか」「どのような最期を望んでいるか」といった諸問題に対して、明確な意思表示をしておかねばならない事態を迎えているのだ。

　自宅の電話の横に、「もし私が倒れていても、救急車は呼ばないでください」と書いて貼り付けてある独居高齢者がいるそうである。独りで倒れているところを見つけても、医療措置をとらないでくれという意志表示である。「無理やり生かされたくない」という、かつてなかった苦悩が垣間見られる。また現在、超党派の議員たちによって「尊厳死法案」の立法化も進められている（平成24年11月現在）。この法案は「終末期の患者が延命装置を望まない場合、措置を始めなくても医師の責任が問われない」とするものである。このような動きも、過剰な医療によって生じた新しい老病死苦から浮上してきたものなのである。

（２）　揺れる死生観

　生と死が多様であるように、それと対峙する態度もまた多様である。どこまでいっても、生も死もデザインできない。このことは、死生観と呼ばれる領域においても同じである。

　たとえ特定の信仰によって死生観を確立していた者でも、時にはそれが揺れる。グラデーションがある。幅がある。時には、場や関係性によって方向転換が起こる。

　森岡正博が著作『生命学に何ができるか──脳死・フェミニズム・優生思想──』の中で、ある女性の投書を紹介している(5)。この女性は、「自分が脳死状態になったときには、すぐに臓器を提供してほしい。脳死になったら生きている意味はないから、移植に役立てたほうが、家族にも負担をかけなくてすむ」と考えていた。そして、女性の父も同じ意見をもっていた。ところが、その父が病で昏睡状態になる。そのとき、彼女は父の身体にさわって感じるあたたかさがとても大切であることを知る。そのあたたかさによって、これまでとは異質のコミュニケーションをおこない、彼女の感受性は広く深くなっていく。そのあたたかさによって、彼女は父との別れを受け入れる準備を整えていく。

　彼女の父は、「本人にとっては不本意」な状態におかれているかもしれない。

しかし、彼女は手を握り続ける側の思いを知る。そして次のように語る。

> 私自身はドナーになる選択をしたい。だが今回の経験から、もしその時、私の家族が望むなら、私のあたたかさを一日でも一時間でも長く分かち合うことを許そうと思うようになった。今の父のように。[6]

　この女性は、自分は不本意ではあるが、もし家族が望むなら自らの信念とは別の選択を許容すると言うのである。これはまさに、関係性によって個人の死生観が揺れた事例であろう。
　実は筆者も同様の経験を祖父の末期において経験した。ここで詳述することはできないが、祖父は自らの死生観を、関係性の中で（末期の床において）変節させたのである。死生観が、けっして個人の意思や信念だけで成り立っているものではないことを、目の当たりにした思いであった。

（3）　紡ぎ出される「生と死のナラティブ」

　『大般涅槃経』には、ブッダの老苦・病苦・死苦が表現されている。
　ブッダが臨終間近であることを知ったアーナンダは、人目をしのんで泣いていた。アーナンダはいつもブッダの傍にいて、最も数多くブッダの教えを聞いた人物である。
　ブッダは、アーナンダをここへ呼ぶよう他の修行僧に命じる。ブッダはアーナンダを目の前にして、彼のもっているすばらしさを語る。ブッダは死を前にしてもなお、アーナンダへの気遣いと教導を実践しているのである。しかし、アーナンダはあくまでブッダのことが気にかかる。彼は、「尊い方よ。尊師は、この小さな町、竹藪の町、場末の町でお亡くなりになりますな」と言い、他にもっとふさわしい大都市があると述べる。[7]
　それに対してブッダは、「アーナンダよ。そんなことを言うな」とたしなめる。ブッダはここを臨終の場と決めていたに違いない。小さな場末の町・クシナガラこそ、ブッダが今生を引き取る場だったのである。ブッダはアーナンダに、「今夜、私が亡くなることをクシナガラの住民たちに知らせよ」と命じる。「修行完成者の最後の時を目の当たりにできなかったと後悔しないように」と

の配慮である。ブッダは、クシナガラという場の縁を大切にし、自らの臨終を他者へと開示し、他者との関係性へとつなげた。その行為は、ブッダに帰依し身近に接している者にとって、不本意なものでさえあったのだ。

　クシナガラの住民たちは集い、ブッダは臨終の床につきながら、クシナガラに住んでいた行者・スバッダに教えを説くのであった。

　このように、ゴータマ・ブッダはつねに他者と共に共振する場を重視していた。ブッダはそういう人だった。たとえば、開悟したゴータマ・ブッダは250kmもの距離を歩いて、最初に語る場と人を選んでいる。ブッダが初転法輪を行った場は聖地ヴァーラーナーシー郊外の園林であり、相手はかつての修行仲間であった。そこへ至るまでブッダの教えが説かれることはなく、その者たちと再会するまでブッダの教えが説かれることはなかったのである。

　ブッダは、臨終においても他者との関係性の中で場をクリエイトしていく。80年間生き抜いたゴータマ・ブッダの本領は、ここにあるのかもしれない。ブッダは、自らの身体によって老苦・病苦・死苦を表現する。その姿は、まさに最後の説法と呼ぶのにふさわしい。

　　さて尊師が鍛冶工の子チュンダの食物を食べられたとき、激しい病いが起り、赤い血が迸り出る、死に至らんとする激しい苦痛が生じた。尊師は実に正しく念い、よく気をおちつけて、悩まされることなく、その苦痛を耐え忍んでいた。（中略）「さあ、アーナンダよ。わたしに水をもって来てくれ。わたしは、のどが渇いている。わたしは飲みたいのだ」。（『大般涅槃経』）[8]

　『大般涅槃経』におけるブッダの病苦の場面である。ブッダは若きアーナンダに、三度も「のどが渇いた。水をもって来てくれ」と懇願する。もはや臨終は近い。修行完成者であるブッダの生々しい病苦。このような描写が二千数百年もの間、語り続けられているところが興味深い。

　『大般涅槃経』では、すでに死を目前にした高齢者であるゴータマ・ブッダの存在そのものが、仏教的言説の体現となっている。そして、付き添うアーナンダが見事に狂言回し役を果たしている。そこに提示されているのは、単なる

老病死という現象ではない。アーナンダを触媒として表現されているブッダの老病死苦は、まことに雄弁である。そこには生物としての死という地点を超えて、なお働き続ける物語がある。「完全なる涅槃」というナラティブが表明されている。

この場面からも読み取ることができるように、「死生観」から「死後をも含めての『死の物語』」という側面を欠落させるわけにはいかない。実はこれこそ人類が取り組み続けてきたテーマであり、死生観の内実なのである。世界中のどこを探しても「その人物が息を引き取った一点をもって、その人物のすべてが終わる」とする民族や文化圏はない。死の一点を超える、なんらかのストーリーがある。死を超えて続く願いや思いがある。そこには、なんらかの「共有されたナラティブ」がある。ここで言うところのナラティブ（narrative）とは、「代替不能なストーリー」であり「語り続けられる物語」のことである。多くの人々が共有してきた、他のものと交換できない生と死の語りである。古来、人類は「あるコミュニティ内で共有される生と死のナラティブ」を育んできた。

2　弱者の求心力：事例研究「スペース ALS-D」

老・病・死といったある種の限界状況は、さまざまな連鎖を生み出す。ブッダが自らの老病死によって体現した内実が、2500年以上の時を経てわれわれに届くごとく。これから紹介する ALS を生き抜く仏教者・甲谷匡賛は次のような言葉を語っている。

「私」を通して「病（四苦）」は表現される[9]。

この日記の一文を読んだとき、筆者は『大般涅槃経』の場面を連想した。この一文は、単なるレトリックではない。死と直面し続ける日常の中、生の根底から絞り出された叫びである。

「場と関係性」が紡ぎ出す生と死のナラティブ、それを事例から丹念に観察していこうというのが本稿の視座である。ここでは、「難病 ALS を抱えて生きる甲谷匡賛と、彼をとりまくスペース ALS-D の人々」の事例を取り上げる。

スペース ALS-D というユニークな場と、彼らの関係性から見えてくるものは何か。そこに、宗教思想はどのようにくい込んでいるのか。身体性やアートといった要素も含めて概観してみよう。

(1) 甲谷匡賛（こうたに・まさあき）の紹介

1958年、甲谷匡賛は岐阜県に生まれた。美術を志して中央美術学園（東京都）に入学するも、中退している。10代後半から東洋思想と東洋のさまざまな身体技法に興味をもち、ヨーガ、整体、指圧、新体道などを学んでいる。また仏教にも強い関心をもち、インドなども訪れている。

30歳で京都に居を構え、1995年に「天療術院」を開業。徐々に口コミで来院者が増え、彼の施術の技のみではなく、身体観や思想性に惹かれ、多くのアーティストも訪れるようになる。特に京都造形芸術大学で教鞭をとる山田せつ子や、岩下徹をはじめとする数多くの舞踏家やアーティストたちがその影響を受けた。2002年に ALS を発病。2004年末から京都市内の病院に入院。この時点で、会話不可・四肢・体幹機能ほぼ全廃という病状であった。この時期、彼は病床で唯一動かせる左手で（パソコンを使って）創作活動を始める。このアート作品は、支援者によって作品展で公開されている。[10]

(2) ALS について

甲谷が罹患した筋萎縮性側索硬化症（ALS）は、進行性の難病である。筋肉を動かす神経（運動ニューロン）だけが障害を起こし、全身の筋肉や呼吸に必要な筋肉が次第に不随意になっていく疾病である。最後は呼吸筋も働かなくなり、呼吸不全で死亡に至る場合が多い。原因は不明であるが、脳の機能や神経の老化や代謝の異常と関連があると思われる。基本的に遺伝することはない。ただ、家族性 ALS もあるとも言われている。

今なお、有効な治療法は確立されておらず、対症療法が主となる。リハビリ、睡眠薬、安定剤、呼吸の補助（気管切開・人工呼吸器など）、胃瘻などが療法として用いられる。他に、進行を遅らせる作用がある投薬なども行われる。年間、約10万人に1人の割合で発症し、現在8,500人が特定疾患医療受給者である。男女比は約2：1とされ、最もかかりやすい年齢層は50〜60歳代と言われ

人工呼吸器を使わない場合、発病から死亡までの期間はおおよそ2〜5年とされるが、中には人工呼吸器を使用しないで十数年の長期間にわたって非常にゆっくりした経過をたどる例もある。一方では、もっと早い経過で呼吸不全をきたす例もある。[11]

（3） スペース ALS-D という場

甲谷は転院の繰り返しと、2004年末から続く入院生活で、心身ともに限界状況であった。2005年には、「かつてない精神状態になった」「鬱になる余裕すらない」と告白したそうである。

「在宅で暮らしたい」、それが甲谷の望みであった。多くの ALS 患者は転院を繰り返さねばならない。そのストレスはかなり大きい。甲谷には、「じっくりと死と向き合える場」「ここで死を迎えるのだと実感できる場」が必要だったのである。しかし、ALS 患者が在宅で暮らすのは容易ではない。友人たちは、川口有美子らの在宅自立モデル[12]を学ぶなど、試行錯誤の末に「スペースALS-D」を立ち上げる。2008年初夏のことであった。舞踏家の由良部正美や、舞台芸術プロデューサーの志賀玲子、さらに京都新聞社記者の岡本晃明などが中心となって動いた。オープニングの際の由良部と志賀のメッセージを読んでみよう。

> スペース ALS-D は、ALS 患者　甲谷匡賛さんの生活の場に併設されたオープンスペースです。甲谷さんは ALS により声と手足の機能を失いながらも、自薦ヘルパーによる24時間態勢の介護で、独居生活を実現しています。24時間他人とともにある生活。その場を、さらに地域へ、社会へと開く例のない試みといえます。
> ALS（筋萎縮性側索硬化症）は全身の運動神経が機能しなくなっていく神経難病で、その原因も治療法もわかっていません。病気の進行にしたがい、身体の自由がきかなくなり、次第に会話、食事、呼吸、まばたきさえも困難になっていきますが、感覚や頭脳は何ら冒されることがありません。家族の重い介護負担や、7割の方が人工呼吸器をつけずに亡くなるという現

Ⅱ 「死生観と超越」の対話的研究 1　113

実の中で、終末期医療や安楽死の議論では、たびたびその名が取り上げられています。

　甲谷さんは発病前、ヨガや新体道を学び、手技治療院を開いていました。施術の技のみならず、その身体観や思想性にひかれ、多くのアーティストが通っていました。発病した甲谷さんの支援者もダンス関係者が中心となっていたため、独居生活の話が持ち上がった時、ダンススタジオを併設して、ダンスやALSにかかわるさまざまな集まりのできるスペースにしようというプロジェクトが動き始めました。

　まだまだ、まったく別々の文脈で語られることの多い芸術と医療・福祉ですが、甲谷さんの生き様をとおしてみると、「人が生きていく」という上では、どちらもたいへん身近なものに思えます。この小さなスペースが芸術や医療・福祉だけではなく、「人が生きていく」ことに関わるさまざまなことを考え、有機的、多面的に人々がつながっていく場となればと思います。

　オープニング企画第１弾は、甲谷さん縁(ゆかり)のアーティストの皆さんが、甲谷さんの生き方と新しいスペースの誕生を祝して集まってくださいました。動けない身体と踊る身体の共存。どうぞ、このささやかな、しかし、未知の可能性にあふれた新しい場のスタートにお立ち会いください。

スペースALS-D／由良部正美、志賀玲子

　スペースALS-Dは京都西陣の町家を改造し、半分は甲谷の居住スペース、半分はオープンなフリースペースとなっている。京都工芸繊維大学の阪田弘一がデザインしたものだ。このフリースペースでは、舞踏・パフォーマンス・アート活動・ワークショップなど多彩な活動が行われている。由良部と志賀が語っている「芸術と医療・福祉」が有機的・多面的につながるというのは、このことを指す。

（4）　甲谷氏の宗教性

　多くの人の思いが結晶したスペースALS-D。１年目は順調な状況であったらしい。しかし、２年目の夏に大きなピンチを迎える。由良や志賀の言を借り

写真1　スペース ALS-D のたたずまい。

れば、甲谷が「観念の雪だるま」「こだわりの塊」「暴君」と化したという。甲谷はちょっとした物の配置や、寝具の具合など、細かなところに徹底してこだわるようになり、気になるたびにブザーを鳴らす。そして、時に発作を起こした。全身が痙攣するように硬直する。ALS という病は個人差があるらしく、甲谷のような発作を起こす者もいるそうである。周囲も繰り返される発作に恐怖を感じたとのことだ。時には由良部が甲谷に対して、「もっとわれわれにゆだねてくれ」と要望したこともあった。

　甲谷の内的エネルギーはこのあたりでピークを迎え、やがて静まり出す。周囲には、甲谷が精神性や宗教性を放下し始めたかのように見えた。そんなとき、甲谷は「出家得度式」を受けたいと言い出す。

　甲谷の出家については後述するとして、ここでは彼が影響を受けたと思われる宗教体系について点検する。

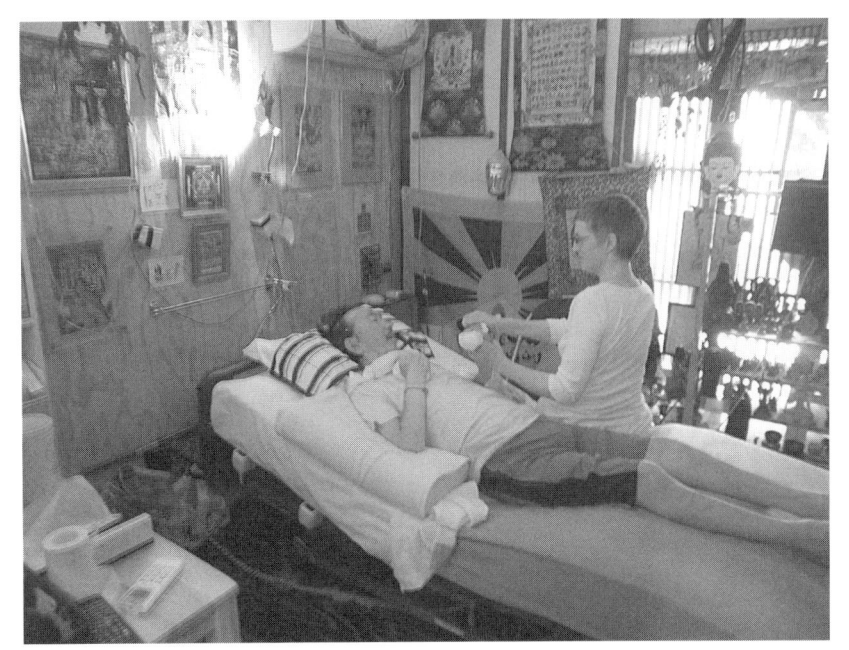

Ⅱ 「死生観と超越」の対話的研究 1　115

写真２　甲谷の生活空間。友人からマッサージを受けている甲谷。

〈1〉　仏　教

　甲谷がもっとも大きな影響を受けた宗教は仏教であると考えられる。彼は2005年から2007年までの間、不自由な手を使ってパソコンで日記を書いている。一行の文章を書くのに半日費やすような作業だったようである。そしてその日記を読むと、彼が仏教思想に深く踏み入っていることがわかる。項目別に挙げてみよう。

▽諦観、縁起、公案
　①「最後の LESSON　明らめること　手離すこと（世界をあるがままに）受け入れること　怒らないこと　笑うこと　泣くこと　ゆっくりと進むこと　よく観察すること　無常を知ること　縁起を知ること」（2005.9.7）
　②「物質主義（唯物主義。還元主義）を如何に超えるか？が、現代の公案。明らかに見ることによって、はじめてあきらめる（手放せる）ことができ

る」(2006.12.24)
③「本当に「あきらめる」ことを望んでいるのか――」(2006.12.25)

　このように、甲谷が仏教思想の杣道を通って死と向き合っていることがよくわかる。また、③などは彼の苦悩が表出している。仏教が説く「諦観」と格闘しているのである。日付を見ると、「諦観」の正体を掴んだと語った次の日、また揺れる。甲谷の過酷な状況にある内面がむき出しになっている。

▽チベット密教
①「トンレン。リクパ。「解脱したい！」という科白より、「早く往きたい！」という科白の方が多いのが、我ながら情けない…」(2006.12.30)
②「ようするに楽になりたいんだ。チベット仏教によると、人は死後、バルドといわれる世界に入っていくという」(2006.1.8)
③「いずれ終わる。カルマが尽きれば――」(2006.3.2)
④「「私」はからだ（肉体）ではない。心でもない。対象化できるモノ／コトは、わたしではない」(2006.11.8)
⑤「Ｏさんから頂いた、ダライ・ラマのチャンティングのＣＤが、涙がこぼれるほど素晴しい（！）」
　マントラをメロディーにのせて」(2006.8.8)

　甲谷はチベット密教にも強い関心をもっている。①のトンレンとは、「受け入れること」を主題とした瞑想法であり、リクパとは本来の清浄な知・明知のことである。また②のバルドは「中有」のことである。甲谷はチベット密教が語る死のイメージに共振した。彼は病床で創作活動をしていたのだが、その中には「バルド」と名づけられたアート作品のシリーズがある。その中のひとつに、甲谷の死のイメージだという作品がある。それは中心から放射線状に黄色い光が拡散しているデザインとなっている。これは『バルド・トドゥル』（いわゆる『チベット死者の書』）などで語られている「光のトンネル」がモチーフとなっているのではないかと思われる。

▽瞑想・ヨーガ・テーラワーダ
　①「ヴィパッサナ（観行）とトンレンが、今の主な修行」（2006.6.9）
　②「縁起について瞑想する。心が広がり、落ち着いていく――」（2006.1.11）
　③「ヴィパッサナは―改めて―いい（と思った）」（2006.8.25）

　甲谷はヴィパッサナも実践している。これは近年のテーラワーダ仏教の影響だと思われる。そういえば、甲谷と知り合った頃、彼から「あなたは普段、どんな瞑想をしていますか？」と聞かれたことがある。そのとき「私は真宗僧侶なので、瞑想をしていません」と応えると、彼は残念そうな反応をしたように見えた。

▽念　仏
　①「動けないワタシに何ガデキルカ？　生を「栄光（の型）」として捉える。御心のままに準備スルベシ　落ちつくベシ　逃げるベカラズ　南無阿弥陀仏　根源に　無に　無から無へ　空！　不思議不思議！」（2005.9.10）
　②「御心のままに　南無阿弥陀仏ある意味、地獄だナ...。「理解とは誤解のことである。」　野口三千三アナタ／ワタシの無意識が。　ワタシ／アナタを苦しめる。マダ続くの？モウイイデスヨ！」（2005.9.30）

　このように南無阿弥陀仏と書く場合もある。②に出てくる野口三千三は、野口整体の創始者である。「マダ続くの？モウイイデスヨ！」（原文ママ）の一文は、過酷な状況を如実に表している。
　他にも、甲谷はクリシュナムルティーやシュタイナーやケン・ウィルバーなどのニューエイジ系の言葉も使う。年代的にニューエイジ・ムーブメントの潮流に刺激を受けたことは十分に考えられる。「考えられる」と表現したのは、実はよくわからないからである。甲谷自身、自らの宗教的立ち位置や変遷をあまり語らないタイプであった。そのあたりに関しては、長年つき合ってきた身近な者でもよくわからないそうである。

〈2〉 キリスト教

　甲谷は新体道を学んでいた。新体道は、青木宏之が創始した総合武道の体系であり、身体の自然性の回復や心の解放、さらには霊性の開花などを目指す技法である。各種武道や健康法、瞑想や指圧・整体なども取り入れている。

　日本の従来の武道は神道や仏教を基調とする場合が多いのに対して、新体道はプロテスタントをベースとしているところに大きな特徴がある。これは創始者の青木宏之がクリスチャンであったことが大きい。

① 「「悲しみの共同体」から舞踏で言うところの「衰弱体」は立ち上がる。キリストを想え！！晒すこと青空の下に晒すことそこに苦しみはあるだろうか」(2005.3.12)
② 「キリスト者の支援は具体的且つ積極的だ。僕の周りを今キリストの光が取り巻いている」(2005.8.16)

　甲谷の日記にはキリスト教に対する思いも綴られているのである。また、甲谷は白光真宏会にも興味をもっている。このような事情もあって、甲谷の部屋には数多くの仏像と共に、マリア像や五井昌久の顔写真が飾られている。

(5) 「出家得度」と「巡礼」

　甲谷の日記から死との直面が表出されている部分を抽出する。

① 「死、死、死！」(2006.11.10)
② 「死死死死
　　死死死死
　　死死死死
　　死死死死
　　(「死死十六曼荼羅」) 今日の体重42.4kg」(2005.11.11)
③ 「まるごとなげだせばもともとわたしなどいないのだから」(2005.11.14)
④ 「来年は発病して５年になる。ALSは５年以内に８割の方が、―呼吸器を付けない限り―亡くなる病気と聴いている。横浜が終わって、あらため

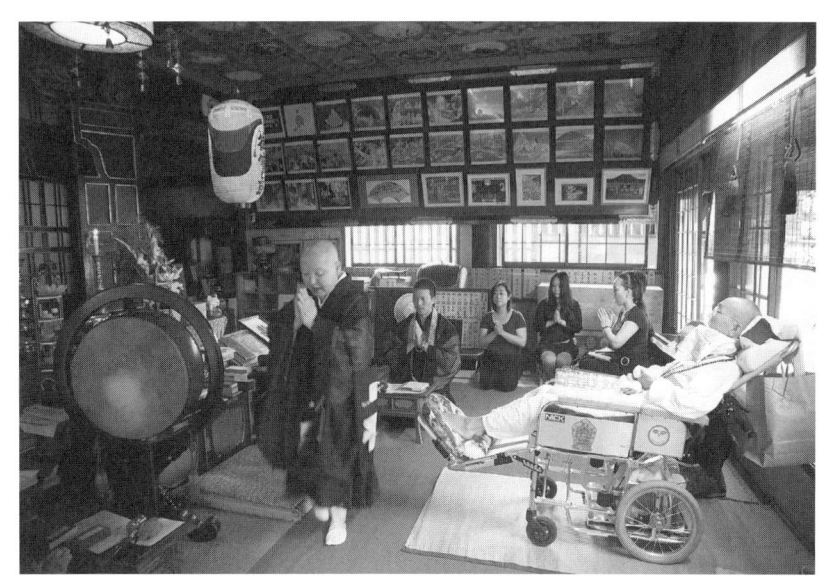

写真3　得度式の様子

てこのことが、最大の公案と再確認している」(2006.12.11)

　死の文字をタテヨコに並べて「死死十六曼荼羅」などと呼んでいる。ときどき、彼はこのようなブラックユーモアを発揮している。
　④に書かれている「横浜が終わって」というのは、甲谷とその仲間が力を合わせてこの年11月に開催した「作品展」のことである。横浜美術館のアートギャラリーで行われた。
　そして、日記が途絶える直前、甲谷は次のように書いた。

「実はALSを踊っているんだよ」(2007.2.23)

　これを書いた3日後の2007年2月26日、彼の日記は止まった。もう日記を書くことが困難になったからだ。それから3年半後、2010年の夏に甲谷は引接寺（通称：千本ゑんま堂。高野山真言宗）において出家得度式を受けた。
　なぜ甲谷が出家得度式を希望したのかは、不明の部分が多い。当然の帰結の

ようにも思えるが、唐突にも思える。由良部や志賀も、甲谷の思いまではよくわからないと言う。すでに甲谷は他者と細やかなコミュニケーションをとることが困難な状態となっているからである。

確かなことは、この出家得度式の時期あたりから甲谷の執拗なこだわりは姿を見せなくなり、日常のさまざまな場面において強く主張することがなくなっていった。甲谷にとって内面における転換期だったかもしれない。単にALSが進行したため、意思表示が微弱になっているだけかもしれない。いずれにしても甲谷の症状が停滞することはない。徐々に、確実に、進行していく。

ところで、現在、甲谷は「回峰行」や「巡礼」とでも表現すべき日々を送っている。各地の寺社や教会など宗教施設を巡っているのである。どのような天候であっても、どのような体調であっても、一日たりとも休むことはない。バスや電車も利用するので、かなり遠方にまで出かけている。この行為は、スタッフにとってもハードである。過酷な巡礼と言ってもよい。甲谷に誘導されながら回峰行をしているような様相である。

毎日、さまざまな場所へと向かうのであるが、引接寺と石像寺（釘抜地蔵）だけは必ず寄る。来世のストーリーをもつ引接寺と、苦痛に関わるストーリーをもつ石像寺。そこには甲谷の内面が投影されているのであろうか。

こうして甲谷および甲谷の周辺を概観してみると、実に多くの人たちがスペースALS-Dに巻き込まれていることがわかる。あたかも、スペースALS-Dという磁場に引き寄せられるがごとく、甲谷という弱者に共振するがごとく、巻き込まれていく。

ある意味、甲谷は徹底した弱者である。積極的に何かを行為したり主張したりすることは、ほぼ不能だ。しかし、そこに不思議な求心力が生じる。

甲谷という弱者を求心力とした渦は、さまざまな人や要素を巻き込む。そこに甲谷が存在するだけで、その渦は起こるのである。それは甲谷が徹底した弱者であるからに他ならない。

そして、その渦が発生するために必要な要素がスペースALS-Dという場である。そこは甲谷が死と直面し続けている場であり、アートやパフォーマンスや音楽が交錯する場である。本稿のテーマである「死生観を、場と関係性から考察する」を具象化したような事例と言えよう。

また甲谷は、unit-2のプロジェクト（「宗教多元世界における死生観と超越の対話的研究」）という視点からも興味深い人物である。甲谷は毎日「慈悲の瞑想」を実践している。最古の経典『スッタニパータ』にある「慈経」に基づく瞑想である。まず、自分自身の心身が安寧であることをイメージする。あたかも静かな水面のような心身を思い描く。その瞑想がうまくできれば、次は自分の身の周りの人々の心身が安寧であることをイメージする。次には、自分の縁ある人々……、と意識を拡大していって、究極には生きとし生けるものすべての心身が安寧であることを瞑想するのである。甲谷は、しばしば「なぜこのようになってまで生きなければならないのか」「なぜ生まれてきたのか」という苦悩のスパイラルに陥ることもあるそうだ。しかし、「慈悲の瞑想」がたまたまうまくできた日は、明日も生きようと実感する、かつてそう語ったことがある。また、なにかと「つながっている」とリアルに感じた時は、明日も生きようという思いがわき上がるそうである。

　自死することもできない絶望の淵にたたずみながら、人は「つながっている」と実感できれば生きていけるのである。すなわち「苦悩を引き受けるためにこそ縁起の教えはある」のだ。縁起の法は、何も科学的にこの世界を説明するためにあるのではない。苦悩の中を生き抜くためにこそ、「世界は関係性で成り立っている」ことを説くのである。

　2005年8月30日の甲谷の日記には、「生は死を含む（生きるコトは死ヌコト）死は生を含む（死ヌコトハいきること）」（原文のママ）とある。さらに、2007年の2月21日では「只座っているだけ」と一行書き、次の日「それでも意味はある」と書き足している。ここからは、何ひとつ思うままにならない身体で、場と関係性の意味を生み出し続ける甲谷の実相を読み取ることができる。[14]

3　その他の事例と課題

　スペースALS-Dの事例は、個人の死生観を凌駕するほどの苦悩、まったくデザインできない病や死を、場と関係性が引き受けていくさまを教えてくれる。今回のプロジェクトでは、同じく「場と関係性」をテーマに、他に2事例を研究してきた。少し紹介したい。ひとつは、生前個人墓「自然」である。ここでは、「お墓を機縁としたコミュニティ」が形成されている。もうひとつは、グ

ループホーム「むつみ庵」である。寺―檀家制度を基盤として、認知症高齢者の共同生活の家が運営されている。

(1) 生前個人墓「自然」

大阪市天王寺区は、全国でも有数の寺院密集地域である。その中に、古刹・大蓮寺がある。大蓮寺は浄土宗の寺院であり、塔頭には「葬儀法要を行わず、NPOで運営されるお寺」として名高い應典院を抱える。應典院は、日本一若者が集まるお寺とも言われ、今日の仏教ニューウェーブの旗手となっている。

大蓮寺は大きな墓地を有しているが、その一角に「自然」と名づけられたユニークな墓がある。手前に小さな墓石を置くスペースがあり、その向こうは仕切りが立てられている。仕切りの裏がカロート（納骨場所）となっている。この方式であれば、せまい場所に大勢の墓を用意することが可能である。費用も少なくてすむ。

「自然」へと集うのは、このような墓の形態に共感した人たちである。現代

写真4　左側下に見えるのが、自然の墓石。
　　　　写真は、自然の人々が法要を営んでいるところ。

社会では、「後々墓の面倒を見る人がいない」「親類も縁者もいない」といった人は少なくない。しかし「帰る場の象徴」として、墓は気になる。そんな悩みを抱えた人たちが集まっている。生前個人墓なので、自らの意思で自分の墓を建てる。建てるというよりも、好きな場所に墓石を置くのである。「自然」を自分の納骨場所として選択した人は、「自然」の会合に集まる。地縁も血縁もない見ず知らずの人たちが集まっている。墓を契機とした共同体である。そして、彼岸や盆にはみんなで法会を勤めるのである。また懇親会や旅行なども行われている。もともと見ず知らずの人であったものの、勤行での思いは真摯である。「お墓のおかげで、初めて本当の友人ができた」と語る人もいる。

　小さな氷やほこりを核としてその周囲に次々と氷晶が付着することで雪の結晶ができるように、共同体も何かコアとなるものがなければならない。宗教はしばしばそのようなコアの役目を果たす。「自然」の場合は、墓がそのコアにある。死と向き合うことを機縁として生まれたコミュニティである。

　「自然」は都市が抱えている問題に取り組んだ結果、新しい場と新しい関係性が生まれたのである。

（2） グループホームむつみ庵

　「むつみ庵」のテーマは、「地域で支える里家」である。血縁ではない関係性をもった親を里親と呼ぶならば、生まれ育った家・暮らした家ではないが「帰る家」を里家と呼ぶのもよいだろう。それを地域が支えるのである。

　もともとその地域にある家を使って、共同生活をする。同じ障害を抱えた者同士が、サポートされながら暮らすのである。ここはごく普通の民家（しかも古い日本家屋）なので、暮らすのにはさまざまな工夫が必要となる。それが、認知症高齢者の「暮らす力」の低下を防いでいる。どこといって特別なことはないのであるが、この家には特有の力がある。スタッフは、「この家や庭に助けられて暮らしている」と語る。

　また、「むつみ庵」がある場所は、350年以上続いている浄土真宗門徒の地域である。今も地域共同体の意識が強い。その人たちがこの家の担い手である。この人たちは、細く長く続いている関係性の中に身を置いている。それが「むつみ庵」の特性を担保しているのである。

写真5　むつみ庵で暮らす人々が、庭でくつろいでいる様子。

写真6　むつみ庵から出棺される様子。

すでに「むつみ庵」では、三名の高齢者が生をまっとうしている。そのうちの一人は、ここで通夜や葬儀を行った。こうして、少しずつ「むつみ庵」は"施設から家へ"と変貌を続けている。

むすび

病苦を求心力として、開かれた場を生み出したスペースALS-D。死の象徴であり、帰る場の象徴である墓を機縁として成立した「自然」。老いと向き合い続ける里家「むつみ庵」。いずれも、生きる上で避けることのできない苦から生じた場であり関係性である。そこに関わる人々は、しばしば自分自身の死生観を問い直すこととなり、時には変更することとなる。

たとえば、由良部正美は2012年の夏、「ここにある彼岸―新しい葬送の舞の為に―」を創作した。彼は「いつか葬式で舞踏したい」そうである。由良部は甲谷と共に、死の光景を見つめ続けてきた。由良部は、宗教・アート・芸能・音楽などが混然となる原初的世界を舞踏で表現しようとしている。それは、また新しい場や関係性の創造へとつながっていくのであろう。

死はけっして個人という枠にとどまるものではない。社会やテクノロジーの変化によって要請されることとなった現代人の死生観ではあるが、やはりその自覚を手離してはならない。そのためには、場と関係性に共振する態度を養うことが重要である。ここに、現代人の死生観の課題がある。

飛躍的に長期化することとなった老いや病い。そして、自ら決断して選択しなければならなくなった死。家族形態の変容、高齢者の生活実情、延命治療など、複合的要因が「自分なりの死生観をもたねばならない」という事態を要請した。それはあたかも「死を引き受けるメソッド」であるかのようだ。人々は、そのようなメソッドのマニュアルを求めている。

しかし、死を「自分の意志の範疇」でとらえている限り、見えない光景がありそうである。宗教性をコアとした小さなコミュニティに注目したい。関係性と場をキーワードにしたのは、そのためである。

※本稿は、平成24年6月14日に龍谷大学大宮学舎で行われた「CHSR ユニット2死生観と超越」の研究会での発表をもとに加筆したものである。

参考文献（本文や註に取り上げたものは除く）

アンソニー・ギデンズ『モダニティと自己アイデンティティ』（秋吉美都他訳）ハーベスト社、2005年。
スティーブン・ミズン『心の先史時代』（松浦俊輔他訳）青土社、1998年。
津城寛文『日本の深層文化序説』玉川大学出版部、1995年。
藤井学『法華衆と町衆』法藏館、2003年。
村田充八『コミューンと宗教』行路社、1999年。

註

（1）　竹内整一他編「生と死の時間〈深層の時間〉への旅」『死生学［1］』東京大学出版会所収、2008年、139頁。
（2）　『日本人の死生観を読む』朝日選書、2012年、15頁、58-59頁。
（3）　同上、15頁、58頁。
（4）　この件については向井承子『患者追放―行き場を失う老人たち』（2003年、筑摩書房）など、いくつかの書籍や論集に述べられている。立岩真也によるホームページでは時系列で経緯が掲載されている。
（5）　森岡正博『生命学に何ができるか―脳死・フェミニズム・優生思想―』勁草書房、2001年、66-70頁。
（6）　同上、67頁。
（7）　中村元『ブッダ最後の旅』岩波文庫、1980年、140頁。
（8）　同上、112-113頁。
（9）　2006年8月5日の日記。
（10）　甲谷匡賛HP「ALSな日々」。2006年の紹介文をもとに書いている。
（11）　「難病情報センター」の情報に基づく釈による取意。
（12）　ALS患者の母と暮らした生活を綴った『逝かない身体』（医学書院）の著者。川口たちが関わる「さくら会」は、患者自身がNPOの代表になってヘルパーセンターを立ち上げることで、ALS患者の在宅看護・介護に取り組んでいる。
（13）　罹患以前の甲谷にはあまり見られなかった傾向であり、ALSに関わる症状ではないかと由良部は語る。
（14）　ここで本稿が語ろうとしているのは、単純に「どんな生命にも意味があるのだから、延命措置をするのが正しい」というメッセージではない。ある個人の死は「その個人の意志の範疇内にとどまらない」ことを述べようとしている。ちなみに、甲

谷は早くから人工呼吸器の拒否を表明している。彼にとっては不自然な延命技術であるようだ。それは、「呼吸器を選ばないことで、失うモノ／コトは何かな？ 呼吸器を選ぶことで、失うモノ／コトは何かな？」(2006.12.23) と取り組み続けて、行き着いた選択である。この記述の6日後、甲谷は日記に「精一杯死んで往こう」と書いている。

内観と悲哀

―現代日本のカトリック霊性から―

寺尾　寿芳

はじめに

　いかにキリスト教の影響力が限定されているからといって、現代日本社会におけるカトリック教会が心あるいは魂の問題、たとえばスピリチュアルケアといった難問から自由でいられるわけはない。しかし「ローマ以上にローマ的」と長らく揶揄されてきた日本カトリック教会は、近年、インカルチュレーション（福音の文化的受肉）の実現を求め続けて奮闘努力してはいるものの、諸宗教の神学を学術的に模索する次元を超えた実践面で、日本人信徒の霊性へと救霊の光を届かせるような仕組みづくりにはいまだ成功していない。このような状況下では、手がかりを求めて周縁での実験的取り組みに注目してみることが有益であろう。本稿では藤原直達のカトリック内観瞑想を、死生学上の重要な課題であるスピリチュアルケアの一環である「悲哀」の作業として読み直す可能性を探っていきたい。

1　カトリック霊性の人間学的次元

　近年、「スピリチュアルケア」という概念を頻繁に耳にするようになった。「宗教的ではないが霊的である」("not religious but spiritual")という言葉から察せられるように、「スピリチュアル」には既成宗教への異議申し立てがこめられている。この概念は、しかし原語となったラテン語の"spiritualis"がキリスト教の世界でも重要な神学概念として機能してきたことから容易にわかるように、既成宗教、わけてもキリスト教にとってつねに身近な印象を伴い、わけても「霊」を意味する「スピリトゥス」(spiritus)が、そもそも息吹およ

び語彙本来の意味で融通無碍な風である「プネウマ」(πνεῦμα)に由来することから、神と人とを開放的に架橋する特長を持つ。この特長を活かしながら伝統的神学に観察される自閉性あるいは硬直性を超克し、いっそう柔軟な実践活動を企図する現代的潮流は、概ね現代日本のカトリックの世界でも同様である。それはケアが重要な役割を果たす老いや死の現場において、「下から」の自由な試行錯誤を模索せざるを得ない教会やその他の共同体にとって欠かせない視点を提供する。総じてこのような流れから現代日本におけるカトリシズムの語りも、神学(theology)というよりも「霊性」(spirituality)の名において遂行される傾向をあらわにしつつある。

　この霊性には、そもそも厳密な一意的定義に納まらないあいまいさがつきものである。たとえば井上洋治は、「その人の生きていく生き方のうしろに、したたり落ちていった命の汗というものがことばになっていく。その体験が一つひとつのことばになっていたものが『霊性』」であると述べている。また百瀬文晃は、「霊性とは、一人ひとりのキリスト者がどのようにイエス・キリストの福音を受容し、その信仰の生き方をどのように具体的に実践するのか、その具体的な信仰の営み方、信仰の実現様式だ」と語り、さらに「神学は、絶えず信仰の実践を反省し、そのもっとも中心的なものを確認し、信仰の生き方を新たに方向づける」ものであると語る。その意味で、霊性なくしてそもそも神学はない。そこでは絶え間なくあいまいさを生み出す「生活の座」を、神学的営為にましていっそう重視する態度が求められることになるだろう。

　このいわば「下から」の視線は、神学と対照的な次元を霊性と同じく切り開く人間学において見出すことができるだろう。

　そこで、人間学に関する基本的理解を確認しておきたい。上智大学文学部人間学研究室のホームページによると人間学は、「他者に寄与する人間」「他者と共に生きる人間」「正義の促進に敏感な人間」に配慮するキリスト教ヒューマニズムに立脚する。ここから人間学は、まずは自己を深く探求することよりも他者へと目を向ける「広さ」を目指す学であることが明瞭である。そこに人間学における語りが独白ではなく、他者とともに理解する思索の営みであることが見て取れる。

　もちろんその「広さ」は、「深み」を単純に否定排拒したものではない。な

ぜなら自己とは本質的に異質な他者を自己に先んずるものとして定立するかぎり、その自己存在を根底から脅かす他者性に発する「深み」は備えているからである。この「深み」が、人間学を独我論的浅薄さに陥る危険から遠ざけさせるように働いているといえよう。

ともあれ、人間学は広角な視圏の獲得を学際的に志向する性格を備えており、この点で超越者に立脚した演繹性を帯びた垂直型の正統神学とは異なり、宗教学や心理学という神学に異議申し立てを行ってきた来歴を有する諸学問を活用するなかで、思索地平の拡大を肯定する。正統神学という学問行為の現場担当者が罪深きわれわれ人間である以上、不可避である正統さのいつ知れぬ歪みを指摘する健全さ（health）がそこに確保され、さらには周縁性、仮説性、ときに脱合理性を含みこむ全体観（holism）が成立する。(6)

しかしながら先述のごとく、こうした拡大志向には深化からの反照が欠かせない。たとえば組織神学がその体系化のなかで本来慎重に配慮しなくてはならない人間学的現象をいわば先回りする形で理論化してしまうことでときに拙速な全体性を志向し、なおかつ、イデオロギーとしての全体主義とその歴史的社会的展開には結局抵抗することができず、さらにはこのような悲劇的展開においてときに加担することすらあった事態がつねに自覚され反省されねばならないだろう。(7)この反省のまなざしにおいて、「光があることを信じているからこそ」の「闇を見届ける霊的な勇気」が欠かせない。(8)

このように広さと深みを兼ね備えた人間学的な見地から現代日本のカトリック霊性を探求するに当たっては、たとえ正統神学の枠組みから漏れ落ちる要素を広汎に抱え込んでいようが、既成の正答群では納得しきれない「生活の座」の極限にあるリアルな生死の問題を射程に組み入れた実践活動に注目することはきわめて有益である。その典型的な一例として、カトリック内観瞑想を挙げることができる。

2　カトリック内観瞑想とは何か

カトリック内観瞑想とは、カトリック大阪教区所属の教区司祭藤原直達（1944〜）によって始められ、現在も基本的に藤原とごくわずかの協力者によって実践されている心理療法的修養活動である。

第二ヴァティカン公会議以降の文化に根付いた霊性の模索に煩悶していた藤原は、偶然にも書籍を通じて吉本伊信（奈良県出身、1916〜1988）によって編み出された内観法を知り、ただちに吉本自身のもとで、さらには吉本の弟子たちの内観道場で内観体験を積んだ。その後、安田大司教（当時）の許可を得た藤原は通常の小教区司牧を免除され、「心のいほり・内観瞑想センター」（現在は大阪府寝屋川市内にあり、土地と建物は香里カトリック教会の分教会扱いとなっている）を設立し、全国で年平均15回程度の内観同行を行っている。

　内観瞑想の基礎となった内観法は、篤信の真宗門徒であった吉本伊信が浄土真宗秘事法門の「身調べ」を非宗教化することで心理療法化したものである(9)。罪悪の自覚を重視したもので、「していただいたこと、して返したこと、迷惑をかけたこと」の三つの視点から、「根の記憶」とされる母親からはじめて身近な関係者に対する自己の記憶を内省していく心理療法である。その際、他者イメージを活性化するのではなく（内観対象者のイメージへの他罰的な固執は「外観」と呼ばれ、避けることが求められる）、あくまで自己の心の奥底を抉り出し、懺悔する態度が徹底される。具体的な方法としては1週間の合宿形式をとり、1日15時間、屋内に設置された座布団一枚程度の空間を囲む屏風のなかで、食事、用便、入浴を例外として、ひたすら上記の「内観三項目」にしたがい記憶を精査し、その結果を1日あたり7〜8回、同行者と呼ばれる面接者に報告する。そのなかで同行者はカウンセリング的な働きかけを基本的に一切行わず、内観者が自発的かつ円滑に内観を遂行するために、外観に陥っていないかなどの必要最小限度の示唆を与えるに留まる。

　カトリック内観瞑想の具体的方法論は基本的に吉本内観法と同じであり、最終日にミサが行われる点と後述する呼吸法の実践だけが異なっている(10)。また、その内観瞑想のカトリック的意義付けは、「神秘霊性」の名のもと日本文化を特徴付ける仏教的霊性を活かしつつ独自に思索していたカルメル会修道司祭であり、隠修士でもあった田中輝義とのほぼ全面的協働作業といってよい（この点でたんなる内観に留まらず「瞑想」性が確保されるが、田中自身は前面に出ることなく、著作もすべて藤原の単独名義で刊行されている(11)）。

　このカトリック内観瞑想は吉本内観法を踏襲している以上、キリスト教と仏教という宗教の違いを超え、人間学的にみて長所と短所を共有している。内観

は上記の内観三項目やその実践環境において厳格な方法論が完成しており、そこには同行者による自発的な改変の余地は原則としてみとめられない。これは同行者が精神医学や心理学の訓練を特段受けていない現状を鑑みれば、恣意的で危険な心理介入を経験的に回避できる長所を持っている。他方、その徹底した罪悪への審問の語法は、ともすれば悲しみを中心とする感情を抑圧し、心理的暴力に陥る危険性もある。こうした事態を、藤原のカトリック内観瞑想は吉本内観法と共有しているのである。

3　佐藤研の人間学的復活理解からの示唆

短所はしかし、弁証法的展開を想起するまでもなく新たな可能性の礎となる。言うまでもなくキリスト教信仰の中核をなす復活は教義において重きをなしてきたが、他方で出来事のあまりの重大さからか、その神学的展開はキリスト論といった他の話題とは異なり、十分だったとは言い難い面がある。復活に先立つ「陰府下り」ひとつとってみても、西方教会では使徒信条に採用されているにもかかわらず神学的理解はさほど展開せず、東方教会では教義化を避けつつ、そのドラマ性を梃として、むしろ一種の人間学的色彩を帯びて多様に描写表現された。

こうした人間学的視座から復活の再理解を試みるのが、新約学者の佐藤研である。佐藤は神学の硬直化を脱するためにはイエスその人への人間学理解へと戻るべきだという発想から、復活の再理解を大胆に試みる。復活をあえて「イースター事件」と呼び、その上でアリストテレスの悲劇論を援用しつつ、フロイトの「喪の仕事」（Trauerarbeit）という悲哀の観点から弟子における主体的体験認識の次元を人間学的に読み解き、「裏切り・逃散・否認という、絶体絶命の否定的状況の只中で起こった」戦慄と魅了を兼ね備えた非合理的な「ヌミノーゼ」との遭遇、まさしく「息づまる悲哀の極み」の出来事として復活を理解するのである[12]。

さらに復活事件をめぐる非合理なヌミノーゼつまり矛盾的事態は、弟子のみならずイエスそして全能の神の懊悩をも示唆する。たとえばイエスには「内面の『悪』の衝動の問題に苦しんだ形跡」、たとえば「イエスもまた、自分の『罪』を悔いてヨハネのもとにやってきた」可能性が否定できないとされる[13]。

こうした例外なき人間学的検討は教義的正統性を毀滅する異端的印象を与えるかもしれないが、他方で、教義はもとより過剰に抽象化した神学的回答にもはや満足できない現代信徒の霊性志向と共鳴しあい、さらには協同する可能性を持っているといえるだろう。

　そこには内観瞑想に通じる心の闇への眼差しがある。佐藤によればそもそも「キリスト教は……決して理性の宗教ではない。それは根源的にパトスの宗教である。ニーチェの概念を借りれば、『アポロ的』であるよりは、いっそう深く『ディオニュソス的』次元であり、オットーの言う『ヌミノーゼ』的なものである。たとえそれを標榜する教義が永遠の真理を公言し、悲劇的なものを遥かに後にしたように見えても、キリスト教のエネルギーはそうした明澄性をご破算にし、常に悲劇的なものの現場に回帰するのである」。

　ここにみられる「己の霊的な死滅体験」は宗教横断的であり、「宗教人間学的な深層の様相」とされ、田中に導かれた藤原のいわば深層心理的インカルチュレーション（福音の文化的受肉）と響鳴しあう眼差しを提供しているといえるだろう。また、津城寛文は、「最も近い他界としての死後生」抜きに「『究極』に至るまでの世界がいかほどのリアリティを持ちうるか」と語るが、たしかに教義は言うまでもなく神学にも濃厚に見て取られる「高み」に先立って人間学的な「低み」へと退歩することなくして、復活の出来事は、藤原の望みに反して日本人の霊性に届くことはあるまい。

　さて、佐藤は同じく新約学者にして原始教会史研究者であるアリソン（Dale C. Allison）の考察を発展継承させて、悲哀の営みである諸々の「喪の作業」に共通して見出せる現象を、見えざる臨在の感覚（SOP = sense of presence）、罪責意識からの苦しみ、怒りの感情、死者の理想化、死者の想起、死者との運命の共同化、再会のヴィジョンの７点としている。発表者は、罪責意識を内観にとってあまりにも自明な目的でもあるためこの一覧から省き、また見えざる臨在感や死者の理想化や想起は愛すべき死者があたかも生者の苦境を救うがごとくありありと思い出される状況の生起、つまりは死者の実在感に統合可能と考える。ゆえに佐藤のリストを簡潔化して、①死者の実在感、②怒りの感情、③死者との運命の共同化、④再会のヴィジョン、の４点において、スピリチュアルケアと復活理解の双方にまたがる悲哀の仕事の特徴をまとめてみたい。

4 悲哀の仕事としてのカトリック内観瞑想

　悲哀の仕事と内観瞑想を併せて語るに先立ち、藤原の思索を概観しておきたい。それは大別して二つの方向性を持つ。

　第一は思想的思索で、脱西洋の立場が明瞭な東洋のことに仏教的霊性や東方教会の霊性を志向する。神学的にはヨハネ神学への親和性が見て取れる。藤原の思想は、先述のように仏教、ことに浄土教への深い理解からカトリック神学の脱西洋化を密かにかつ大胆に遂行した田中輝義にほぼ全面的に依拠しているが、仏教との対話を通じて新たなカトリック神学を模索した他の多くの宗教者や神学・哲学研究者たちと同じく、田中そして藤原も〈ケノーシスの神学〉、つまり自己空無を発想の中核に据えている。たとえば藤原の著作に引かれた田中の発言、すなわち法蔵菩薩の「誓願の中身は、キリスト教の十字架上の死という神の子の『自己空化』と呼応している」という一節を挙げることができる。

　第二に実践的思索で、これは「身調べ」に由来する吉本内観法の基本発想を踏襲したものであり、パウロ的な十字架の神学や贖罪観の影響が見て取れる。藤原によれば、ダマスコの途上でキリストと出会ったのちのパウロは、その後アラビアに退いて内観をしていたとされる。さらに「内観中に自らの霊肉の分裂葛藤を見て『うめき』」つつ、鋭敏な自己批判の眼差しからの罪の自覚を短詩型で懺悔告白することすら行っている。

　言うまでもなくこれら二方向の両立は全キリスト教史を通じて困難な課題であり、実際に藤原の著作においても整合性を獲得しているとは言いがたく、両極間の揺れが散見される。くわえて厳密で修正を許さない方法論をもつ吉本内観法に立脚する後者の立場は思想的展開が困難であるため、近年の藤原の著作（教友社から刊行された3冊）では、前者つまり東方教会と東洋的霊性を通底する「東」の霊性に立脚した神秘主義的傾向がますます濃厚になりつつある。他方で、素朴な初期の著作（『東西のはざまで』初版1998年・第2版1999年、『心の内なる旅』2002年）では、後者つまり内観法の悲哀をめぐる懺悔道的性格が濃厚である。ときに過剰なまでにコスモロジー化してしまう近年の藤原は、前述の佐藤によれば「悲哀の仕事」としての復活理解から頽落した「非悲劇化」に相当するのであり、人間学的にはむしろ後者、つまり「西」の悲哀の痛

みに敏感な霊性こそがあらためて注目されねばならない[23]。よって本考察では、この初期著作およびその意向を保持した文献を対象とする。

（1） 死者の実在感

　藤原自身の内観初体験は、亡き父親との関係を黙想するためのものであった。また内観瞑想が普及していく第一歩が中高齢の修道女たちによる要請に発していたことからも、死者が重要な契機となっていることが容易に判明する[24]。
　さらに藤原は屏風の内側を「煉獄」だとみなす。そこから一種の生前煉獄説が連想される。生前煉獄説の特徴を筆者は、「煉獄とは最愛の死者との関係性において受動的に与えられる不可避の苦悩によって、生前から始まる浄化過程である」という点に見出すのだが[25]、藤原の場合、さらにその死のリアリティは強く、内観瞑想の現場を「棺か墓場の中にいる自分」を見て取る場所とし、そこでの認識は「死境から眺め」として描写されている。「去った人があたかも屏風から登場してくるかのような経験」も指摘されている[26]。いわば生きながら死者となり、その境位で死者との関係の連続性が実感を伴って確保されるのだ。
　これは心理的に安定したいわゆる悟りではなかろう。たとえば、内観における変容の頂点は「涙」において見出される。新約聖書にはイエスをはじめとして多くの登場人物が涙を流すが、感情の高ぶりと不可分の涙を藤原は、ヨアンネス・クリマコス（7世紀シナイの隠修士）に倣って「涙の賜物」と高く評価し、「人格変容の重要な現象」とみなす[27]。
　この涙ながらの「陰府下り」は長大な視圏を開き、「一人の内観者の後ろには何十・何百・何万ものひとが連なっている」のであり、しかも内観に発する強烈な罪悪感や負い目の自覚によって「心乱される」なかで、「他者によって私の隠れた闇を照らし出して頂いている」という内面の相互照明も主張される[28]。しかもこうした共同的な「陰府下り」へと導く機能を藤原は、「死者の世界の仲介者」である「巫女、ユタ、ノロ、いたこ」といったシャーマニズムに見て取り、さらにはロシアの佯狂者といった痴聖と預言者とを重ね合わせるなかで、司祭を世界離脱的で「パワーレス」な仲介者とみなす[29]。要するに、内観瞑想では擬似死体験の場でシャーマン的で自身は虚空である司祭に見守られながら、「死者」同士の「聖徒の交わり」として一種の変性意識状態に到達することが

目指されているのである。

(2) 怒りの感情

　藤原も方法論的には遵守する吉本内観法では、他者のイメージ描写によって怒りを表明することは内観から逸脱させる「外観」として否定される。そもそも内観においては、カウンセリング行為を行わない同行者に対して内観者が転移を起こすことはないと言われてきた。しかし近年の心理療法学的研究からは、この外観忌避のための介入はときに深刻な心理的侵襲性を伴い、その事態は転移にほかならないのではないかという異論が提起されている[30]。実際、生死を越境して相互に死者として交わりあうという非日常の極みを志向する以上、そこでは通念的原則から逸脱する感情の非合理的表出は十分ありうることである。この非合理性は善と悪、光と闇、神と人の双極間で両義的な不安定性を帰結する。顧みれば佐藤がオットーから示唆を受けたヌミノーゼの顕現では、原始教会の形成へとつながる歓迎すべき回心のみならず、人間学的には世界破壊的な悪魔的事態もありえたのである。

　この内面での心的力動性、より正確には霊的力動性を調整する方法論として、藤原内観瞑想は吉本内観法とは異なり、呼吸法による存在論的祈り（吐くは生命の方向、吸うは「息を引き取る」から連想されるように死の方向）を同行司祭の指導のもと実践している[31]。毎晩その日の内観瞑想終了時に内観者が一堂に集い、ヨーガを連想させる深い呼吸を実践するのだが、それはたんに感情的動揺をともなって過剰に活性化した意識を深呼吸で鎮静化するだけの次元に留まらない。なぜなら、さきほどの「死境」（それは「死域」とも表現される）はまさに呼吸などの根本的生命維持をつかさどる脳幹においてあるからである[32]。つまり呼吸法は内観と同じく脳幹の営みであり、よって呼吸はよりいっそう死に直接した営みとして内観を深めるものであり、たんなる感情の調整ではない。

　とはいえ、その深みは感情を沈める機能を免れるわけではない。むしろ外観を防ぐためにも、この鎮静機能を存在論的深みへの降下と同時に発揮すべきであろう。ではこの呼吸法は怒りの感情を鎮めるのに十分なものであろうか。たしかに呼吸法を実践しているときにはそれでよかろう。しかし通常の内観瞑想に戻るとき、存在論的瑕疵といえる原罪（我執）に発する苦悩は、浜辺に絶え

ず打ち寄せる波のように甦ってくる。それは悲哀の心理が「緊急事態が終わり、静かな生活に戻ってから、その人の心の本格的な課題になる」という事情に殊に相応している。しかし内観瞑想においてその表出は外観として原則的に拒否されてしまい、抑制、さらには抑圧されてしまう。

　そこで要請されるのは、適度な怒りを保持したままそれを暴走させないような仕組みだろう。実際的には悲哀に配慮した、怒りに関するより繊細な識別が望まれる。たとえば新約聖書には正義感に根ざすとともに、かたくなな心を悲しみ、思い続けたうえでの〈良い怒り〉である「オルゲー（ὀργή）」と、感情にまかせた〈悪い怒り〉である「スーモス（θυμός）」とがある。後者に陥りがちな状況において、あえて怒りそのものの意味づけ、あるいは状況の背景的意味を修正することで、前者としての怒りへと変換すること、つまり他罰的に対象者たとえば母親に向けて激情を表明するのではなく、内観により自己の記憶を精査しつつ、母親が置かれていた情況へも配慮することで、母親がそうならざるをえなかった事情に徐々に覚醒するような場合である。感情のもつ激しい力動性を考慮するにつけて、内観を持続させるにはこのような区別の活用も避けられないと思われる。

　ただし、同行者がこの感情にまつわる導きをいかに実践するのか。特別な訓練を積んだわけではない同行者には荷が重いかもしれない。その意味で、同様の事態について蓄積をもつイグナチオ・デ・ロヨラの霊操、ことにその同行者の養成は示唆深いものとなりえよう。

（3）　死者との運命の共同化

　すでに述べたように、生者が死境に降下することで擬似死者になることから運命の共同化は始まっている。しかしそこに留まらず、カトリック内観瞑想のさらなる特徴として、興教大師覚鑁の「密厳院発露懺悔文」をうけた、「すべての人々になり代わって」「代受苦」「代懺悔」である「代理内観」を行う可能性が注目に値する。より具体的には、たとえば死んだ親に関する内観において、「親を独りの限界のある独立した人間」とみなしたうえで、その「親が知らずに叫んでいた魂のうめきを自分において実現させるという課題」を果たすのである。先述の〈良い怒り〉に発した他者への目覚めを、いっそう展開したこと

になる。

　この課題は藤原によれば、ことに聖金曜日の典礼における「とがめの交唱」と「ハギオス・ホ・テオス」（「聖なる神よ」）によって、「救いの歴史を振り返り、……自分たちは『とんでもないこと』をしてきた事実を確認」することで、神を前にした集合的内観の趣を呈するに至る。ここに生者と死者からなる「われわれ」を「感謝のいけにえ」つまり「ホスチアとしての人生」として捧げるかたちで、内観は「宇宙的広がり」をもつミサに完結し、「陰府下り」にも典型的に現れていた神のケノーシス（無化）の極みと人間のテオーシス（神化）とが重なり合う。

　しかしこの典礼への依拠は、人間学的にいって典礼が形式主義へと容易に頽落しやすいことから持続性に不安が伴う。むしろ必要なことは生者もかならず死ぬという自覚、「メメント・モリ」（「死を忘れるな！」）の覚醒であろう。内観瞑想体験中に一種の変性意識状態を実現できるのならば、その予覚および余韻として日常生活において自己の死者性を自覚する契機を見出すことができるはずである。いまのところその理論化においては、せいぜい日常的に時間を見つけて内観を持続させるという吉本内観法に由来する「日常内観」を超えるものはない。おそらく藤原自身は多くの内観同行を実践する中で死者顕現の現場に頻繁に立ち会い、変性意識の場を共有することで死者の臨在を経験しているのであろう。その意味で、内観者が同行者を務める道筋の整備が課題になると思われる。だが、カトリック内観瞑想おいて同行者が司祭であることの意義およびそれ以上に重要な限界については、いまだ論じられていない。そこには、内観瞑想の実践が最終日のミサで閉められるというシステム的な問題があるからである。

（4）　再会のヴィジョン

　内観瞑想の現場でともに「死者」として再会した生者と死者であるが、生ける生者が日常に戻った際にこの変性意識状態の余韻を保ち、「聖徒の交わり」（「諸聖人の通交」）という倫理へと向かわねば、「ヴィジョン」という世界構築的な方向性は出てこないだろう。

　ここで藤原が、「若い時に内観する事は結構なことですが、老境にいたって

生涯を内観し死の準備をすることは、老境時の大きな仕事といえるのではないでしょうか」と語っていることは示唆深い。そして教会内で高齢化が急速に進展していることに加え、理性偏重から免れゆく老人の祈りは、生者と死者との運命の共同化が対話という「再会」なのである。まさに精神科医の村田忠良が言うように、「老人の祈りが美しいのは、御利益の祈りではないことが一つともう一つの大きな理由が、それが『かつて老人だった人』つまり死者との対話」なのである。

　この死者との対話を大橋良介は歴史における過去ないし伝統とのコミュニケーションとみなし、死者を「現在という世界にいわば沈殿し、現在世界の厚みを形成する過去世界の他者たち」と規定する。この厚みの底には記憶の奥に眠る抑圧された、すなわち和解を求める想念が蓄積されている。その意味で内観瞑想は死者との再会による和解を通じて、生者の現在世界を安定させることができる。

　老人医療に精通した精神科医の大井玄は、高齢の認知症患者など「外界とのつながりを断念した人が、過去の記憶の世界につながりを求めようとするのは、自然な心理作用」だという。加齢の過程で内観瞑想を実践することは、誰もが避けられない脱理性の終末期に向けて、過去との円滑な連続性を獲得保持していくための貴重な自己啓発となろう。

　顧みれば、教会内で高齢者に特化した霊性、わけてもインカルチュレーション（福音の文化内受肉）を実現した霊性はいまだ未開発といわざるをえない。しかし藤原のカトリック内観瞑想がライフサイクルに応じた教会の高齢者司牧に組み込まれるとき、再会のヴィジョンはことに浄土仏教や祖霊信仰といった文化的伝統に蓄積された理念や感性を継承しながら、その様態をいっそう具体的に開示していくであろう。

5　残された課題

　カトリック内観瞑想は最終日にミサで締めくくられる。死から復活への過越を祝う秘跡であるミサは、まさしくカトリック信徒のスピリチュアルケアとしても十分効力を発揮するものといえる。言語的な慰めを超える聖体拝領の神秘は、パンすなわち聖体とぶどう酒すなわち聖血という文字通り、リアル（もの

的)な神秘体との合一体験である。秘跡神学においても七つの秘跡を理解するに当たり、かつては信徒としての誕生である洗礼から死を念頭に置いた終油の秘跡(現在では終末期に限定されず、呼称も「病者の塗油」へと変更されている)まで時系列的に並べられていたが、第二ヴァティカン公会議以降は総じて聖体の秘跡を中心に他の六つの秘跡が囲むようなかたちで有機的に理解されるように変わった。その意味でも聖体拝領を伴うミサは秘跡の中核にあるいわば原秘跡的な重要性をもち、全秘跡を代表すると考えることも可能である。

しかし内観瞑想をより直接的に連想させる秘跡は、むしろ懺悔あるいは告解とかつては称されてきた「ゆるしの秘跡」である。実際、藤原自身もゆるしの秘跡を否定しているわけではもちろんなく、ミサに並んで注目している。しかし宇宙論的な広がりと深みから語られるミサとは異なり、ゆるしの秘跡と内観瞑想との関係についてはほとんど言及することがない。たしかにこの秘跡は内観瞑想との近親性が極めて高く、ゆるしの秘跡へ配慮が向かうほど内観瞑想への注目度が下がるという相反性を示しうる。また、ミサは信徒であれば誰もが比較的気楽に参加できるのに対して、防衛機制が強く働くゆるしの秘跡はあくまで信徒の自発性が前提とされるため、ゆるしの秘跡の義務化は困難であり、システム内部に組み入れにくいことも理由として挙げられよう。

しかし先に述べたように事実上一定の侵襲性をもつ内観瞑想を完了するためには、ことに深刻な心理的圧迫による動揺を鎮静化しえない内観者や変性意識状態が過剰に持続したままの内観者にとっては、司祭によるゆるしの宣言が明確になされるゆるしの秘跡の有用性は疑い得ない。この秘跡の位置づけは内観瞑想にとって残された課題として引き続き考察されるべきであろう。

おわりに

現代日本におけるカトリック霊性は、幼児期に受洗したカトリック信徒である文芸評論家の若松英輔らによって幸いにも近年徐々に注目を集めつつある。そこでの焦点は現象界を支える実在界においてある死者とのいわば〈姿なき姿〉〈声なき声〉による交流である。この思想的展開が教会内の既存の運動形態と共鳴しあうならば、藤原のカトリック内観瞑想は重要な協働候補たりえよう。

「3.11」以降、われわれはいわば悲哀の仕事として死者への眼差しをずいぶんと深めたと思う。それは宗教界全体の社会貢献度という面でも語られる。その一方で伝統教団にまつわる新たな方法論的展開は教義的伝統の蓄積があればあるほど、むしろ困難である。その意味で最も伝統的な教団の司祭であり、最も伝統的な宗教的霊性を活用しつつ、きわめて脱正統的な実践形態を作り上げた藤原のカトリック内観瞑想は、人間学的な実相に配慮したカトリック霊性として、今後ますます注目に値するものと思われる。本稿がその一着目点を提示しえていれば幸いである。

註

（1）　本稿ではかなり大胆に概略化したが、実際のところこの議論は複雑な内実を備える。たとえば、旧約における魂に相当する概念はネフェシュ（שׁפנ）である。これは霊に相当するルーアハ（חור）とならんで、人間の生命原理一般を指すものだが、後者が神と人間の関係において使用されているのに対し、前者は人間と他の人間との関係において用いられている。ここから倫理的命題たる隣人愛を支える魂として、まさしくネフェシュがふさわしいことが判明する。ただし旧約において注意すべきは、魂と肉体を分離したうえで魂を重視し肉体を蔑視するギリシア的発想とは、無縁であることだ。魂は体に宿っているのではなく、体を通して自己を表現しながら、「肉」と同様に人間存在全体を意味している。他方、新約において、ネフェシュに相当するのがプシュケー（ψυχή）である。これはプネウマ（πνεῦμα）が神へ向いた人間の非物質的本質であるのとは対照的に、人間の側に向いた非物質的本質といえるものであり、やはり倫理的性格を持つのである。しかしこうしたヘブライズムとヘレニズムの生動性は、キリスト教のラテン化が急速に進行するに伴い、静態的で剛体的な教義概念へと囲い込まれてしまった。

（2）　第二ヴァティカン公会議以降、教会が「開かれた教会」の名において社会性を強めるなかで、かつて教会において頻繁に語られた「救霊」という言葉はいわば死語となった。しかし救霊の意義そのものが失われるわけがない。「スピリチュアルケア」には医療現場における救霊志向の（教会内に「引きこもった」伝統的復古主義ではない）健全なる再生が期待できるのではなかろうか。

（3）　井上洋治「現代の霊性を求めて」（百瀬文晃・佐久間勤共編『キリスト教の神学と霊性――今日どのように信仰を生きるか』サンパウロ、1999年所収）309頁。

（４） 百瀬文晃「神学と霊性」（百瀬・佐久間共編『キリスト教の神学と霊性』）248・253頁。
（５） 旧上智大学文学部人間学研究室ホームページより。同サイトは同研究室が「キリスト教人間学」の名のもと神学部の構成体へと発展解消されたのちも引き続き公開されている。http://www.info.sophia.ac.jp/phanthro/, downloaded on: 2012/09/13.
（６） "health" を中核とした同語源群の語彙として "whole" などがある。詳細は、江藤裕之「health の語源とその同族語との意味的連鎖──意味的連鎖という視点からの語源研究の有効性」（『長崎看護大学紀要』第４号、2002年）95-99頁を参照のこと。
（７） 周知のように、20世紀ドイツ政治思想史におけるナチズムへの支持的関与が指摘された法哲学者のカール・シュミットは、近代国家学の重要概念はすべて世俗化された神学概念であると主張する。もちろんこの事例一つで正統神学の政治性を全否定するわけではないが、その頽落可能性に敏感であるためには忘却すべきでない象徴的一節たりうるだろう。
（８） 上沼昌雄『闇を住処とする私、やみを隠れ家とする神』（いのちのことば社、2008年）25、174頁。同著は記憶を中核概念にして、レヴィナスや村上春樹に照らし出された心の闇の次元に目を向け、「ことば以前の神学」を模索している。
（９） 吉本の内観道場は内観寺という真宗木辺派に所属する寺院の顔を持つ。吉本が自身の事業所（皮革流通業、大阪市内）内に「真宗信仰相談所」を設置したところ、近隣の真宗寺院（高松霊斎住職）の仲介で講演を依頼した同派法主木邊孝慈とつながりが出来、その結果として相談所の寺院化と木辺派所属が決まった。木辺派が秘事法門と特に関係しているわけではないので、注意が必要である。塩崎伊知朗・竹元隆洋編『証言集吉本伊信と内観法１──吉本伊信との五十年』（日本図書刊行会、2008年）83-85頁。
（10） なお、筆者は2008年８月18〜24日、聖フランシスコ病院修道女会姫路修道院にて藤原のもとで内観を経験している。
（11） 田中輝義の思想に関しては拙稿「田中輝義の意識論」（『人間学紀要』第39号、2009年、157-168頁）をご参照願いたい。
（12） 佐藤研『イエスの父はいつ死んだか──講演・論文集』（聖公会出版、2010年）221頁。さらに佐藤の薫陶を受けた吉田新の「『復活』体験の本質──M・プルースト『失われた時を求めて』を手がかりに」（『福音と世界』2005年６月号）58頁。
（13） 佐藤研『はじまりのキリスト教』（岩波書店、2010年）60頁。

(14) 佐藤研『悲劇と福音——原始キリスト教における悲劇的なるもの』(清水書院、2001年) 173頁。佐藤説のこうした性向に関しては、小林稔による書評(『カトリック研究』第77号、2008年)のように、エリート主義的で教会の組織的基礎をなす大衆の理解と賛同からは遠いとする小林稔による距離を置いた評価もあるが、その評価も全体的には必ずしも佐藤の試みを否定しているとはいえない。

(15) 佐藤『はじまりのキリスト教』83頁。

(16) 津城寛文『社会的宗教と他界的宗教のあいだ——見え隠れする死者』(世界思想社、2011年) 245頁。

(17) 佐藤『はじまりのキリスト教』63頁。

(18) 「他の多くの宗教者や神学・哲学研究者たち」といえば、たとえば「禅とキリスト教懇談会」や東西宗教交流学会に集った奥村一郎、小野寺功、本多正昭らが直ちに念頭に浮かぶ。彼らの思想は西田幾多郎(さらに田辺元)を嚆矢とする京都学派の「絶対無」に決定的に依拠している。なお遠藤周作や井上洋治らも重要な人物である。

(19) 藤原直達『ナムの道もアーメンの道も——ある隠修士との対話』(心のいほり・内観瞑想センター、2005年) 161-162頁。

(20) 内観者パウロについては、藤原直達『東西のはざまで』(カトリック内観研究所、1998年) 103-105頁。懺悔する短歌ないし短詩としては、「単純素朴な母の心を　鋭き刃で切る　青二才の見習い僧かな」、「とことん母を苦しめ　母心を切った後に目が醒めるという　業の悲しさ」(同著、28-29頁) などがある。

(21) 藤原自身、「冊子をまとめ終わって読み直してみると、本書の視点が拡散していて、どうも焦点が定まっていないと我ながら感じております」と告白している。藤原直達『心の内なる旅——内観の霊性を求めて(一)』(カトリック内観研究所、2002年) 151頁。

(22) 吉本内観法の方法論的原則を厳守したありかたを「内観原法」と呼び、他方、改編を加えたものを「内観変法」と言うが、有力な内観実践者の著作や日本内観学会の学会誌などに目を通せば、あくまで内観原法の保持が前提的に主張されており、内観変法についてはほとんど事例紹介すらもなされていないのが現状である。

(23) その意味で藤原の東方へのシフトは、罪悪の自覚に伴う痛みへの解毒作用を期待した均衡志向と推察される要素を含み持つだろう。なお佐藤は、マルコによる福音書には明瞭であった人間学的悲劇性がマタイ、ルカ、ヨハネでは「復活者の顕現物語」によって「無害化」され、「非悲劇化」されてしまったと批判的に語る。佐藤

『悲劇と福音』158-167頁。

(24) 藤原の内観同行は、1996年5月に観想修道会である「十字架のイエス・ベネディクト修道会」聖十字架修道院（千葉県白子町）において5名の修道女の申し出を契機に始まった。修道女たちは藤原が父母から受けた影響を語ったことに興味を感じたがゆえに内観を決意している。藤原『東西のはざまで』1頁。なお、同修道会は身体的病気や障害を持つ人も健常者と同じ修道生活を分かち合えるという発想から設立された。

(25) 拙稿「カトリック的死後生のゆくえ——生前煉獄説と内観瞑想」（龍谷大学『死生観と超越——仏教と諸科学の学際的研究（2010年度報告書）』、2011年所収）70頁参照。

(26) 藤原『東西のはざまで』77頁。

(27) 藤原『東西のはざまで』115頁。

(28) 藤原『東西のはざまで』131頁、藤原『心の内なる旅』118頁。

(29) 藤原『心の内なる旅』88、135、133頁。パワーレスな聖性に関しては近年、南直哉が『恐山』（新潮社、2012年）のなかで頻繁に言及しており、藤原の先見性がここから読み取れる。

(30) 真栄城輝明『心理療法としての内観』（朱鷺書房、2005年）162頁。

(31) 藤原『心の内なる旅』70頁。

(32) 藤原『心の内なる旅』148頁。藤原は玉城康四郎のダンマ観（『脳幹と解脱——形なきいのちが通徹する』哲学書房、1996年）や鈴木大拙の『日本的霊性』（岩波文庫版、1972年）から着想を得ている。

(33) 小此木啓吾『対象喪失』（中央公論社、1979年）57頁。

(34) そこにお互い罪深い存在として運命をめぐる共感が成立する。これは悲しみや弱さを共有することであり、仏教的な業・宿業観に通底する感覚であろう。

(35) イエズス会士で霊的同伴の実践者であるトマス・グリーンは、「同伴者とは、識別をともに行う存在であり、識別される対象は、被同伴者の感情」だと語る。トマス・グリーン著（鈴木隆監訳、有村浩一他訳）『花婿の友——霊的同伴の道しるべ』（夢窓庵、2005年）63頁。さらに「(十字架の) ヨハネが最もきびしく非難しているのは、被同伴者の霊魂を支配しようとする同伴者」だとも指摘する。同著、90頁。

(36) 藤原『東西のはざまで』56-57、75頁。

(37) 藤原『東西のはざまで』119頁。

(38) 藤原『東西のはざまで』146、148頁。

(39) 藤原は主催する「心のいほり・内観瞑想センター」のニュースレターである『息吹』（季刊）において、内観経験者に向けて頻繁に日常内観を勧めている。

(40) 司祭職に叙階されていない信徒は秘跡であるミサを執行することができない（神学者のなかには極めて少数だが、ミサ執行権を信徒に認める説を唱えるものもいる——たとえば、ジョルジュ・ネラン「信徒がミサを捧げることの見解」、『福音宣教』2003年6月号・7月号）。ただし近年、藤原の下で内観瞑想を経験した信徒のなかから、内観瞑想を実施するケースも出てきている（小倉和恵による長野県大鹿村の草々庵など）。藤原も随想「信徒の中に働く聖霊」（『息吹』第46号夏号、2012年、2頁）で具体的事例に触れることなく、「教会協働態」として実験的試みを支持する主張を行っている。しかし十分な理論化にはいまだ達していない。

(41) 藤原『東西のはざまで』78頁。

(42) 村田忠良『老いの人間学』（中央出版社、1986年）31頁。

(43) 大橋良介『悲の現象論 序説——日本哲学の六テーゼより』（創文社、1998年）148-149頁。

(44) それが代理内観の規模に至れば、社会、国家、人類水準の安定さらには回心を準備することにもなろう。

(45) 大井玄『「痴呆老人」は何を見ているか』（新潮社、2008年）127頁。

(46) 松本三朗『神の国をめざして——私たちの第二バチカン公会議』（オリエンス宗教研究所、1990年）95頁。

(47) 『息吹』で毎号掲載される内観瞑想の紹介記事「キリスト者のための内観瞑想」には、同行司祭による面接は「ミサと『ゆるしの秘跡』の枠の中で行っています」と明記されている。

(48) 「死者が接するとき、私たちの魂は悲しみにふるえる。悲しみは、死者が訪れる合図である」と若松は語る。若松英輔『魂にふれる——大震災と、生きている死者』（トランスビュー、2012年）8頁。

南方熊楠における死生観と安心

奥山 直司

はじめに

　南方熊楠（1867～1941）が自己の死生観や安心などを最も深く語らった相手が、真言宗の土宜法龍（1854～1923）を始めとする僧侶たちであったことは、誰しも異論のないところであろう。熊楠は法龍との主に書簡によるやり取りを通じて、粘り強く自己の思想を深めていった。そのうち粘菌の生態にことよせて生死を語ることは、真宗僧妻木直良（1873～1934）との対話に引き継がれたと見られる。以下では、この二人に対する熊楠の生死と超越に関する語りについて検討したい。

1　ロンドン時代の熊楠と法龍との対話

　熊楠と法龍との書簡を介しての交流は、1893年10月のロンドンにおける邂逅から、法龍の死の直前まで、断続的にではあるが、29年間も続いた。この長きにわたる交流の中で、熊楠が生死や安心について最も詳しく述べたのは、1902年3月から5月にかけて書かれた一連の霊魂論においてである。だがその先蹤は、ロンドン時代の1893年12月中旬に書かれた書簡（『高山寺書翰』No. 5）[1]にすでに現れている。

　法龍は、1893年12月上旬にパリからの書簡（『往復書簡』No. 4）の中で、ロンドンの熊楠にこう呼びかけた。

　　貴君、英国学者の宗教上に対する観念は如何にや。貴君また然り。貴君は宗教をもはや哲学と見做し、槁木死灰のごとくわが身心をみるか。すなわちかのショッペンハワーの厭世的にはあらざるか。もし貴君にして宗教上

いかなる思考を持ちたまうか、これまた聞かんと欲す。(中略) それと併せて貴下の安心をも聞かんと欲するなり。(26頁)

　熊楠は、これに対する返書(『高山寺書翰』No.5)の中で、法龍の問いの中にある安心、宗教、哲学の3つの言葉に反応して、(1)自らの「立命安身」(2)(37-38、48-57頁)、(2)「宗教の考え」(46-48頁)、(3)「哲学上の見解」(57頁)を披瀝している。このうち(1)は次の言葉に要約される。

　　兎に角小生の立身安命は、右の論にある如く、死後の事は憂るに足ず、現世に出来るだけ自分の能に随う事を勉むべしとのことに候。輪廻はいかにもあるものと信ず。然れども人間として左右し得べきことにはなしと存ず。(56頁)

「右の論」とは、熊楠がフロリダで熱病に罹った際、「今死ぬ気にて」(38頁)書いたという「浮世不可憑か可憑かの論」(48-55頁)を指している。彼の日記(『日記』1、300頁)によれば、熊楠は、フロリダ州ジャクソンヴィルの江聖(3)聡方に寄寓していた1892年7月に熱病に罹り、数日間病床にあった。彼がこの論を書き上げたのは、この時のことと考えてよい(『高山寺書翰』No.5、64頁、注(65))。熊楠はそれをこの書簡に引用して見せたのである。ともあれ、ここで熊楠が述べているのは、輪廻は確かにあるが、それをコントロールすることは人間にはできないので、死後のことは思い思わずに、現世でできるだけのことをしようという覚悟である。

　(2)は宗教と科学的知識に関する熊楠の意見である。それは、知識に背反することに基づく宗教は人の信を得ることは難しいので、知識によって教理を深く知り、その知識にいちいち経典の語を自由に合わせて説くことが最も必要(4)であり、理屈に反するものにはあまり関わらない方がよい、というものである。これと同じ態度を彼は、「教理を事理に Adapt 適用しゆく」、あるいは「事理を無碍に教に宛んとする」(『高山寺書翰』No.12、1894年2月5日付、122頁)とも表現する。熊楠は、法龍にしきりに科学の重要性を説き、「仁者須く今日の科学に通ずべし」(『高山寺書翰』No.5、43頁)等と呼びかけている。彼に

は、仏教の理論、特に因果論・輪廻説はキリスト教と違って科学と矛盾しないとの確信があった。

（３）はこの時点での熊楠の世界観・人生観の表白である。以下にその全文を掲げる。

　　仁者又小生の哲学上の見解を問はる。小生は何も知らず。但し前日も申せし如く、小生は宇宙の基本は一大理体（名のなきもの）ありて、それが分身流出して色々の物体となり、各右の一大理体の力の一分を偏有して現物界外心界を顕はすに非ぬかと思ふ。されば小生の見解は耶蘇にも又仏にもなく、梵教なり。すなわち、吾々が此紙筆と共に梵天の一部なるなり。扨なに故に梵天がかかるものを顕出せるかといふに、ただ自らの楽みになすといふの外なし。是れ甚不当の事のやうなれど、他日梵天体に帰復するの日は、善人も悪人も何にもなく、手を打て笑ふこと、たとへば団十郎が悪方して悪人の心になる迄も芸を演じ、福助は若衆姿でどこ迄も遊冶郎の気で行ひ、扨楽屋に入れば、はあ面白かつたといふほどのことなるべしと存候。たとへば白光分れて青黄赤等の七色となり、一気別れて消極、積極となるやうなものか。輪廻といふは此芝居のけいこのしくみしかたなり。乃ちうまくやうなしたものは二度くりかえすやうなことと存候。

　すでに指摘したように[5]、ここには彼の言う「梵教」（Brāhmanism）のヴェーダーンタ哲学の影響が看取される。加えて、熊楠が「宇宙の基本」たる「一大理体」を「名のなきもの」と注記していることは、彼の知識の直接の出所が神智学者ブラヴァツキー（Helena Petrovna Blavatsky, 1831～1891）の著作であることを示唆する。というのも、ブラヴァツキーの著作『ヴェールをはがれたイシス』第２巻の中に、「カルデア・ユダヤ（Chaldeo-Jewish）の宇宙創造図」と向かい合わせに掲げられた「ヒンドゥーの宇宙創造図」（シュリーヤントラ Śrī-Yantra、図１）には、世界原因たる「最高のブラフマン」（Para-Brahma）が三角形で表示されており、その中に"This has no Name"と書き込まれているからである。熊楠の「名のなきもの」はこれを訳したものと考えられる。また一大理体から流出したいろいろの物体が顕し出すという「現物界

外心界」も、この「ヒンドゥーの宇宙創造図」に描かれたマーヤー（幻）としての現象界を表す円に付された説明、"OBJECTIVE OR PHENOMENAL WORLD" に合致しており、その翻訳と見なすことができる。

熊楠は、アナーバー時代の1888年6月20日にブラヴァツキーのこの書を入手している。本書の熊楠への影響は、彼が1902年3月25日付の法龍宛書簡（『高山寺書翰』No.26、口絵、261頁）に「カルデア・ユダヤの宇宙創造図」を描いたことに顕著に現れているが、「ヒンドゥーの宇宙創造図」に関わるこの事例は、それより8年以上も早いものである。

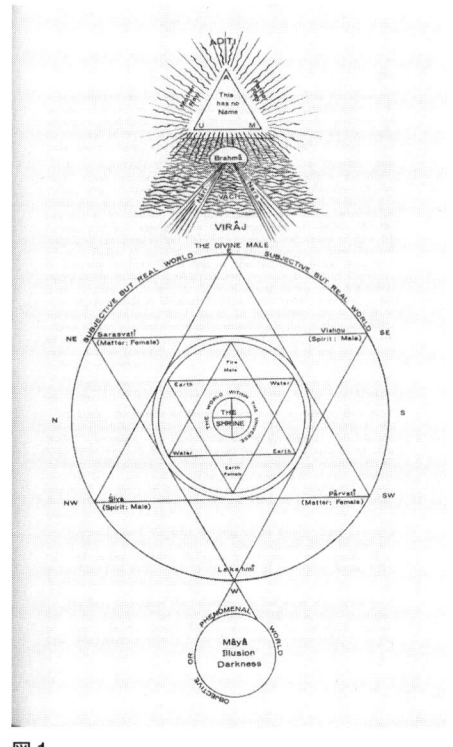

図1

さて、熊楠は、彼の言う一大理体、または梵天体より流出した万物が、死後その体に復帰すると考えている。そしてそれを役者が出番を終えて舞台から楽屋に戻るのに譬えている。「この世は舞台、人は皆役者」という訳である。必ずしも珍しい感懐ではないが、これに似たことを熊楠は以後も繰り返し語っており、彼の人生観の基底であったと考えられる。

ここで気になるのは、このような見方と、彼が（1）において「あると信ず」と述べた輪廻との関係である。というのも、仏教であれバラモン教であれ、輪廻説においては、解脱しない限り輪廻は永続すると考えられているからである。これと「善人も悪人も何にもなく」、つまり生前どのような業を積んだかとは無関係に、死後は皆同じ根源的な場に帰るという見方は、本来両立するはずがない。この点について熊楠は、輪廻とは芝居の稽古の「しくみしかた」

（仕組みし型？）のようなもので、「うまくやうなしたものは二度くりかえすやうなこと」と述べて会通を図っているが、まともな説明になっているとは思われない。

ただここに現れた、世界原因から世界が転変（pariṇāma）するというインド哲学的アイディアは、熊楠が梵教から仏教に「宗旨替え」（本当に梵教徒の自覚があったとすれば、の話だが）した後も、梵天を大日如来に置き換えて引き継がれてゆくことになる。

2 熊楠の霊魂論

1902年3月から5月にかけて、歯の治療のため那智から和歌山に出てきていた熊楠が、京都の法龍に矢継ぎ早に書き送った書簡は、彼の霊魂論を大々的に展開したものとして注目される。それは彼が法龍から来た3月20日付の書簡（『資料目録』［来簡2976］）の一節に目を止めたことから始まった。

> 小生兎角病気に困る也。然し今年は先づ死なぬことと存じ候。霊魂の死不死に関する。金粟王如来（熊楠の自称—引用者注）の安心承り度と□（拝カ）して白す也。

熊楠はこの問いかけに驚くほど敏感に反応した。法龍が熊楠の安心を問うのは、前節に見たロンドン時代の出来事に続いて、これが2回目である。法龍の挑発に乗って熊楠が何かを必死に案出するという構図もまた前回と同じであった。熊楠はまず次のように言う。

> 霊魂の死不死などは、題からして間違っておる。（中略）すでに霊魂といわば不死を飲み込んだ下題なり。もし人間の人間たる所以の精（エッセンス）が死か不死かとの説ならんには、予は他の動物とかわり不死と答うべし。またそれを死というものあらんには、その人みずからこれほどの問題を下し、また究めんと欲する所以の心に問えば分かることなり。（『往復書簡』No.43、1902年3月22日、257頁）

次いで彼は、「人のこの世にあるは安心を好む。安心は愉快の極なり」として、独特の安心論を展開する。それによれば、鯉の安心処は鯉を食う人の体というように、下は土塊・水等から上は人に至るまで、食物連鎖の各段階において上位のものの体は下位のものの安心処になっている。その最も上にある人の安心処は「死または道の境」であり、そこには「この世の大なるものよりさらに大なる」愉快が待っている（257-258頁）。こう述べた上で熊楠は、先にも登場した「この世は舞台」論を再説する。

> 康熙なりしか乾隆なりしか、支那の帝王にして、天地一大劇場、堯舜は立ち役、桀紂は悪方などと言いし人ある。予をもってすれば、世界一大劇場、法律は刑罰場、色事はぬれごと場、議論は相談場、憂苦は阿波の十郎兵衛、殺伐は六段目、謀計は七段目、立志は天河屋の段、短慮は八百屋お七恋の火桜、これのみ。さて死んだら感相同じ一大柩、悪方もああ苦しくつとめた、ぬれごと師もつまらぬことに骨折ったがずいぶんうけましたろうかねと、一大愉快を催すこと、虎渓の三笑そこのけなり。（258頁）

「天地一大劇場」の語は、清朝皇帝の言というよりは、むしろシェークスピアの戯曲などに表れた西洋の伝統的観念を連想させる。それはともあれ、彼は、以上のような霊魂の死不死に関する自らの弁をホモロジー（相同、熊楠はこれを符合と訳す）ではなくアナロジー（相似、同じく相応と訳す）であると説明する（259-260頁）。まさか彼も霊魂が本当に芝居の役者だと思っていた訳ではないから、これは当然のことである。つまり、「この世は舞台、人は皆役者」はあくまで比喩であり、見立てである。ただ、彼がこのように述べる根本には、この世には厳密に言って同じものは二つとなく、したがって論理というものはすべてアナロジーで成り立っているという考えがある。[12]

さて、法龍の病気は、当時としては命取りになりかねない気管支系の病だったようである。このような時に死後を想うことは、出家者にも許されてよいであろう。けれども熊楠は、法龍の問いを次のように見た。

> 今回の問の如きも、例の中江の『一年有半』（予は未読）位より起こりし

ことにして必ず、題号から不解の語に基るものならん。(『高山寺書翰』No. 26、1902年3月25日、266頁)

　中江とは、前年12月に食道癌のために死去した中江兆民(1847〜1901)を指している。兆民は、その年の4月、医師に余命一年半と宣告されて、手記『一年有半』を書いた。これが9月に発売されてベストセラーになると、さらに『続一年有半』を書き継いだ。これは「一名無神無霊魂」という副題が付いている通り、唯物論的観点から神の存在と霊魂の不滅とを否定し、世界の無始無終、無辺無限を論じ、道徳の基礎としての「自省の能」を説いたものであった。この著名な思想家・政治家による死を目前にした人生観の表白は、宗教界を中心に複雑な反響を呼び起こしていた。

　「予は未読」とあるように、熊楠はこの時点ではまだ『続一年有半』を読んでいなかったと思われる。彼がこの本を「友人」から借りて「念の為一読」し、法龍宛の書簡（『高山寺書翰』Nos.31、32）の中でこれに反論を加えるのは、4月も半ばを過ぎてからのことである。だがその評判については以前から知っており、反発を覚えていた。

　熊楠にとって霊魂論は宇宙生成論（世界展開論）であり、解脱論、安心論でもある。この点に関する彼の所論には、後述のように、ユダヤ教神秘主義と共にインドのバラモン教哲学からの影響が看て取れる。と同時にそれは、おそらくは那智で閑居する間に固まりつつあった彼の人生観—法龍の言葉を借りれば「金粟王如来の安心」—の基底でもあった。それらが法龍の一言に刺激されて起動し始めた。

　ここから展開される彼の議論は複雑を極めている。以下には数点に的を絞ってその大要を示すことにしよう。

3　粘菌曼陀羅

　猫の中に小さな猫がいて、その小さな猫の中にさらに小さな猫がいる。そのさらに小さな猫の中にさらにさらに小さな猫がいて……。熊楠が3月23日付の法龍宛書簡（『高山寺書翰』No.25）に描いた図（図2）である。これは、一つの微塵の内に一切の微塵に等しい微細の国土が住する、とする『華厳経』的宇

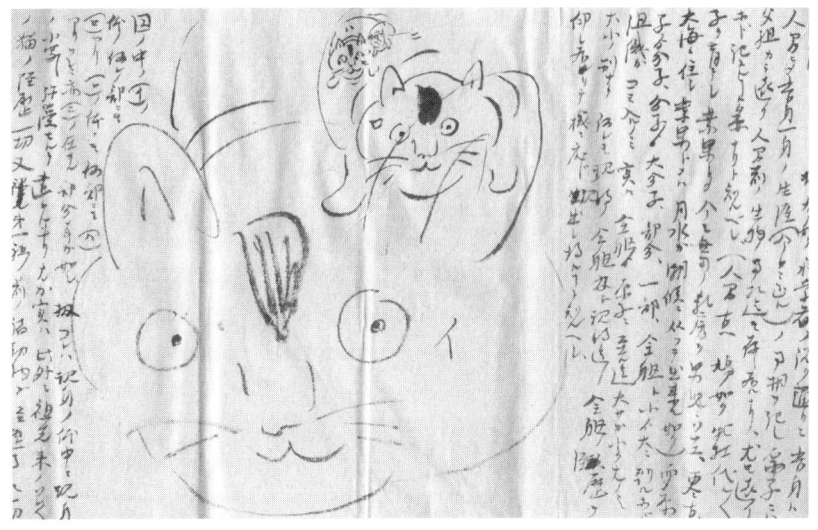

図2

宙観を熊楠の愛する猫の形を借りて表現したものと思われるが、これについての熊楠の説明は次のようである（255頁）。

> これは現身の体中に現身の小写し彌蔓せるを画ける計りなるが、実は此外に祖先来のそれぞれの猫の経歴一切、又第一祖の前の諸動物が経歴事相一切を現出し得るやうに印しありとしるべし。

どの小部分にも全体性が宿っており、そこにはそのものの先祖代々の、さらには第一祖以前の諸動物の「先祖伝来の経歴事相」が情報として書き込まれている。これは一つには生物の遺伝と進化を説明するための論理なのであるが、熊楠の射程はもっと長く、これを無生物にまで適用しようとする。例えば、結晶が破損した箇所を自ら復元しようとするのは、各部分に宿る全体性に基づく再生力、彼の自身の言葉で言えば「結晶体生物体の分子が全部の幾分を伝え十分に之を拡張する力」（『高山寺書翰』No.26、262頁）によるのである。

部分と全体とのこのような関係は、私たちと大日如来との関係でもある。

胎蔵大日如来の身内に一切の相を現するが取も直さず右の猫の図ほどのことぢや。大日の体に有らざる所なし。吾れ吾れは其小原子なれば、大日の体より別れしとき迄の大日の経歴は一切具するのみならず、実は大日体中に今も血液が身体中を循環する如く輪回し居るものなれば、只今迄の大日の形相事相も今後発生すべき形事相も皆具し居るが、（中略）大日の大日たる所、乃ち仏性（霊魂）も亦多少を存し、（中略）されば右の結晶の如く、吾れ吾れ大日の原子は何れも大日の全体に則りて、或は大に或は小に大日の形を成出するを得。是れ其作用にして即ち成仏の期望あるなり。（『高山寺書翰』No.25、255-256頁）

これを読んだ法龍は、熊楠が大日如来を持ち出しながら、その説くところはむしろインドのバラモン教哲学の説くブラフマン（梵）とアートマン（我）との関係に酷似していると感じた。そこでそれを指摘すると共にさまざまな角度から疑問を呈し、次のように呼びかけている。

若し小生が云う如き貴説なれば印度婆羅門の古説（没同梵王体説）[13]と同一にして又仏の小乗人空法有説（業輪廻説）と同一に見ゆ。果して然りや。然らば霊魂とは其も何物ぞ。有名無実の人体凝集より起こる力用而已。結局金粟王之説は如是なるか。謹んで示諭を待つ。（『資料目録』［来簡2977］）

これを受けて熊楠は、3月25日付の書簡（『高山寺書翰』No.26）の中でさらに自説を展開した。彼は粘菌（変形菌）のライフサイクルを図入りで説明する（図3）。その理由は、「動植物の原始ともいふべき変形菌（ミセトゾア）」（259頁）は、「霊魂の死不死に関する安心」如何という法龍の最初の問いに答えるための恰好の材料だからである。彼によれば、粘菌は、イイ′（胞子）→ロロ′（変形菌アメーバ）→ハ→ホホ′（変形体）→ヘヘ′（子実体）というサイクルの中で、前のものが死んで後のものが生まれるという形で生死を繰り返している（ニはハの餌）。そしてこのように部分の死が全体の生を助けるという構造は、細微分子から三千大千世界まで、すなわち極微の世界から極大の世界に至るまで、生物

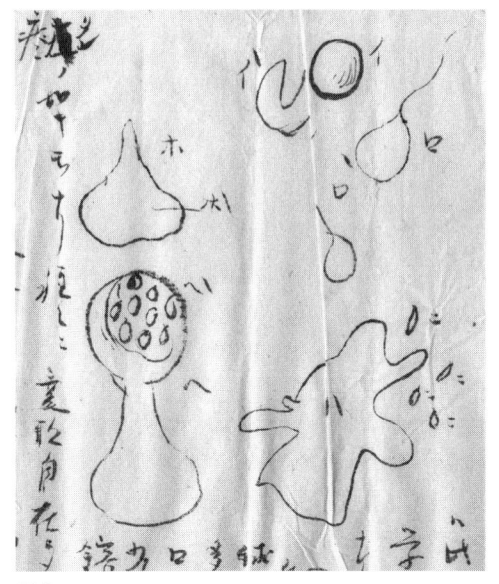

図3

と無生物とを問わず、万有に一貫しているという。これが彼の考える輪廻転生である。その上で彼は次のように述べる。

> これにて大体右の変形菌体の生死不断なるに比して、予の講ずる心の生死の工合ひも分るべし。取も直さず右の図（図3―引用者注）をただ心の変化転生の一種の絵曼陀羅（記号[シンボル]）と見て可なり。（中略）西洋にも理窟づめから、万有は心の顕象なり、煉瓦石にも心あり、其分子にも亦心分子あり位のことは分りかけたる輩多く科学者にもあるなり。
> ○扨上述の心[マインド]といへるは、精神[スピリット]が物体に映じて成出せるものなれば、決して精神に非ず。況んや霊魂[ソール]Soulに非ず。（262頁）

粘菌のように、心もまた変化転生している。万有は心の「顕象」（現象）であり、煉瓦や石、さらにはその構成要素にもその大きさに応じた心が宿っているというのである。これはいったいどういうことか。さらにまた、ここに見られる心（mind）と精神（spirit）と霊魂（soul）の3分法は、熊楠自身の言か

ら、キリスト教神学からの借用と考えられるが、これら3つは、彼の中では、どのような関係で結ばれているのだろうか。

4　熊楠の生命の樹

こうしたことを説明するために用いられるのが、この箇所（261頁）に貼付された一つの図式（図4）である。これは、熊楠によれば、「米虫（法龍のこと―引用者注）の問に応じ金粟王が案出せる新手」であるという。この図式こそ、彼の霊魂論を集約し、その全体像を提示したものである。これと同種の図（図5）が同じ3月25日に認められた次の手紙（『高山寺書翰』No.27、269頁）にも描かれている。ただしこれは、最初の図とは向きが逆さまになっており、

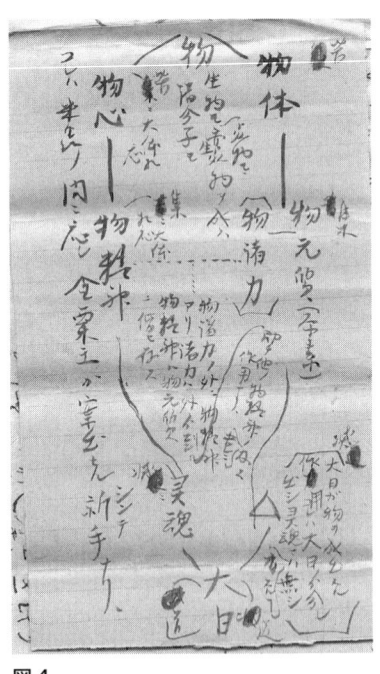

図4

図5

用語には修正も加えられている。以下ではこの修正版を用いて、この図が意味するものを探ってみたい。

　まず指摘しなければならないのは、この図がユダヤ教の神秘思想であるカッバーラーにおいて用いられる「スフィロトの樹」（生命の樹）に酷似していることである。これが偶然の一致でないことは、熊楠が図4のとなりに描いた「カルデア・ユダヤの宇宙創造図」を指して、「これは猶太教の密教の曼陀羅ぢゃ」（『高山寺書翰』No.26、262頁）と述べていることからも推察される。熊楠は「猶太教の密教」に見られる「スフィロトの樹」を換骨奪胎して、この図を案出したのである。これをここでは「熊楠の生命の樹」と呼ぶことにしよう。

　この図の一番上には「大日」が位置している。熊楠によれば、この大日は「集合霊魂」、すなわち全ての霊魂が集合した全体である。ここからわれわれが個々に分け持つ霊魂（ソール）、または「一部霊魂」が流出する。そしてこの霊魂を基因として精神（スピリット）が生まれる。他方において、大日からは物体を現出する性質と作用が分流し、それによって原子（原素）が形成される。この原子に精神が接触すると、そこに物力が生まれ、物力によって原子から物体が形成される。他方、原子に触れた精神は物心と化する。この物心こそが、先の引用の中で、心（マインド）とは精神が物体に映じて成出するもの、と説明されたその心に他ならない。そしてこの物心と物体とが不可離に結合して、物（物界、物質界）が現出される。先の引用の中で熊楠が、「万有は心の顕象なり、煉瓦石に心あり」と述べたのは、この意味合いにおいてである。

　以上が「熊楠の生命の樹」において図式化された大日から物質界が出現するプロセスである。ここにはユダヤ教神秘主義と大乗仏教、なかんずく密教の哲学との融合が認められる。また法龍が直覚したように、インドのバラモン教哲学の影響も看取される。

　また図4には、図5にはない苦集滅道の四文字が書き込まれている。すなわち、物心と物体には苦、物精神と物元質（原素）には集、霊魂と大日が物を成出する作用には滅、大日には道が配当されている。これは万物が死後に、物質界の生成、または世界展開の順序を逆にたどって大日に帰一するプロセスを四聖諦にあてはめたものである。この苦→集→滅→道のプロセスが熊楠の考える解脱への道である。それを彼は次のように説明する。

極端にいへば「人心（mind）は体死ると共に死す。それより精神（spirit）、神又は鬼となる。此世の事を記せず。但し人心悟あらば、又精神も悟あらば霊魂（soul）となる。此世の事を記す。大安心なり。万物みな霊魂になる見込あり。人の如く見込つよからぬのみ。拟霊魂特存して復び下世し、又大日に入て静止行楽するも勝手也。故に安心也。（272頁、括弧内引用者）

　ここには悟を契機として心、あるいは精神が霊魂となって大日に融合する道が示されている。これが熊楠における大安心の所在である。先に熊楠の霊魂論は解脱論であり、安心論でもあると述べたのはこのような意味においてである。ただ体と共に死んだ心、神または鬼となった精神がどのような運命をたどるかは、はっきりしない。

5　妻木直良との交流

　熊楠と浄土真宗本願寺派の僧侶で仏教学者・道教研究者として知られる妻木直良との交流は、2008年に龍谷大学で開催された「南方熊楠と仏教」展および関連のシンポジウム、さらにそれらの報告書を通じて、初めてその概要が明らかにされた。それによれば、二人の交流は、1912年と1929年に二度対面し、その前後にしばらく書簡のやり取りをするというものであった［吉川・武内・松居・田村　2009：22-23,35］。

　松居竜五によれば、熊楠にとっての直良は、思想面で「土宜法龍との対話を引き継ぐ存在」［同：25］と位置づけられる。もっとも、熊楠が直良との通信を始めた時点では、法龍は健在で、古義真言宗各派連合総裁として腕を振るうかたわら、熊楠との手紙のやり取りも続けていた。だが両者の文面からは、熊楠のロンドン時代、あるいは那智時代における応酬の場合のような熱気は感じられない。熊楠の直良との付き合い方は、一時期の法龍とのそれに比べれば淡泊とも評されるが［同：35］、熊楠が、学識の深いこの人物の中に、粘菌の生態を通じて生命の秘密を語るに足る相手を見出したことは確かであろう。

　ところが残念なことに、法龍の場合と異なり、熊楠が粘菌について直良に書き送った手紙は今のところ発見されていない。残されている関係資料を時系列

上に並べながら、熊楠と直良の交流の跡をたどってみたい。

二人の交流は、1912年8月6日に直良が田辺に熊楠を訪ねたことによって始まったと考えられる。熊楠はこの日の日記に、直良の訪問について次のように記している。

> 午後二時過妻木直良氏（故石田冷雲師孫）来る。小守重保氏つれ来る。小守氏は中途新報社よりよびに来り、去る。直良氏は夕迄話し去る。前田慧雲師と那智へ来り、帰途立寄りし也。錦城館に宿しあり、明朝出立、東京へ帰る由也。（『日記』4、176頁）

ここには、この日二人が何を語らったかまでは記されていない。それを推知させる最初の資料は、それから1か月足らず後の9月4日に直良が熊楠に宛てて書いた手紙である。その中から、吉川壽洋が翻刻した一節を以下に掲げる。

> 貴兄の懇情に依り初心の我等にも面白き粘菌の有様を実見して□（誠カ）に愉快に感じ居り申候。殊にその発生の状態、及び繁殖の状態など霊魂説や業力説に対しての御説明、非常に興味ある儀と存じ候。今少し深く脳裡に留めて霊魂説研究の資料と致し度存じ候に付、粘菌の学名、及び其の発見の次第より始めて生殖死活の状態今一度手紙にて御説明承り度。［吉川 2012：399］

熊楠は、直良に顕微鏡下の粘菌を見せ、その生態にことよせながら、「霊魂説や業力説」について自説を述べたようである。この文面からは、直良が熊楠の所説に強い興味を抱いたことが伝わってくる。直良は1906年に『霊魂論』を出版しており、その結論の一つは「意識は消滅すべし、業力は不滅なり」［妻木 1906：326］であったから、無関心でいられるはずもなかった。

この書簡は「拝復早速にご通信に預かり」の言葉から始まっており、これが熊楠の通信に対する返書であることが分かる。それは9月6日に届いた。この同じ日、熊楠は直良宛に書状を1通出しているが（『日記』4、187頁）、これは直良の書簡への返書と思われる。その後も二人の間には書簡のやり取りがひ

としきり続いており、それによって熊楠は、上引の直良の要望に応えていったものと思われる。だが、見在する熊楠の直良宛書簡5通の中に、それに相当する内容のものは含まれていない。ただ、翌1913年5月15日夜8時に書き始められた手紙の中で、前年の直良の来訪を例に取り、「世間の事は多因多縁多果なり」、「一小事を縁として、多少の影響を蒙るなり。故に一事毎に、恒沙数の因、恒沙数の縁あり。其因縁に又百千万億那由佗数の果あり」［紀南文化財研究会編 2008：56］と、彼の縁起観を開陳しているだけである。

熊楠と直良の2度目の対面は、最初の出会いから16年半も後の1929年1月6日に熊楠が塩屋村（現、御坊市）の山田栄太郎（1880〜1969）方に滞在していた折のことであった。翌1930年3月、熊楠は、植物学者、白井光太郎（1863〜1932）に宛てた手紙の中で、この再会について次のように書き記している。

> 塩路（山田栄太郎の従兄塩路清吉―引用者注）いわく、妻木直良師（中略）、前年来病気にて陸軍大学を辞職し、当国湯浅町に住職たり。和歌山高等商業学校へ一週に二回とか出張し、また月々一、二回この塩屋の川向かい御坊町へ来たり説教す。今夜説教の夜に当たれるゆえ只今来たりあり。昼間も一席を講じ、前年田辺の南方氏を訪いしに、『涅槃経』の冥界に衆生生まれんとするとき娑婆界に衆生死せんとす、娑婆界に人一人死にかかりてまた蘇生すると冥界には衆生一人生まれかかりしがまた生まれずと見る、という義を粘菌の原形体と胞嚢体との生死交互相反するの義に比べて説かれたるは、はなはだ妙味ありしとて講演最中のところへ、当家（山田）より電話かかり南方氏来着といい来たりしゆえ、講演中の妻木氏に向かい、その南方氏は只今ちょうど塩屋まで来着といいしに、しからば自分も訪問に行かんとて即座に講演を停め、今自働車で走りくるとのことなり。（中略）かくいううちに妻木師他の二僧つれて来たり、夕七時まで話して去る。（『全集』第9巻、508頁）

この同じ出来事をさらに長々と物語ったのが、岩田準一（1900〜1945）に宛てた1931年8月8日付の書簡である。その語りは次のように始まる。

もと当国在田郡栖原の善無畏寺は明恵上人の開基で、徳川の末年より明治の十四、五年まで住職たりし石田冷雲という詩僧ありし。(中略) その冷雲師の孫に陸軍大学教授たりし日本第一の道教研究者妻木直良師あり。二十二年前、例の小生が炭部屋で盛夏に鏡検最中のところへ来たり、いろいろと話す。ちょうど小生粘菌を鏡検しおりしゆえ、それを示して、『涅槃経』に、この陰滅する時かの陰続いて生ず、灯生じて暗滅し、灯滅して闇生ずるがごとし、とあり、そのごとく有罪の人が死に瀕しおると地獄には地獄の衆生が一人生まるると期待する。その人また気力をとり戻すと、地獄の方では今生まれかかった地獄の子が難産で流死しそうだとわめく。いよいよその人死して眷属の人々が哭き出すと、地獄ではまず無事で生まれたといきまく。(『全集』第9巻、27-28頁)

次に熊楠は、粘菌のライフサイクルを図解して、それを生と死を繰り返すものと説明する。その上で、「さし当たり相似をもって相似を、相似たる範囲内に相似たりと断定し、手近く喩えをこれに採って、及ぶだけさし当たった実用に間に合わせ」ることの必要性を説く(29頁)。これを彼は「さし当たり十の八、九まで人天を一貫したらしき道理を見付けて世用に立て」るとも言い換えている(30頁)。これは、十中八九まで相似していれば、それを同じものとして説いて世間の役に立てるべきだという実利的な主張であり、第2節で触れた彼のアナロジー論のさらなる展開である。厳密に言えば、粘菌と人間が同じはずはない。しかし粘菌の生死の中に人間の運命のアナロジーを読み取ることは可能であり、しかもそれが経典の語にも合っている。これは、彼の持論に打って付けの事例だったのである。

そうしておいて熊楠は直良に、「貴僧なども、人間と地獄とのことを手近く分かり易く説かんとならば、『涅槃経』の文句を粘菌の成敗で説かれよ。人々これを聞いて粘菌と人間は別の物ということを忘れて、一事は万事、世間はなーるほどそうした物と手早く解し、速やかに悟るべし」と勧める。すると直良は「よほど感心したと見え、受売りの備えに熊楠の説法の暗誦惟れ勤めて、ろくろく挨拶もせずに立ち去」ったという(30頁)。以上が最初の出会いの顛末である。この後には、直良が御坊の本願寺別院での法話を中断して塩屋村の山

田家まで熊楠に会いに来た一件が述べられるが、それは先に引用した白井宛書簡と同工異曲のものである。

　白井宛書簡も岩田宛書簡も、「熊楠語り」とでも呼ぶしかないもので、大筋では実際の出来事を伝えているとしても、細部がどこまで事実に即したものであるかは判断できない。これらの文言は、まずもって、それを書いた63、64歳の熊楠の心境を映したものとして取り扱われるべきものであろう。

　ただ熊楠が直良相手に、『涅槃経』の一節を引いて、人間の生死を粘菌の生態に比して説いたというのは、いかにもありそうなことである。というのも、当時の熊楠は、自宅に近い曹洞宗法輪寺（現、田辺市新屋敷町）から黄檗版大蔵経を借り出しては抄写する作業を精力的に続けており、問題の『涅槃経』、すなわち漢訳『大般涅槃経』（曇無讖訳、大正No.374）もこの年（1912年）の4月に抄写していることが、彼の日記（『日記』4、138-142頁）と「田辺抜書」と呼ばれる抜書そのものによって確認されるからである。

　問題は、『大般涅槃経』からの引用の使い方である。岩田宛書簡に引かれる「この陰滅する時かの陰続いて生ず、灯生じて暗滅し、灯滅して闇生ずるがごとし」の一節は獅子吼菩薩品中に見出される。原文（大正12巻535下）は、「此陰滅時、彼陰続生、如灯生闇滅、灯滅闇生、善男子、如蝋印印泥、印与泥合、印滅文成、而是蝋印不変在泥、文非泥出、不余処来、以印因縁而生是文」（此の陰滅する時、彼の陰続きて生ず。灯生ずれば闇滅し、灯滅すれば闇生ずるが如し。善男子、蝋印を泥に印するに、印泥と合し、印滅して文成り、而も是の蝋印変じて泥に在らず、文泥より出づるに非ず、余処より来らず、印の因縁を以て是の文を生ずるが如し）である。熊楠が引用するのは「善男子」の前までで、引用は、ほぼ正確である。

　従来、この引用とそれに続く熊楠の説明が混同されるきらいがあるが、この二つは明確に区別されなければならない。すなわち「有罪の人（悪業を積んだ人間）が死に瀕しおると地獄には地獄の衆生が一人生まるると期待する」以下は、『大般涅槃経』に相当する文言がない。これは熊楠の解釈である。白井宛書簡にそのようにあるので誤解しやすいが、『大般涅槃経』自体に、この世（娑婆世界）における死は地獄（冥界）における生であるといった意味のことが書かれている訳ではない。

そもそも熊楠が引用する「此陰滅時、彼陰続生、如灯生闇滅、灯滅闇生」は、そのようなことを言っているのではない。この場合の陰とは五陰（五蘊）を意味する。そして「此陰滅時、彼陰続生」とは、現在の五陰が個体の死によって滅した時、中陰（中有）の五陰が続いて生ずることを述べたものであり、「如灯生闇滅、灯滅闇生」は、この二つの五陰の関係を灯と闇の関係に譬えたものである。

　このように熊楠の解釈は経典本来の意味とはかなり異なっているが、これを単純な誤解とすることはできない。前後の文脈からその意味は明白だからである。熊楠は、『大般涅槃経』のこの一節が、彼が発見した粘菌の「生死交互相反する」生態によくあてはまると考え、その上で、二つの五陰の関係を人間と地獄との関係に置き換えて、分かりやすく語ったのであろう。この場合、粘菌の生死は人間の生死のアナロジーであり、これに経典の語を合わせて説いて「世用」に役立てる。それは、かつて法龍に語った、知識に経典の語を合わせて説くべしとの主張を実践に移すことであった。その実践を直良にも勧めたのが、「『涅槃経』の文句を粘菌の成敗で説かれよ」の言葉である。

　直良は熊楠の語りにおいてはかなりコミカルな役回りを割り当てられているが、彼もかつて漢訳仏典を渉猟して『霊魂論』を述作した人物である。たとえ彼が、熊楠の言うように、説教の場で熊楠の話を「受売り」していたとしても、それは滑稽話に似た人間と地獄との関係よりも、むしろ「かかる微物（粘菌）も妙法の実相を示す」（『全集』9巻、31頁、括弧内引用者）ことに深い意味を認めた上でのことであったと推察される。

おわりに

　長期にわたる法龍の書簡による交流と、その一部を引き継いだ直良との交流を通じて、熊楠は自己の死生観や安心を語った。それは輪廻説を前提とし、これに「この世は舞台、人は皆役者」的な人生観やインド思想を源とする転変説的発想、さらにカッバーラーの「生命の樹」の考え方などが加わり多様に展開される。粘菌の観察が進むにつれて、彼はその生態に生命そのものの本源的なあり方を重ね合わせるようになる。それは単なる科学的認識ではなく、彼の人間観・人生観のアナロジカルな表現でもあった。

なお、1902年春に法龍宛の書簡の中で集中的に展開された霊魂論が翌年の夏、同じく法龍宛書簡に出現する、いわゆる「南方曼陀羅」にどのように結びついているかについては、別稿を期さなければならない。

略　号

『往復書簡』：飯倉照平・長谷川興蔵編『南方熊楠　土宜法龍往復書簡』八坂書房、1990年。
『資料目録』：『南方熊楠邸資料目録』田辺市南方熊楠邸保存顕彰会、2005年。
『全集』：『南方熊楠全集』全12巻、平凡社、1971〜75年。
『蔵書目録』：『南方熊楠邸蔵書目録』田辺市南方熊楠邸保存顕彰会、
『大事典』：松居竜五・田村義也編『南方熊楠大事典』勉誠出版、2012年。
『高山寺書翰』：奥山直司・雲藤等・神田英昭編『高山寺蔵　南方熊楠書翰―土宜法龍宛1893-1922』藤原書店、2010年。
『日記』1、4：長谷川興蔵校訂『南方熊楠日記』1、4、八坂書房、1987、89年。

参考文献

飯倉照平　1999「南方熊楠と大蔵経――一・『田辺抜書』以前」『熊楠研究』第1号、109-124頁。
―――― 2001「平凡社版南方熊楠全集大蔵経索引」『熊楠研究』第3号、横組、31-76頁。
―――― 2002「南方熊楠と大蔵経――二・『田辺抜書』前後―」『熊楠研究』第4号、75-94頁。
岡森福彦　2009「妻木直良略年譜・妻木直良関係資料」、松居竜五編『南方熊楠と仏教【報告集】』龍谷大学人間・科学・宗教オープン・リサーチ・センター、60-70頁。
奥山直司　2009「南方熊楠と高野山、そして真言密教」『熊楠Works』No.34、12-19頁。
―――― 2010a「南方熊楠と大乗仏教（上）土宜法龍との交流を巡って」『大法輪』平成22年第6号、132-139頁。
―――― 2010b「南方熊楠と大乗仏教（下）『熊楠の生命の樹』から『南方マンダラ』へ」『大法輪』平成22年第8号、180-188頁。
―――― 2011「南方熊楠と十九世紀ヨーロッパのインド学」、田村義也・松居竜五編『アジア遊学144　南方熊楠とアジア』勉誠出版。

──── 2012a「仏教」『大事典』26-33頁。
　──── 2012b「盟友・土宜法龍との往復書簡より」『別冊太陽　日本のこころ192　南方熊楠　森羅万象に挑んだ巨人』平凡社、104-105頁。
紀南文化財研究会編　2008『改訂　南方熊楠書簡集』紀南文化財研究会。
妻木直良　1906『霊魂論』文会堂。
中瀬喜陽・長谷川興蔵編　1990『南方熊楠アルバム』八坂書房。
橋爪博幸　2010「南方熊楠と現世肯定─新出の土宜法龍宛書簡にみられる『物』と『心』─」『文明と哲学』第3号、138-149頁。
長谷川興蔵・月川和雄編　1991『南方熊楠男色談義─岩田準一往復書簡─』八坂書房。
松居竜五　2005「南方マンダラの形成」、松居竜五・岩崎仁編『南方熊楠の森』方丈堂出版、132-158頁。
　──── 2012a「江聖聡」『大事典』351-352頁。
　──── 2012b「南方マンダラ」、『別冊太陽　日本のこころ192　南方熊楠　森羅万象に挑んだ巨人』平凡社、98-103頁。
南方熊楠著、長谷川興蔵・武内善信校訂　1995『南方熊楠　珍事評論』平凡社。
吉川壽洋・武内善信・松居竜五・田村義也　2009「シンポジウム　南方熊楠と妻木直良」、松居編、前掲書、22-40頁。
吉川壽洋　2012a「妻木直良」『大事典』397-401頁。
　──── 2012b「山田栄太郎」『大事典』523-526頁。
Blavatsky, H.P. 1994 (1877) *Isis Unveiled*. Vol. Ⅱ. Wheaton & Chennai：The Theosophical Publishing House.

註

（1）　本書簡は「明治26年12月11日夜1時」（33頁）に一度擱筆されているが、その後も書き続けられた。いつ書き上げられたかは分からない。
（2）　安心立命と同義。下の引用のように、熊楠はこれを立身安命と書くこともある。
（3）　ジャクソンヴィルで食料品店を営業していた広東出身の中国人。熊楠と江との関係については［松居　2012：351］を参照せよ。
（4）「──其知識は経典の語を無碍に合せ説んこと尤も必要と存候」（『高山寺書翰』46頁）。
（5）『高山寺書翰』70-71頁注（181）、［奥山　2012a：31］。
（6）　外心がOBJECTIVE、現物がPHENOMENAL、界がWORLDに対応している。

（7） このことは、南方熊楠顕彰館に蔵される熊楠の旧蔵書（『蔵書目録』［洋150.01, 02］）への書き込みと、彼のこの日の日記（『日記』1、161頁）から確認できる。
（8） これを初めて指摘したのは橋爪博幸［2010：143］である。
（9） 熊楠は、世界原因である梵（ブラフマン）とそれを神格化した梵天（ブラフマー神）とを区別せずに、すべて梵天または梵天王と呼んでいる（『高山寺書翰』71頁）。
（10） 熊楠は、同じ書簡の他の個所で父南方弥右衛門（1829〜1892）の死に触れて、次のようにも述べている。「たとえば婆羅門の教によりて、万物みな死して梵天王の体に帰するとせんか、早晩亡父も吾れも一に帰着すれば、自我の差別なかるべし。（感相同一大櫃）」（『高山寺書翰』31頁）。
（11） 後出の例に加えて、山田栄太郎宛書簡からの引用［中瀬・長谷川 1990：181］を参照せよ。
（12） 「実は世間に今日ごとき人智にてはホモロジーすなわちどこからどこまで符合するものは一もあることなきは、猫を見てたちまちどれも猫と見れども、飼いつけた主人には同異が判然たるごとく、世間に一切符合する別物別事あることなし。（中略）さればアナロジーということ、決して軽んずべきにあらざるのみか、実は論理にはこのことの外相手にするものなしと知れ」（『往復書簡』260頁）。
（13） 意味を取れば、同じ梵の体に没するという説。このような用語があったかどうかは不明。
（14） 「心と精神と霊魂と（英語には分れ居り、西洋の神学にはちゃんと区別ある）の別を説くこと本書の如し」（『高山寺書翰』266頁）。
（15） 南方熊楠顕彰館所蔵。『資料目録』221頁［来簡 2870］。
（16） Cf. ［吉川 2012a：399］。
（17） これらの書簡は、直良の自坊であった和歌山県有田郡湯浅町の本勝寺に所在し、吉川壽洋によるそれらの翻刻が［紀南文化財研究会編 2008：54-60］に収録されている。
（18） 山田栄太郎については［吉川 2012b］を参照せよ。
（19） 直良が陸軍大学に在職した事実はないようだ。Cf. ［吉川・武内・松居・田村 2009：35；岡森 2009］。
（20） 民俗学者、男色研究家。熊楠との交流については［原田 2012］を参照せよ。
（21） 善無畏寺は施無畏寺の誤りだが、石田冷雲には施無畏寺の住職歴はないらしい。Cf. ［吉川 2012a：399］。
（22） 1929年1月6日に直良が山田宅に熊楠を訪ねたことは、直良のこの日の日記によ

って確認できる。Cf.［吉川・武内・松居・田村 2009：23］。
(23) 熊楠の大蔵経抄写については［飯倉 1999, 2002］を参照せよ。
(24) 『資料目録』15頁［自筆 190］（田辺抜書・二十三）、［自筆 191］（田辺抜書・二十四］。Cf.［飯倉 2001：56］。なお問題の一節は、［自筆 191］の1912年4月12日午後抄写分に含まれている。この一節に対して熊楠は、「粘菌ノ原形体ト胞子トノ如シ」と注記しており、抄写時よりすでに、この一節に説かれるところと粘菌の生態との相似に着目していたことが分かる。

III

「死生観と超越」の対話的研究 2

「自己」「非自己」と「内」「外」の区別
―免疫学的「自己」を考える―

杉岡　孝紀

1　免疫学と真宗学

　私の専門領域は仏教、特に親鸞聖人（1173〜1262。以下、親鸞と略称）が体験し明らかにされた往生浄土の道、「浄土真宗」の思想研究（真宗学）にある。したがって、サブテーマに掲げた「免疫学（immunobiology）」については、全くの門外漢であると言わなければならない。にも拘わらず、何故ここで現代の生命科学の最前線に立つ免疫学を取り上げるのかと言えば、それには大きく二つの理由がある。一つは、免疫学の課題が親鸞の思想研究、特に人間の本質を理解するためのヒントとなると考えるからである。二つには、私はおよそ十数年前に消化器官に自己免疫系の疾患を発症して以来、客観的な意味での学問的関心を超えた、生死の問題として免疫に強い関心を持っているからである。
　本稿は、後者の個人的な関心を出発点として、前者の問題を探究することにある。ただし、かく言う場合、これは「宗教と科学」という今日的な、ある種、学際的とも言うべき課題を取り扱うことにもなるため、当然のことながら、その前提として何故、免疫学（科学）と宗教（仏教）とを同じテーブルの上で議論することが可能であるのか、その根拠を示す必要があるであろう。
　その答えは、拙著『親鸞の解釈と方法』第2部「メタファーと解釈」で論じた通りであるが、結論的に述べると、宗教と科学は共にメタファー（隠喩的言述）―科学では「仮説モデル」と呼ぶ方が適切である―を使用して真理を語っているという点にある。両者には確かに働きの上で相違点も認められるが、しかしメタファー（モデル）は日常言語や概念を超えた真理を理解し解釈するために必要不可欠なものとして―親鸞の場合も同様に―設けられており、したが

って異分野間の対話を可能ならしめる共通言語となると考えられるからである。(1)
何より、免疫学に関する書物、特に医学生のために書かれたテキストを見ると、いずれの本にも驚くほど、非常に多くのイラストや概念図が掲載されている。免疫学が先端の学問であるからこそ、未知の事柄を最新の知見に基づいて人々に分かり易く解説をするために、必然的にメタファーやモデルを必要としていることがよく知られるのである。(2)殊に、あらゆる思考の根底にはメタファーがあるとする現代のメタファー研究によれば、存在するということは空間内にある位置を占めるということであり、また存在を語るためには必然的に空間的な表現を必要とする。そしてその代表的な位置表現は「内」と「外」であると考えられている。(3)後述するように、免疫はまさに自己の内と外に関わる現象であり、親鸞の人間観の特徴も自己の内と外との関係の問題であると言える。

かくして、本稿はこの「内」と「外」という空間のメタファーを共通言語として、免疫学の課題を取り上げるものである。

2　現代免疫学の課題

「〇〇を食べて免疫力 UP！」そんな文句が新聞・雑誌の広告欄や TV 番組に溢れている。普通私たちが持っている免疫に対する知識というのは、病原菌や毒素の侵入を防ぐ力という程度のものであろう。しかし、『広辞苑』の「免疫」の項目を開くと、

> 生体が疾病、特に感染症に対して抵抗力を獲得する現象。自己と非自己を識別し、非自己から自己を守る機構。(4)

と記されている。前半はよく知られた内容である。しかし後半の、免疫が「自己」と「非自己」とを区別して、「非自己」を排除し「自己」を維持する機構であることは必ずしも知られていないのではないか。例えば、日本を代表する世界的な免疫学者の一人、多田富雄（2010年没）は『免疫の意味論』の中で、免疫が生命の全体像のコンテキストの中でもつ意味を次のように述べる。

> 免疫は、病原性の微生物のみならず、あらゆる「自己でないもの」から

「自己」を区別し、個体のアイデンティティを決定する還元主義的な生命科学がしばしば見失っている個体の生命というものを理解するひとつの入口である。臓器移植、アレルギー、エイズなどの社会問題もまた身体的自己の、「非自己」との関わりの問題として考えられなければならない。[5]

すなわち、免疫という現象は「自己」と「非自己」を識別して、自己の全体性を守り維持するためのシステムだと考えられる。そして一般に現代の医療の問題として取り上げられる幾つかの課題は、「自己」の「非自己」への関わりとして考えるべき社会問題であることを指摘する。例えば、臓器移植の際に免疫抑制剤が使用されるのは、「自己」が「非自己」を排除しようとする反応を抑えるためのものであるし、近年急増しているアレルギーは花粉やダニなど、自分以外のものが体内に侵入した際、それを排除するために起こる免疫反応の一つであり、「非自己」を排除するための過剰反応が起こった場合をいう。反対に、「自己」と「非自己」の識別が狂ってしまった場合には、「自己」の組織や細胞までを排除しようとする反応が起こることになる。これは自己免疫疾患と呼ばれる。私の「原発性硬化性胆管炎：primary sclerosing cholangitis（PSC）」なる病気もこれに属する。また、多田は同書において免疫学の歴史を辿る中で、現代免疫学の課題について驚くべきことを述べる。

> そもそも「自己」とは何なのか。これほど神経質なまでに「自己」と「非自己」を区別する必要が本当にあったのであろうか。「自己」と「非自己」を区別するような能力は、どこで何が決めているのだろうか。その能力に破綻が生じた場合何が起こるのか。「非自己」の侵入に対して、「自己」はいかなる挙動を示すのか。こうした問題こそ、現代免疫学がいま解析の対象としている問題である。[6]

洋の東西を問わず、「自己」とは何かという問いは哲学、宗教の根本的な課題であった。インドではそれがātman（我）に関する考究として展開し、ブッダは無我（非我）説に立ち因果（縁起）論を説いた。[7] それが大乗仏教では「空」と再解釈されて自他一如の救済が説かれる。さらに浄土教では、慧の自

覚が深化して自己の罪悪性と仏の慈悲の絶対性が説かれる。救われ難い凡夫が阿弥陀仏の本願力回向によって救われる。この親鸞の教えは浄土教の一つの到達点にあると言える。真宗学は親鸞の教えを客観的かつ、つねに「自己」を問いながら、求道的に探究する学問である。そして現代免疫学は、「自己」とは何か、「非自己」とは何かという、ヒトが人間であるが故にもつ根本的な問題を、分子、あるいは遺伝子レベルで解明しようとしているのだと理解することができる。

3 「生」・「死」・「食」・「殺」と慚愧心

2011年（平成23）の日本人の平均寿命は、厚生労働省によれば、女性で85.90歳、男性で79.44歳となった。東日本大震災で多くの方が亡くなられたこと、また自死者の数が増加したこと等の影響によって、厚労省は一時的に数値の伸びは止まったと見ている。ただし、男女平均では約83歳と、依然として世界的に見て高い数値であることに変わりがない。私たちは誰もが家族をはじめ、人に大きな迷惑をかけない限りは、健康で楽しくこの寿命（定命）を全うしたいと願っている。しかし、生きているということは、死につつあるということであり、「生」と「死」は離れて存在しない。また、誰にも代わることのできない自己の命は、他者の命をいただく、すなわち「食べる」ことによって維持されている〈いのち〉であり、「自己」は「他者」によって生かされており、「生」は「殺」と離れて存在しないのである。ブッタが道を求めるに至った根源的な動機は、まさに「生」「死」と「食」「殺」の関係、この苛烈なる現実の苦のただ中に生きていることへの深い反省であった。このことは仏伝によく記されるところであり、『ブッダチャリタ』第5章「出城」5には、

　　若草やダルバ草が鍬でひきちぎられ、散らされ、小さなうじ虫・昆虫のたぐいが死んで散らばっている、そのような大地を見て、王子は自分の身内が殺されたときのようにいたく悲しんだ。

と説かれる。また同章14には、ブッタが（生・）老・病・死が自身の苦であることを如実に見た時のことを、

このように世の老、病、死という欠陥を正しく洞察していたその人から力、若さ、そして生命そのものより生まれていた自己の驕慢がたちまち消え去った。

と説かれる。また、自らを「愚禿」と名告り、肉食妻帯をしたと伝えられる親鸞の根底にも、「生」「死」、「食」「殺」という連鎖への深い反省、慚愧（慙愧）があったと考えられる。慚愧とは、『教行証文類』「信巻」末の『涅槃経』引用文によれば、

諸仏世尊つねにこの言を説きたまはく、二つの白法あり、能く衆生を救く。慚はみづから罪を作らず、愧は他を教へてなさしめず。慚はうちにみづから羞恥す、愧は発露して人に向かふ。慚は人に羞づ、愧は天に羞づ。これを慚愧と名づく。無慚愧は名づけて人とせず、名づけて畜生とす。

と述べられる。慚愧の有無こそが、人間と畜生とを区別する印となる。「慚」とは、自分自身が罪を作るような悪行を慎むことであり、「愧」とは、他人にもそのような心の大切さを教えて罪を作らせないようにすることである。もし人がこのような深い内省をもった、本当の意味での人間に出遇うことができるならば、その人もまた彼の人格の深さに打たれて、自然と自己を羞恥する心を育まれていくのである。慚愧とは、このように自他共に人を人間たらしめる心であると言える。慚愧あるが故に、人は仏法を聴聞することができるのであり、これを思えば、ここにいう畜生とは犬や牛などの動物を指すのではなく、人でありながらも痛み羞じる心を未だ持っていない者のことだと捉えるべきである。このことは『涅槃経』に、父を殺害した阿闍世が深い苦悩の中で救いを求め、慚愧心を持つようになり、はじめて仏陀の説法を聴聞する機縁が熟したと述べられるところに明らかである。ところで、前掲の『涅槃経』引用文によれば、阿闍世は自身の回心体験を次のように語る。

我今始めて伊蘭子より栴檀樹を生ずるを見る。伊蘭子は我が身これなり。栴檀樹は即ちこれ我が心、無根の信なり。無根とは、我初めて如来を恭敬

せんことを知らず、法僧を信ぜず、これを無根と名づく。……世尊、もし我審かによく衆生の諸の悪心を破壊せば、我常に阿鼻地獄に在りて、無量劫の中に諸の衆生のために苦悩を受け、以て苦とせず(12)。

ここに言う「無根の信」とは、本来あるはずのないもの（真実の心）が、あるはずのない所にあることを知った体験を表現したものである。殺父の罪により地獄に堕ちねばならないという恐怖に怯えていた阿闍世に、一切の衆生の悪心が破られるならば、たとえ地獄に堕ちたとしても、それを苦としないという利他の心（度衆生心）が生じたのである。この時、阿闍世の心を転ぜしめたのは直接には仏陀の説法であるが、それは仏の月愛三昧より出でたる慈悲心であると言える。ここで注意したい点は、この無根の信の体験がただ阿闍世一人の体験ではなく、「阿闍世とはすなはちこれ煩悩等を具足せるものなり」(13)と説かれることを考えるならば、あるはずのないものがあるはずのない所にあるという体験—それは「非自己」（他）が「自己」の内にあることの自覚、と表現することも許されるであろう—は、往生浄土を願うすべての衆生にとって、原型となる体験であると理解できる(14)。親鸞の他力回向の救済はこの体験を体系化しているものに外ならない。「自己」の内のどこを探してもあるはずのないものがあるということは、それは「他」より来ったものだという表現を生むことになるのである。この場合の「他」は、言うまでもなく阿弥陀仏とその浄土を指す。もちろん親鸞においては、諸仏・諸菩薩、七高僧や善知識、阿闍世や韋提希などの権化の仁、還相の菩薩、また念仏弾圧に加わった人々や聖道の行者までを含め、自己以外のすべての者が「他者」であると言える。あるいは、野山の獣、魚など一切の生きとし生けるものの命が「他」であると言えるであろう。しかし、「自己」を「汝」と呼びかけて今現在、この私を包摂し慈悲の心をもって育んでいる絶対的な「他者」は、阿弥陀仏以外にはない。

4　免疫学的「自己」と「非自己」

多田富雄は『免疫の意味論』の中で、私たちの体は脳によって統御されているのではなく、免疫によって統御されていることを明かす。そして、免疫反応を起こすために必須の臓器は胸腺であるという(15)。胸腺は胸腔内にある腺状の組

織で、心臓に覆い被さるようにしてある脂肪組織中の小さな臓器である。免疫反応は、この胸腺で作られたＴ細胞や骨髄由来のＢ細胞、そしてマクロファージ等の共同作業であるという。このうちＴ細胞とは、胸腺（Thymus）からサプライされるリンパ球であり、胸腺のＴをとってＴ細胞という。Ｔ細胞はその機能によって、さらに免疫応答を促進するヘルパーＴ細胞、逆に免疫反応を抑制するサプレッサーＴ細胞、病原体に感染した細胞や癌細胞を直接殺すキラーＴ細胞などに分類される。

　Ｔ細胞は如何にして「非自己」を認識し排除するのかというと、Ｔ細胞は外来侵入物である「非自己」を直接発見し、それと反応することはできないという。「非自己」はまず「自己」の中へと入り込み、「自己」を「非自己」化する。それがＴ細胞によって認識されるのだという(16)。このことが可能であるためには、Ｔ細胞は「自己」に対しては反応しないように予め設定（教育）されていて、それを利用して「自己」が「非自己」化したことを認識させる力があることになる。そうすると、免疫は「自己」が「非自己」を認識し排除するシステムというよりは、むしろ「自己」を認識する機能が、「自己」の「非自己」化を監視するものだと考えられる(17)。免疫のこのような理解は何も多田独自のものではなく、例えば同じく世界的な免疫遺伝学者である笹月健彦も、

　　免疫システムにおいては、非自己を認識することができるということは、必ず自己を認識できる、逆に自己を認識できるということで、非自己を認識すべきＴ細胞が生き延びているということである(18)。

と述べるところである。それでは一体、何が、あるいは何の力によって「自己」と「非自己」とが識別されるのであろうか。免疫学的にこれを規定しているものは、MHC（主要組織適合遺伝子複合体、major histocompatibility complex）と呼ばれる遺伝子群であるという(19)。これは人の場合にはHLA（human leukocyte antigen）抗原と呼ばれるペプチド複合体に当たる。自己が自己であることを示す標識が、このHLA抗原になる。MHC抗原は、細胞の表面にあるタンパク質で、ヒトでは少なくとも６種類の分子が知られている。この６種類のタンパク質とその組み合わせをリンパ球系のＴ細胞が認識し、排

除しようとする。この時に、T細胞が「自己」に入り込んだ「非自己」を認識することになる。また、多田は『免疫・「自己」と「非自己」の科学』の中で、この「自己」の「非自己」化を監視する仕組みをバーコードに見立てる―見立てはメタファーである―ことにより、「非自己」の認識はバーコードに新たな書き込みがなされているのを発見するようなものだと説明する。免疫現象における「非自己」の認識は「自己」認識を背景にもつと言えるであろう。

　さて、免疫はシステムであるから、単独の反応ではなくて多様な細胞による複雑な相互作用によって成り立っている。そのシステムは、多田の前掲二冊の本と笹月の論文に従うと、異物「非自己」が人の体内に入ると最初に、マクロファージ（貪食細胞）というリンパ球が取り込んで細胞内で分解する。そして分解された異物の断片（非自己）が「自己」のMHC分子に結合してマクロファージの膜の表面に提示され（「非自己」の「自己」化）、それをヘルパーT細胞が認識し結合することによって、種々のインターロイキン（サイトカイン）という名の情報伝達物質が放出され、その指令を受けてB細胞が抗体を大量に合成するプラズマ細胞に変化していく。さらに多様な働きによって、異物を分解していくことになる。しかし、このシステムは必ずしも完全なものではなく、いつ混乱を来し崩壊するとも分からない危険性をもっているという。何故ならば、インターロイキン（サイトカイン）という白血球間の相互作用を媒介する物質は、曖昧な指令と冗長な反応を起こすことがあり、しかもそれが神経系、内分泌系、造血系、さらに皮膚や血管など、すべてを巻き込んで働いているためであるという[21]。

　したがって、免疫学的な「自己」なるものは、実は胸腺の発生の環境で決まるという単純な仮説で説明できるものではなく、複雑系のシステムなのである。確かに、「自己」の内に住み着いた癌ウイルスは「非自己」でありながら、身体的にはすでに「自己」の一部であると言える。ここでは「自己」と「非自己」の境界は曖昧であり、「「非自己」は、「自己」の延長線上にある」[22]と表現せざるを得ない。そうなると、私たちはしばしば「癌と闘う」という表現を何気なく使っているが、これは適当ではないのかも知れない。「癌と共生する」、あるいは「癌という自己を生きる」と言うべきであろうか。

　いずれにせよ、このような曖昧性をもった免疫システムがそれでも、適切に

機能しているのは何故なのであろうか。この点について、多田は免疫系が「超（スーパー）システム[23]」であるからだと主張する。それは、免疫は機械論的なメカニズムに支えられながらも、機械を超えて生成していく高次のシステムであり、刻々と変化する外部および内部環境に可塑的に適応し、自己組織化していくシステムであるからだという。

5　自己免疫系疾患の非寛容性

次に、免疫学における「自己」「非自己」の識別について自己免疫疾患を取り上げて考えてみたい。自己免疫疾患は、「非自己」を排除して「自己」を守るはずの免疫が際限なく「自己」を破壊し続ける病気である。全身性ループス、ベーチェット病、グッドパスチャー型腎炎、アジソン病、胆汁性肝硬変、潰瘍性大腸炎などさまざまな病気がこのカテゴリーに該当する。「原発性硬化性胆管炎（PSC）[24]」もその一つであり、原発性の名は原因不明であることを意味する。内科医の滝川一によれば、この病気は肝外と肝内の胆管に炎症性による線維化を生じ、徐々に胆道狭窄あるいは閉塞をきたし、最終的には肝硬変から肝不全に至る、発生源の不明な進行性をもった胆汁うっ滞性疾患であるという。つまり胆管が数珠状に、あるいは葡萄の形のように、所々細くなり硬化して、脂肪やタンパク質の消化を助ける胆汁という液体が詰まるのである。詰まると、黄疸、それに伴う高熱、痒み、鈍痛が症状として現れる。

滝川が実施した2003年の全国アンケート調査によれば、患者は約30年間で388例が集計されている[25]。また、2007年に行われた別の疫学調査では、患者総数は約1,200人と推定されている。希少な疾患であるため、薬の研究は十分には進んでいない。したがって、現在のところ治療法として確立された薬物療法はなく、限局性の胆管狭窄の場合は内科的、対症療法的な治療が行われることになる。ただそれは根本的治療法ではなく、進行症例では肝移植が唯一の治療法であると言われている。日本では、ほとんどの場合、脳死からではなく生体部分肝移植が行われている。したがって、脳死をめぐる問題、移植医療をどのように考えるのか、といった生命倫理に関わる諸問題は、私にとって身近な問題としてあると言える。

もちろん、生死の問題は誰にとっても学問的な関心ではない。客観的に扱う

ことができない問題である。もちろん、「自己」は「他者」によって支えられているという仏教の縁起的生命観に立つ時、「他者」の死を前提とした脳死臓器移植に対する疑問はつきない。多田富雄は免疫学者の立場から脳死臓器移植に反対であった。一方で、仏教はドグマ的な宗教ではなく、応病与薬を手法として生き方の智慧を説く教えであるという点に注目すれば、この問題の是非を経典や親鸞の言葉の中に求める態度には疑問が生まれる。移植を待つドナー、移植を拒否する患者、すでに移植を受けた人、移植を申し出るレシピエント、その家族、それぞれに苦悩がある。教義があって人の苦悩があるのではなく、苦悩あって仏教があるのだとすれば、仏教を学ぶ者は教条的にこの問題の正解を説くという態度ではなく、共に苦悩する者として、苦悩を聞くという姿勢こそが求められるのであろう。

さて、多田は前掲書において免疫と寛容について考察する中で、人間を消化管という管を内腔とした生物と見た場合に、消化管が免疫学的にどのような意味をもつのか、次のように述べる。

> 動物は基本的には管（チューブ）として生きている。管（チューブ）の内部には、巧妙に外界が保存されている。外界は破壊してはならない。しかし、あるところで境界を作っておかなければ自己と他の区別ができなくなってしまう。管の免疫系は、生物が外界と共存するためのすばらしい知恵である。……免疫系が最終的に対処しなければならない「非自己」のひな型として、消化管の内部世界を考えることはできないだろうか。

消化管は、外からの異物を栄養として吸収する。外界の異物（非自己）を拒否するのではなく、寛容的に受容する器官である。免疫系が「自己」を確立して「非自己」と対応するシステムをもつために、「自己」の中に「非自己」をもつと見るこの理解は実に興味深い。「自己」の内に「非自己」を基本モデルとした外がある。「自己」内「非自己」、「内」なる「外」である。免疫学的に言えば、私たちは本来、「自己」には寛容でありながら「非自己」には非寛容である。したがって、「他者」に対しても寛容であるためには、「内」なる「外」である消化管において、すなわち「他」の命を食すことにおいて、その

重要性を学ぶ機会を与えられていると理解すればよいのであろうか。もし、そうであるとすれば、親鸞が肉食したということの意義は、寛容の精神の涵養という意味をも持ち合わせることになる。なお、自己免疫疾患は、「自己」を強く認識し過ぎて、自己自身に対して非寛容な反応をとっていることになるが、その理由は科学的に解明されていない。

　以上のように、免疫が、「超システム」が自己組織化していくシステムであるとすれば、それは仏教でいう縁起的生命観と安易に同一視することはできない。しかしながら、免疫は免疫系以外の他の働きとの相互関係の中で成立するという理解は、仏教と近い考え方がそこに見える。ただし、曖昧なシステムだと言われる免疫の働きにおいて、一体、免疫学的「自己」とは何であるのか再度問われなければならない。「超システム」の免疫系における「自己」とは何か。胸腺に存在するMHCというペプチド複合体が超システムを「自己」と呼ぶのか。それとも、免疫の複雑系「超システム」それ自体が「自己」であるのか。この点について、多田は「超システム」の働き、行為が「自己」を規定することを、次のように述べる。

　　（自己は）刻々と変貌している。昨日まで「自己」であったものが、今日は「非自己」となりうる。それぞれの時点では「自己」の同一性というものが存在することを認めたとしても、本当に連続性をもった「自己」というものが存在するのだろうか。……「自己」は免疫系の行動様式によって規定される。そうすると、「自己」というのは、「自己」の行為そのものであって、「自己」という固定したものではないことになる。現代の免疫学は、「自己」の行為が「自己」を規定するという部分について理解しようとしているのである。[28]

　すなわち、免疫学においては「自己」と「非自己」の区別は先見的にあるのではなく、どこまでも「非自己」化された「自己」が認識される時、その区別が生まれるのである。

6　「自己」と内外相応

親鸞が『教行証文類』において論理的・体系的に明らかにしている他力回向の救済は、本来あるはずのないものがあるはずのないところに生じた（無根の信）体験に基づいている。それは内に「自己」ならざる「他」、すなわち「非自己」を発見した驚きと喜びに外ならない。浄土教の歴史は慧の深化であり、自己の罪悪性により深く気付く歴史でもある。すなわち、善導は「罪悪生死の凡夫」といい、源信は「予が如き頑魯の者」といい、さらに法然は自らを「愚痴の法然房」と称した。そして親鸞は自らを「愚禿」と名告り、また「煩悩具足のわれら」と表白する。親鸞は『愚禿鈔』上下二巻の冒頭に、

　　賢者の信を聞きて、愚禿が心を顕はす。
　　賢者の信は、内は賢にして外は愚なり。
　　愚禿が心は、内は愚にして外は賢なり。(29)

と述べている。賢者の信を聞いて愚禿の心が顕れるという。賢者の信は、内面は賢で外面は愚であるという。それに対して愚禿（親鸞）の心は内面は愚であり、外面は賢であるという。ここにいう賢者とは法然を指すと考えられる。そして、この文は善導の「散善義」至誠心釈に由来する。善導は念仏を称える行者は、真実心を具えなければならないと諭す。そして真実心のあり方を、内心と外相の相応であると説き示すのである。
　すなわち、善導によれば、至誠心（真実心）とは「外に賢善精進の相を現じ、内に虚仮を懐くことを得ざれ(30)」と示される。すなわち、外に賢善精進の相を現ずるのであれば、内心もまた賢善精進でなければならないと言われる。このように、内外相応せねばならない理由は、阿弥陀仏の浄土は阿弥陀仏が菩薩の時につねに真実清浄なる心でもって行を修め、すべてを成就されたものだからである。念仏者はこの法蔵菩薩の修行に倣って、菩薩のように諸の悪を捨て去って、真実心をもって自利利他の行をなすべきことを明かすのである。
　法然は基本的に善導のこの教えを受けて、『選択集』三心釈において、真実心とは内と外とを一致させて不調があってはならないと説く。しかし一方で、『三部経大意』に「もしこの釈の如く、一切の菩薩と同じく諸悪をすて、行住坐臥に真実をもちヰるは悪人にあらず。煩悩をはなれたる物なるべし(31)」といい、

悪人たる凡夫が菩薩のように自力でもって真実心を得ることは容易ではないことを指摘する。すなわち、善導に従えば、内外相応の真実心を得ることは煩悩を断ずることを意味し、これでは極悪最下の凡夫が念仏して極善最上の浄土に往生するという、浄土門の根幹が揺らいでしまうという疑問が生まれるのである。そこで、法然は『往生大要抄』の三心釈の中で、善導には見られない独自の解釈を示す。すなわち、私たちのような凡夫はそれぞれの姿に応じて、強弱真実の心を起こせばよいとし、

> 一にはほかをかざりてうちにはむなしき人、二には外をもかざらずうちもむなしきひと、三にはほかはむなしく見えてうちはまことある人、四にはほかにもまことをあらはしうちにもまことある人。かくのごときの四人のなかには、前の二人をばともに虚仮の行者といふべし。後の二人をばともに真実の行者といふべし。しかればたゞ外相の賢愚善悪をばゑらばず、内心の邪正迷悟によるべき也。およそこの真実の心は、人ごとに具しがたく、事にふれてかけやすき心ばへなり。おろかにはかなしといましめられたるやうもある、ことはり也。(32)

と述べる。すなわち、内外虚実の相対について四種の衆生があるという。一つは、外は賢善精進の相で内は虚仮の心をもつ人（外賢内虚）。二つは、外も愚悪懈怠の相で内も虚仮の心をもつ人（内外倶虚）。三つには、外は虚仮に見えても内には真実の心がある人（外愚内実）。四つには、外は賢善精進の相で内にも真実の心がある人である（内外倶実）。そしてこの中、後の二者を真実の行者と呼ぶのであり、内に真実があれば、外相はいずれであってもよいと、外相よりも内心が大切である旨を述べる。ただし、この文の後には放逸を慎むべきことを付している。また「大胡の太郎実秀へつかはすご返事」にも、

> 内にはおろかにして、外にはかしこき人とおもはれむとふるまひ、内には悪をつくりて、外には善人のよしをしめし、内には懈怠にして、外には精進の相を現ずるを、実ならぬこころとは申す也。内にも外にも、ただあるままにて、かざるこころなきを、至誠心とはなづけたるにこそ候め。(33)

と、内外ともに愚悪なままに、そのままの姿で本願に帰して念仏することの大切さが説かれるのである。こうして、法然は外の相は賢であれ愚であれ問わない。ただ肝要は内心が賢であることにあると教える。そしてこの内心の真実は、自らが愚にかえることだと説かれるのである。

　親鸞は、法然が言うあるがままの凡夫の姿を、自分のこととして突き詰めていったのだと考えられる。すなわち、親鸞においては法然の信が「内は賢にして外は愚なり」と聞いて自分自身の心を見つめるとき、まさにそれとは全く逆の「内は愚にして外は賢」である姿が顕わになる。念仏者としてのあるべき姿、真の仏弟子の有り様が明らかになればなるほど、その道理に照らして自らを深く顧みるとき、それとは遠く離れた真実ならざる姿が知らされるのである。「信巻」に真の仏弟子の姿を明らかにした後に、

　　誠に知んぬ、悲しきかな愚禿鸞、愛欲の広海に沈没し、名利の太山に迷惑して、正聚の数に入ることを喜ばず、真証の証に近づくことを快しまざることを、恥ずべし傷むべし。(34)

と表白される通りである。したがって、教えを聞きながらも信じ切ることができない親鸞にとって、善導の言葉は「外に賢善精進の相を現ずることを得ざれ、内に虚仮を懐いて(35)」、あるいは「外に賢善精進の相を現ずることを得ざれ、内に虚仮を懐けばなり(36)」と訓まれることになる。内心は虚仮であるから、外を飾って賢善精進の相を見せてはならないと述べられるのである。すなわち、内も外も愚かな凡夫のままでよいというのである。この親鸞の理解は『往生大要鈔』の四種の行者を区別する法然の理解と一見、矛盾しているように見える。四種の行者の中、第二の内外倶に虚仮なる者は真実心がないために往生できないとされていたからである。この点をいかに理解すればよいのか。それは、善導が至誠心釈のはじめに「必らず須らく真実心の中に作すべき(37)」と自らが真実心を具えることの必要性を説いたのに対し、親鸞は自力の真実心がない故に、「必ず真実心の中に作したまへるを須ゐんことを明かさんと欲ふ(38)」と訓み替えたところに明らかである。すなわち、自力でなく他力の真実心をもちいるが故に、内も外も虚仮不実のままで往生できると領解されるのである。

以上のように、「自己」の姿を偽らざることなく赤裸々に表白することは、凡夫自らの力では不可能である。凡夫には無明煩悩が内に満ち満ちていて、死ぬ瞬間まで消えることがなく、雑じりけのない善行など実践できない。そのような衆生が自己をあるがままに徹見するなどということは不可能である。親鸞のように自己を慚愧することはそれ自体が仏の働き、すなわち他力によらなければなし得ない。他力とは如来の本願力であり、それは阿弥陀仏が衆生を利他している働きをいう。また、その働きは光明をもって象徴されるように、外にありながら「一切群生海の心にみちたまへる」(39)とも述べられる。阿弥陀仏の真実心を獲得することは、智慧を賜ることに外ならず、衆生は内に煩悩をもったまま、如来より与えられた信心の智慧によって、内に蠢く蛇蝎の如き我が心を知ることができるのである。もちろん、阿弥陀仏より回向された信心は自分の心として奪われることはない。それは「他」よりすでに来ている働きであるから、それをただ信じる以外にはない。内に働きつつ、どこまでも外にあると表現されるのである。

　以上の如く、親鸞によれば、「自己」の内にはただ無明煩悩があり、それは死を迎える瞬間まで継続する。しかし、その事実は「自己」を包んで満ち満ちて働く、「自己」ならざる仏（「他」）の智慧によって照らされて、その存在がはじめて知らされているのである。したがって、自己の罪悪性を知るということと阿弥陀仏の本願の絶対性を知ることは同一の信心の相であるから、親鸞において「他者」（非自己）と「自己」の信知は同時の事柄として領解されていることになる。

7　「自（みずから）己」と「自（おのずから）己」

　親鸞は往生成仏の道において自力を否定し、他力に乗託すべきことを明かす。また親鸞は他力回向を「自然（法爾）」とも称している。

> 「自然」といふは、「自」はおのづからといふ、行者のはからひにあらず。しからしむといふことばなり。「然」といふは、しからしむといふことば、行者のはからひにあらず、如来のちかひにてあるがゆへに。「法爾」といふは、如来のおむちかひなるがゆゑに、しからしむるを法爾といふ。この

法爾は、御ちかひなりけるゆゑに、すべて行者のはからひのなきをもちて、このゆゑに他力には義なきを義とすとしるべしとなり。「自然」といふは、もとよりしからしむるといふことばなり。(40)

　自然とは、仏の「おのずからしからしむる」働きをいい、衆生においては、一切のはからいを加えないあり方を意味する。ここで注意したいのは、自力の「自」と他力を意味する「自然」の「自」が共に「自」と表記されている点である。日本語では、「自」は「みずから」という意味をもつと同時に、「おのずから」の意味をもつ。親鸞も「自」を「みずから」と読むときは、仏・菩薩が衆生を救済する働き、すなわち「利他」を語る。それは衆生においては、私に働いている仏の願力、すなわち「おのずから」なる働きとして領解される。この時、衆生において「みずから」なる行為は自力として否定される。「行巻」他力釈において、「自から仏をして言はば、宜しく利他と言ふ。自から衆生をして言はば、宜しく他利といふ」(41)と述べられる通りである。これに対し、自力の行者は『一念多念文意』に、「わが身をたのみ、わがこころをたのむ、わが力をはげみ、わがさまざまの善根をたのむひとなり」(42)と述べられるように、わが力を善として、つまり「自（みずから）」をたのんで行に励んでいる。わが身の内は不実であるにも拘わらずである。それに対し、他力念仏（信心）の行者は、如来の自然の働き（他力）に貫かれているので、念仏行は「自（みずから）」ではなく「自（おのずから）」なる働きとして受けとめられているのである。すなわち、自力行者の主体は「みずから」なる「自己」であるのに対して、他力の念仏者は「おのずから」なる「自己」に転ぜられているのである。同じ煩悩を具えた「自己」でありつつ、後者の自己は他力に包まれ、他力に貫かれた自己である。

　かくして、親鸞が体験し明らかにした浄土真宗は、絶対「他者」である仏の力によって自己をあるがままそのままにして救済されることを説く。『唯信鈔文意』に「転ずということは、つみをうしなはずして善になすなり」(43)と説かれるように、私たちは煩悩を具えたままで利他の心を恵まれるのである。換言すれば、内心が虚仮であるまま外相を飾ることなく、凡夫でありながら菩薩のごとく利他の行、すなわち他者の救済のために念仏を伝えることのできる身へと

転ぜられていくことを説くのである。

　さて、免疫学において「非自己」の認識は、「自己」が「非自己」に変容したことを認識することであり、その意味で「自己」認識と「非自己」の存在を知ることとは別のことではなかった。親鸞においても「自己」と「非自己」を知ることは二種一具の関係としてあり、そして自己の変容は「自（みずから）己」から「自（おのずから）己」へ転ぜしめられることを意味する。ただし、免疫現象においてはそうした認識の仕組みがどこまでもＴ細胞など自己によってなされると分析されるのに対し、親鸞においてはそれがどこまでも他者（非自己）の働きとして領解されるという違いがある。

　なお、親鸞の思想において「内」「外」の問題を考える場合、光明・名号・信心の因果関係を説いた「行巻」両重因縁釈も取り上げる必要があるであろう。この他にも問題を提起しただけで、十分な解明ができなかった事柄も多々ある。これらについては稿を改めて論ずることにしたい。

註
（１）　拙著『親鸞の解釈と方法』（法藏館、2011年）、117-148頁参照。
（２）　笹月健彦監訳『免疫生物学―免疫系の正常と病理―』（南江堂、2003年。Immunolobiology 5：The Immune System In Health And Disease, 5 edition, Charles A. aneway, Jr, 2001, Garland Publishing, New York,）、齋藤紀先『休み時間の免疫学』（講談社、2008年）参照。前者は専門の研究者を対象としたもので、後者は入門的なテキストである。
（３）　瀬戸賢一『認識のレトリック』（海鳴社、1997年）、26頁。
（４）　新村出編『広辞苑（第４版）』（岩波書店、1993年）、2525頁。
（５）　多田富雄『免疫の意味論』（青土社、1993年）、8頁。
（６）　同上、33頁。
（７）　中村元『自己の探究』（青土社、2000年）、11-21頁参照。
（８）　厚生労働省 HP、http://www.mhlw.go.jp/toukei/saikin/hw/life/life09/01.html、2012年８月31日参照。
（９）　梶山雄一・桜部健・早島鏡正・藤田宏達編『ブッダチャリタ』第５「出城」、『原始仏典』第10巻（講談社、1985年）、48頁。
（10）　同上、50頁。

(11) 「信巻」、『註釈版聖典』、275頁。
(12) 同上、286-287頁。
(13) 同上、278頁。
(14) 拙著、前掲書、230頁。
(15) 多田、前掲書、34-37頁。
(16) 同上、38頁。
(17) 同上、40頁。
(18) 笹月健彦「自と他」、岡田節人他編『岩波講座 科学／技術と人間7―生命体のなかの人』(岩波書店、1999年)、106頁。
(19) 多田、前掲書、19-20頁。
(20) 多田富雄『免疫・「自己」と「非自己」の科学』(NHK出版、2001年)、84頁。
(21) 多田『免疫の意味論』、91頁。
(22) 同上、214頁。
(23) 同上、96-110頁。
(24) 同上、184-187頁。
(25) 滝川一「PSCの全国調査(診断基準を含めて)」(『肝胆膵』49-2、2004年)、193-198頁。
(26) 鍋島直樹『親鸞の生命観―縁起の生命倫理学』(法藏館、2007年)、57-97頁。
(27) 同上、178頁。
(28) 同上、120頁。
(29) 『愚禿鈔』、『註釈版聖典』、501、516頁。
(30) 『観経四帖疏』「散善義」、『註釈版七祖篇』、516頁。
(31) 『三部経大意』、『法然全』、35頁。
(32) 『往生大要抄』、『和語灯録』所収、『法然全』、54頁。
(33) 「大胡の太郎実秀へつかはすご返事」、『西方指南抄』巻下本、『法然全』、516頁。
(34) 「信巻」、『註釈版聖典』、266頁。
(35) 同上、217頁。
(36) 『愚禿鈔』、『註釈版聖典』、517頁。
(37) 『観経四帖疏』「散善義」、『註釈版七祖篇』、515-516頁。
(38) 「信巻」、『註釈版聖典』、216-217頁、『愚禿鈔』、『註釈版聖典』、517頁。
(39) 『一念多念文意』、『註釈版聖典』、691頁。
(40) 「自然法爾法語」、『註釈版聖典』、621頁。

(41)　「行巻」、『註釈版聖典』、192頁。
(42)　『一念多念文意』、『註釈版聖典』、688頁。
(43)　『唯信鈔文意』、『註釈版聖典』、701頁。

明治初期の仏教と他者としてのキリスト教
―島地黙雷の洋行経験―

岩田 真美

はじめに

　龍谷大学人間・科学・宗教オープン・リサーチ・センターでは、仏教の死生観と超越について、四つのユニットに分かれて研究を行ってきた。ユニット2では、「宗教多元世界における死生観と超越の対話的研究」を課題として議論を深めてきたが、筆者が取り組んできた課題は、「仏教〈外〉の諸宗教との対話」として、浄土真宗から接近する他宗教との対話である。そこで本論文では、明治初期の真宗から見たキリスト教について議論を進めていきたい。

　さて20世紀後半の頃から宗教多元的状況が認識されるようになり、昨今ようやく宗教間対話に関心が向けられるようになった。しかしながら、宗教間対話に関する研究はキリスト教側からのものが多く、仏教側の研究は未だ少ない状況にある[1]。しばしば宗教とは非歴史的な概念と認識されがちであるが、日本に「宗教religion」という言葉が伝わり、定着し始めるのは19世紀後半のことである。近年、宗教学の分野で盛んになった「宗教」概念研究において明らかにされたように[2]、江戸時代以前の宗教とは「宗派の教え」を意味する用語に過ぎなかったが、今日私たちが用いている意味では西洋語のreligionに出自を持つものであり、それが「宗教」と訳されて一般化するのは明治10年代頃からといわれる。そして、この「宗教」概念の中核には、キリスト教の影響があるとされる。

　西洋の「宗教」概念が日本に定着する過程で大きな役割を果たした人物として、浄土真宗本願寺派僧侶の島地黙雷（1838～1911）があげられる。黙雷は、明治5年（1872）に日本の僧侶として初めて洋行を経験した。そして外遊先で

キリスト教を模範とした「宗教」概念を学び、それを日本に紹介した。そこで本稿では、黙雷の洋行経験を通して、彼が「宗教」としてのキリスト教をいかに理解し、また自己（真宗）をどのように認識するようになるのかを解明したいと考える。

　幕末の開国によるキリスト教の流入に対して、日本の仏教者はキリスト教を排斥するために排耶論を著し、活発な護法運動を展開した。このため幕末維新期における仏教とキリスト教との接触は、これまで「対外論争」として論じられてきた。しかし、本稿ではこれを仏教者の「自他認識」という視角から問い直してみたい。そもそも「対外」という言葉には、実際にはその「外」に対応する「内」が存在しており、その「内―外」という関係は、同時に「自―他」（自己と他者）の関係に置き換えることができる(3)。また、その「自己」や「他者」に対する認識は、近世から近代へと至る転換期の中で変化し続けており、その過程を自他認識の「転回」として捉えたい。すなわち洋行経験を通して「西洋」「キリスト教」という「他者」との出会いが、島地黙雷の「自己」（真宗）認識にどのような影響を及ぼしたのか、彼の「自他認識の転回」過程を検討する。そして、新たな視座から仏教の近代化への道程を解明する手掛かりとしたい。

1　洋行前の島地黙雷のキリスト教観

　まず洋行前における島地黙雷のキリスト教観から明らかにしたい。また明治維新という大きな時代の転換が仏教にどのような影響を与えたのか、若干検討しておきたい。

　日本は明治維新を経て、東アジアで最初の国民国家体制を有する近代国家へと変貌していくが、それは日本人の思想や宗教観にも大きな変化をもたらした。周知のように明治維新のイデオロギーとなったのは復古神道思想であった。慶応３年（1867）、朝廷は「王政復古」の大号令を発して神祇官を復興させると、明治元年（1868）には「神仏分離令」を出した。これによって神社からは仏教的要素が一掃され、それまで融合してきた仏教と神道が厳格に区別された。さらに明治３年（1870）、「大教宣布の詔」を出した明治政府は神道国教化による祭政一致を国是とし、その政策を推進させるために神祇官に宣教使を設置して

国民教化を行うようになる。これらの政策を背景に、各地では寺院や仏像の破却、寺院の廃合、僧侶の還俗が強制されるなど、いわゆる廃仏毀釈運動が激化した。

このような状況下において島地黙雷は護法活動に奔走していたが、明治4年（1871）には「教部省開設請願書」という建白書を明治政府に提出し、教部省の設置を要求した。この建白書には、洋行前における黙雷のキリスト教観が端的に表れている。この中で黙雷は、キリスト教について「方今祆教ノ民ニ入ル、日ニ一日ヨリモ熾也。国家ノ禍害之ヨリ大ナルハナク、朝野ノ疾蹙之ヨリ甚シキハナシ」といい、キリスト教を「祆教」と呼んで邪教視するとともに、その流入は「国家ノ禍害」になると述べている。すなわち江戸時代における仏教は宗門改めとしてキリスト教を防ぎ、民衆を教化して幕藩体制の一役を担ってきたが、そのような役割は維新後に廃された。しかし、キリスト教の禁教令は明治6年（1873）頃まで継続されていたことから、黙雷はキリスト教を防ぐには仏教の力が必要であるといい、「教部省開設請願書」の中で次のように主張した。

　　果然則今ノ僧ヲ督シテ今ノ民ニ向ヒ、今ノ教ヲ正フシテ今ノ政ヲ布キ、民ヲシテ依定スル処アリテ、信従スル所ニ安セシメハ、之ヲ駆テ祆教ノ中ニ入ラシメント欲スルモ得ヘカラスシテ、外誘百端術ヲ巧ニスルモ、未タ以テ懼レヲ為スニ足サラン。是誠ニ時勢ノ最モ先ンスヘキ者ニシテ、之ヲ行フ最モ易キ所也。曰、然ラハ宣教ノ官ノ如キ之ヲ云何セン。臣以為ク、政教ノ相離ルヘカラサル、固リ輪翼ノ如シ。政権已ニ上ニアリ、教柄豈独リ下ニ属スヘケンヤ。

つまり、黙雷の構想は「教部省」を設置して、従来のように仏教が民衆を教化してキリスト教を防ぐことで、神道のみならず仏教が明治政府の一翼を担うべきだというものであった。そこには仏教の有用性を主張することで活路を見出そうとする黙雷の護法意識が垣間見える。またここでは「政教ノ相離ルヘカラサル、固リ輪翼ノ如シ。政権已ニ上ニアリ、教柄豈独リ下ニ属スヘケンヤ」と述べており、政教関係を王法仏法相依説で捉えている。

このような黙雷のキリスト教や仏教に対する認識は、洋行を経験することによってどのように変化していくのだろうか。

2　洋行経験とキリスト教との出会い

(1)　島地黙雷の洋行とその目的

　明治5年（1872）1月、西本願寺は日本で初めて西洋に向けて僧侶を派遣した。当初の計画では木戸孝允（1833～1877）の計らいで、西本願寺第21代宗主となる明如（1850～1903）が、明治4年（1871）11月に岩倉使節団とともに渡航する予定であった。しかしその直前に先代の宗主広如（1798～1871）が没したため、明如は洋行を取りやめることになり、明如の代理として連枝の梅上沢融（1835～1907）、随行員として島地黙雷、留学生として赤松連城（1841～1919）、光田為然（1848～1875）、堀川教阿（生没年不詳）が、岩倉使節団の出発から約2カ月遅れで派遣されることになった。周防出身の島地黙雷は、木戸孝允や伊藤博文（1841～1909）など長州閥の政治家と親交が深く、洋行の計画も彼らの話し合いの中で進められた。未だ限られた人にしか海外渡航が許されない時代において、西本願寺の僧侶がいち早く洋行を経験できたのも、このような人脈によるところが大きいと考えられる。

　黙雷らの洋行に際して、明如が明治政府に提出した「渡航願書」には、「海外ノ教法追々辺境ニ伝播仕候哉ニモ相聞、民心多岐、遂ニ紛擾ヲ醸シ可申ト不堪杞憂候。就テハ知彼知己之格言モ有之候間、各国布教ノ事情モ及見聞度」[6]とあり、洋行の目的は護法のため、キリスト教を中心とする西洋の宗教事情を調査することにあった。また「知彼知己（彼を知り己を知る）」という言葉にも表れているように、西洋の文明国におけるキリスト教を知ることで、新たな時代における自己（真宗）の在り方を模索しようとしていたことが窺える。明治維新後の日本は「文明開化」を成し遂げるべく、西洋の文化や思想を急速に導入するようになった。このためキリスト教の公認も議論されるようになり、こうした大きな時代の変化の中で仏教側も対応を迫られていた。

　島地黙雷をはじめとする明治初年の真宗僧の洋行について、吉田久一はその意義を次のように述べている。

西本願寺派の沢融・教阿・黙雷・連城・為然、東本願寺派の光瑩・白華・舜台・信三の洋行は、後世へ大きな影響を与え、この洋行から明治仏教を動かす原動力の一つが生まれたといって過言でない。西本願寺派の洋行については、表面的には木戸孝允が与って力があったが、その背後には黙雷等がいたことはいうまでもない。(7)

すなわち吉田も指摘するように、黙雷らの洋行は日本仏教の近代化に多大な影響を及ぼしたと考えられる。では黙雷の果たした役割とは如何なるものであったのか、次に考えていきたい。

（２） 島地黙雷の「宗教」理解

島地黙雷が「宗教」という新しい言葉を使い始めたのは洋行中のことである。『島地黙雷全集』に掲載された黙雷の著作を年代別に分析した堀口良一によれば、黙雷が初めて「宗教」という言葉を用いたのは明治5年（1872）に著した「建言　三教合同ニツキ」であったという。また「建言　三教合同ニツキ」は、「三条教則批判建白書」の草稿であったとされる。(8)

ここでは黙雷が洋行中に著した「三条教則批判建白書」と、その草案と考えられる「建言　三教合同ニツキ」を中心に、黙雷の新たな「宗教」理解について検討してみたい。

黙雷が洋行した直後、明治5年（1872）3月に教部省が設置された。教部省は、基本的には神仏合同による国民教化を行う機関であった。しかし、次第に神道重視の政策に傾いていき、「三条教則」(9)が出されると僧侶も神道的教義を説き、神祇を拝することが強制されるようになっていった。外遊先で教部省の実態を知った黙雷は、西洋で新たに学んだ「宗教」概念をもって、明治政府の宗教政策を批判するようになる。まず黙雷は「三条教則批判建白書」において、その政策を次のように批判している。

此頃政府新ニ彼此ヲ採合シ、更ニ一宗ヲ造製シ、以テ之ヲ人民ニ強ユ、顚倒ノ甚シキト云フヘシト。臣当時以為ク、是レ亦外教公許ノ訛伝ニ同シト。今ニシテ其ノ説ノ真ナルヲ知ル。欧人ノ笑弾スルモ宜哉。夫宗旨ハ神為也、

人ノ造作スヘキ者ニ非ス。奚ソ制度・法律ノ衆議ニ依テ相定メ、之ヲ布告スルカ如キ者ナランヤ。何者、生死ハ人ノ知ルヘキ者ニ非ス、心思ハ人ノ抑ユヘキ者ニ非ス。

 黙雷によると神道の従属下のもとに仏教を統摂しようとする明治政府の教部省政策は、人為的に「一宗ヲ造製」するようなものであり、そのような宗教の在り方は非文明的だと指摘する。また「心思ハ人ノ抑ユヘキ者ニ非ス」と述べているように宗教とは心の問題であり、政治権力によって強制すべきものではないとして、信教の自由を主張している。また政教関係については、

政教ノ異ナル固ヨリ混淆スヘカラス。政ハ人事也、形ヲ制スルノミ。而シテ邦域ヲ局レル也。教ハ神為ナリ、心ヲ制ス。而万国ニ通スル也。

と述べている。つまり政治とは「人事」で形を制し、一国に限定されたものであるが、宗教とは「神為」で心を制し、万国に通ずる普遍性を持っているとして、政治と宗教の分離を主張した。洋行前の黙雷は政治と宗教の関係について「政教ノ相離ルヘカラサル、固リ輪翼ノ如シ。政権已ニ上ニアリ、教柄豈独リ下ニ属スヘケンヤ」と述べていたが、西洋において「信教の自由」や「政教分離」という新しい概念を知った。また以前はキリスト教を「祇教」と呼んで邪教視していたが、その認識にも変化が見られるようになる。

路得・加爾般・ツビングリー等ノ英傑、数百巻ノ著書アル者ニシテ、羅馬法主ノ威権ニ抗シテ更ニ其教宗ヲ改ムル者ト云ヘトモ、未タ自ラ教ト宗旨トヲ造出セス。僅ニ耶蘇宗ノ「レホルム」〈改革〉ニ居シ、新教一派ノ盟主トナルノミ。之ヲ爾来碩学強才種々ノ派流ヲ出スト云ヘトモ、経書釈解釈ノ不同ニ出テ、自ラ教ヲ立ル者ハアラス。近世「モルモン」私ニ一教ヲ製スト云ヘトモ、此レ僅ニ夫妻ノ別ヲ異ニスルノミ。而シテ此猶古書ノ土中ニアル者ヲ得テ此ニ依ルト云トキハ、其全ク己ニ出ルモ説ハ必ス神授ニ託ス。是宗教興起ノ常ニシテ、天下ノ諸教概ネ此ニ基カサルハナシ。

ここで黙雷がいう「路得・加爾般・ツビングリー」とは、キリスト教の宗教改革を主導したマルティン・ルター（1483〜1546、Martin Luther）、ジャン・カルヴァン（1509〜1564、Jean Calvin）、フルドリッヒ・ツヴィングリ（1484〜1531、Huldrych Zwingli）のことであり、彼らを「英傑」と称して評価している。また彼らは新たに宗教を「造出」したのではなく、宗教改革運動によってローマ・カトリック教会から分派し、プロテスタントの流れをつくったのだと紹介している。そして、宗教が起こる背景には人為を超えた働きとして「神授ニ託ス」ことが必要であり、明治政府の教部省政策のように人為的に宗教の形を変えようとすることは誤りであることを指摘しようとした。さらに黙雷は、

　　各国未タ開明セサル時ニ当テハ、諸多ノ神ヲ奉テシ之ニ敬事ス。而シテ之ヲ衆神教ト云、欧州ノ初メ亜細亜・阿弗利加・欧羅巴、往古皆爾ラサルハナシ。開明ノ今日ニ至テハ希臘・羅馬・埃及等、皆之ヲミトロジイト称シテ一切之ヲ払ヒ除ケリ。今一人ノ尊奉スルナシ。（中略）今猶野蛮ノ国ニ於テハ多少衆多ノ神ヲ崇ム。[14]

と言及しており、文明が開ける前の宗教は多神教の形態をとっているが、文明が開けると宗教は多神教から一神教に進化するという宗教進化説を主張するようになる。そして、多神教である神道を「野蛮ノ国」の宗教と位置づけ、キリスト教的な宗教観から明治政府の神道国教化政策の非文明性を批判するようになった。

3　島地黙雷における自他認識の転回

（1）　真宗は日本のプロテスタント

　洋行中の黙雷はエルネスト・ルナンの『耶蘇伝』等のキリスト教書を読み、その教義を学んでいたが、とくにプロテスタントの教えに興味を持っていたようである。また東洋学者のレオン・ド・ロニー（1837〜1914、Léon Louis Lucien Prunol de Rosny）らと宗教について対話を行うなどしている。ロニーによると黙雷が最も気にしていたことは日本が近代化していく中で、仏教が近代的な思考様式とうまく調和していけるかどうかにあったという。[15]

黙雷が洋行中に著した「教法ノ原」には、それらの研究成果の一端が表れている。まず本書の中で彼はカトリックとプロテスタントを比較し、その優劣について次のように指摘している。

　　旧教ニ悪ム所ハ固リ一二ニ止マラスト云ヘトモ、之ヲ要スルニ、一立不変、時勢ノ遷更ヲ知ラサルニ依レリ。彼レ古ニ適スルモ自ラ今ニ応セサルアリ。況ヤ復年時ノ久シキ、流弊随テ百出セリ。新教ニ取ル所ハ、之ニ異ニシテ、時ニ応シ勢ニ随ヒ、屢以テ変換セリ。是大少廿余派ノ別アル所以ニシテ、欧人多クハ之ヲ美トセリ。然リ而シテ今文運益熾ナリニ至テハ、各国皆云ク、今ノ教猶政ニ妨アリ、之ヲ一変セサル可ラスト。夫欧州ニ在テ猶然リ。況ヤ之ヲ我ニ施サハ其美トスル所猶害アリ、況ヤ彼レ自ラ害アリト云ヘル者ヲヤ。(16)

　黙雷はカトリック（旧教）について「古ニ適スルモ自ラ今ニ応セサルアリ。況ヤ復年時ノ久シキ、流弊随テ百出セリ」と述べているが、一方、宗教改革運動によって興起したプロテスタント（新教）を「時ニ応シ勢ニ随ヒ、屢以テ変換セリ」として評価している。自らも西本願寺の教団改革運動を主導してきた黙雷にとっては、プロテスタントに共感する点が多かったのかもしれない。しかし、結論的には「今ノ教猶政ニ妨アリ」といい、しばしば宗教戦争を惹き起こすキリスト教の弊害についても触れられている。

　さらに黙雷はプロテスタントと対比させながら、真宗について次のように述べている。

　　独リ浄土真宗ノ開祖、夙ニ大卓見ヲ開キ、諸宗不共ノ一教ヲ興ス。之ヲ本邦ノ新教ト云ハン歟。何者、諸宗通常諸仏菩薩ニ拌事ス。真宗独リ弥陀一仏ヲ立ツ。〈教主ノ釈迦、脇士ノ観音・勢至ヲタモ別立セス。一切摂メテ弥陀ニ帰シ、敢テ其心ヲ分裂セシメス。〉殆ト天主一尊ヲ立ツルニ同シ。諸宗通常ト占・祈禱ヲ許ス、真宗独リ之ヲ禁シ、敢テ妄リニ淫諛ヲ献シ、巧ミニ私福ヲ貪ラシメス。（中略）諸宗通常諸行ヲ以テ成仏ノ因トス、僧侶自ラ低昂アリ。真宗独リ一因一果ヲ談ス。僧俗同シク仏力ニ托ス。僧ハ

只弘教ヲ職トスルノミ、全ク彼僧ノ人ニ代テ教ヲ司ルト一也。[17]

ここでは「真宗独リ弥陀一仏ヲ立ツ（中略）殆ト天主一尊ヲ立ツルニ同シ」といい、真宗はキリスト教のように一神教的であること、また他の仏教諸宗派は「通常卜占・祈禱ヲ許ス」が真宗は「独リ之ヲ禁シ」などと述べた上で、真宗は「本邦ノ新教」（日本のプロテスタント）だと主張している。つまり、文明国の宗教であるプロテスタントと真宗との類似性を強調することで、真宗を近代的な「宗教」として位置づけようとしていたことが窺える。磯前順一によると、西洋の「宗教」概念の中核にはプロテスタントの影響があり、呪術的側面や儀礼的要素を排し、個人の信仰を中心とするビリーフ重視の特徴があるという[18]。また末木文美士の指摘によると、

> プロテスタンティズムに近代的宗教の模範を見て、仏教をその理想から見直そうという試みは、すでに明治初期の島地黙雷から見える。さらに言えば、日本以外でも同様な傾向は近代仏教の大きな特徴をなすものであった。それは、しばしばプロテスタント仏教（Protestant Buddhism）と総称される。[19]

といわれる。すなわちキリスト教を邪教視していた黙雷は、洋行後にはプロテスタントを「近代的宗教の模範」と認識し、その「宗教」概念から自己（真宗）を捉え直そうとするようになるが、それは「近代仏教の大きな特徴」そのものであるという。

さらに黙雷は、真宗をプロテスタントにも対抗し得る「宗教」として位置づけようとしていた。彼は「教法ノ原」において「教法ノ原、蓋シ印度ニ起レリ。是レ欧州学者ノ考証再明ナル所ニテ、啻ニ教ノミニ非ス、文字語言モ亦此ニ基ク」[20]といい、すべての宗教の源はインドにあるという「欧州学者」の説を紹介し、インドで起こった仏教はキリスト教よりも優れていると主張するようになる。18世紀後半の頃から欧州では、インドの文化全般に関する研究としてインド学（Indian Studies）が興ったが、洋行を経験したことで黙雷はインド学による仏教研究の可能性を発見した[21]。そして、西洋で近代学術としての地位を持

ったインド学による仏教研究を行うことで、キリスト教や科学思想にも対抗できると考えるようになった。近世以前は漢訳仏典が中心であった仏教研究は、明治以降、インド学としての近代仏教学の研究が盛んになるが、黙雷はその先駆けとなる視座を日本に紹介している。

洋行を経験した黙雷は「西洋」「キリスト教」をより深く知ることで「他者」への認識を変化させていくが、それは同時に彼の「自己」（真宗）認識にも大きな転回をもたらしていたことがわかる。

（2） 護法思想の転換――護法から布教へ

島地黙雷が洋行中に著した「欧州政教見聞」には、「欧州ノ政ヲ察スルニ、教法先ヅ立テ上下之ヲ崇ム。而シテ制度憲章未ダ曾テ之ニ依ラズンバアラズ。冠婚葬祭即是教也、勤勉休憩即是教也。凡ソ人自生至死終身ノ事、一ニ教ナラザル者ナシ[22]」と記されている。すなわち欧州諸国を見聞した黙雷は、冠婚葬祭から休日に至るまで、西洋人の文化や生活の中にキリスト教が深く根付いていることを知り、その影響力の大きさに驚いている。そして、その理由の一端は、キリスト教の活発な布教活動にあると考えていたようである。明治6年（1873）2月、外遊先から黙雷が大洲鉄然（1834〜1902）らに宛てて書いた手紙には、次のように記されていた。

> 英ニテハ大学校三ノ中「ケンブレチユ」ノ大学十七校ノ内、其大教督、僧ニ非ザル者ハ只法律校ト医校トノミ、他ノ十五校皆僧ヨリス。他「ヲクスホード」及「ユニバシテイ」等ノ大学校、皆僧ヨリ教督ニ出ヅ。宗法盛ナル宜哉。経文印刻社ヲ検スルニ、各国ノ語ニテ訳スル者百六十余種〈例書ニテ検スレバ百三十四種ノ例ヲ挙示ス〉也。日ニ五千部ヲスリ出ス。アヽ梵ヨリ支那ニ訳スルノミニテ、本邦之ヲ訳スル者ナキ者ト同日ニ非ズ。而梵書、シヤム書、ビルマ・チベット等ノ書、経法・歴史等、英仏独魯各国皆之ヲ訳ス。実ニ学ノ盛ナル可驚愕也。[23]

すなわちイギリスではケンブリッジ大学、オックスフォード大学など、多くの大学でキリスト教の聖職者が教員を務め、キリスト教者が教育に携わってい

るという。またキリスト教では学問が盛んで、彼らはさまざまな国の言葉を学び、聖書を翻訳して各国で出版していることなどをあげている。つまり、黙雷は西洋社会にキリスト教が深く浸透している理由の一端は、キリスト教者が教育や研究に携わり、さまざまな形で布教活動を行ってきたからだと考えた。これに対して「梵ヨリ支那ニ訳スルノミニテ、本邦之ヲ訳スル者ナキ者ト同日ニ非ズ」というように、その在り方は日本の仏教者とは比較にならないとまで述べている。かくして、彼はキリスト教という「他者」を知ることにより、「自己」の在り方を見つめ直すようになっていった。同じ手紙の中で黙雷は、

　　護法ノ言ヲナス勿レ、弘法ノ念ヲ以テ之ニ換ヒ、伝布ノ行ヲ以テ従事セラルベシ。護ルハ跡ヲ追フノミ、不能進也。外教日ニ行ハル、若護ラントセバ日ニ縮マル、若弘教セントセバ豈啻本邦内ノミナランヤ。エゾハ勿論、満州・蒙古・朝鮮・支那等、近キヨリ遠キニ及ボシテ宇内ニ弥満セシメテ初メテ満足シ、衆人ヲ皆信ゼシメテ即足ル。於是乎各国ノ語、天下ノ事、皆知ラザルベカラズ、力メサルベカラズ。上天下ヨリ外異人ヨリシテ皆信ヲ取ラザルヲ得ズ。本邦ノ人一人ノ此ニ注意スルナシ。護法ノ言ハ云ベカラザルナリ。且又他ノ教ヲ排スルコトヲ力ムル勿レ。決シテ教ハ排斥ニ破レズ。[24]

とも記している。ここで黙雷は「護法ノ言ヲナス勿レ、弘法ノ念ヲ以テ之ニ換ヒ、伝布ノ行ヲ以テ従事セラルベシ」といい、これからは護法ではなく布教に力を入れなければならないと述べている。また「外教日ニ行ハル、若護ラントセバ日ニ縮マル」として、キリスト教を排斥するために「護法」の教育を行うだけでは宗門は衰退するという。しかし、「護法」ではなく布教に力を入れれば海外へも仏教の教えが広まり、それが宗門の発展につながると主張している。またそのためには従来の在り方を改め、僧侶に「各国ノ語、天下ノ事」を教育し、国際的に通用するような人材を育成しなければならないという。

　このような黙雷の主張は、その後の宗門教育の在り方とも深く関わっているように思われる。明治元年（1868）、西本願寺は学林に外学科を新設し、キリスト教の流入や排仏思想に対抗して教団を護持する、「護法」のための講義が

行われていた。しかし、その後はこの方針を改め、普通教育や俗人教育を導入するようになる。そして語学教育にも力を入れ、海外留学も支援するなど、僧侶らに「各国ノ語、天下ノ事」を教育するようになっていった。また黙雷自身も帰国後には、白蓮会（白蓮社・白蓮教会とも称す）を結成し、仏教系雑誌の出版、女子文芸学舎（千代田女子学園の前身）を創設するなど、教育や布教活動に力を入れるようになった。さらには海外宣教会や万国仏教青年連合会の会長に就任するなど、仏教青年運動の支援や仏教の国際化にも大きな影響を及ぼしている。これらは西洋で見聞したキリスト教の在り方に影響を受けたものではないかと考えられる。

　そもそも黙雷が洋行した目的は、護法活動の一環としてキリスト教を調査することにあったが、西洋におけるキリスト教との出会いは、彼の「護法」に対する認識をも大きく転回させることとなった。

4　島地黙雷の「宗教」概念と真宗の真俗二諦説

　洋行を経験した島地黙雷は、西洋で学んだ近代的「宗教」理解を打ち出し、明治政府の神道国教化政策を批判するようになる。真宗を含め当時の仏教界は政府の教部省政策に対して従順な姿勢をとっていたことから、このような黙雷の主張は極めて特異なものであった。黙雷が西洋の「宗教」概念を導入しようとしたその背景には、真宗の「真俗二諦」をめぐる問題意識が深く関わっていたのではないかと考えられる。

　近代の真宗教学について考える上でも、避けて通れないのが「真俗二諦」の問題であるといえよう。周知のように西本願寺は明治19年（1886）に宗制を制定したが、その第二章には、浄土真宗の教旨として「一宗ノ教旨ハ仏号ヲ聞信シ大悲ヲ念報スル之ヲ真諦ト云ヒ人道ヲ履行シ王法ヲ遵守スル之ヲ俗諦ト云フ是即チ他力ノ安心ニ住シ報恩ノ経営ヲナスモノナレハ之ヲ二諦相資ノ妙旨トス」と明記され、近代真宗教学の方向性を決定づけた。

　真宗の真俗二諦説については、すでに多くの研究成果がある。近代真宗教学の基本理念に直結していく形で「真俗二諦」思想が説かれるようになるのは、幕末に近づいた時期からであり、文化・文政期の頃に性海（1765～1838）が著したとされる『真俗二諦十五門』が嚆矢だといわれる。その後、「真俗二諦」

思想は、明治維新後には門主消息において取り上げられ、教団的次元で採用されるに至った。先行研究においては、近世から近代への「真俗二諦」思想の展開について、「俗諦」の指す内容が江戸幕府から明治政府に切り替えられただけで、その枠組みには何ら変化がないといわれてきた(30)。

しかし、近世と近代の間にある断絶の側面にも着目してみると、江戸時代においては、徳川幕府は寺請制度を施行し、仏教を国教的に保護してきた。一方、明治維新の政治理念の中心となるのは復古神道思想であり、近世後期から激しい排仏論を展開してきた平田派の復古神道は、維新後には国家権力と結びつき、「俗諦」の中に組み込まれるようになった。このため明治政府の神道国教化政策は、廃仏毀釈に見られるように仏教批判に帰着しており、維新後には「俗諦」が仏教を否定するという事態が生じるようになった。つまり、黙雷が西洋の「宗教」概念を主張した背景には、このような「真俗二諦」をめぐる問題が関わっていたのではないかと考えられる。

明治２年（1869）、明治政府より真宗の宗意について尋ねられた西本願寺は「真宗教導大意」を提出している。これは島地黙雷の草案によるものであり、教団の公式見解として全門末にも配布されたといわれる(31)。そこには真宗の教義について、

　　其法タルヤ、世間法アリ、出世間法アリ。我宗之ヲ兼ネ教ヘ、之ヲ真俗二諦相扶ノ教義トス。夫レ阿弥陀仏願ノ威力ニ憑テ、能ク信心ノ正因ヲ発シ、此際一毫ノ疑念ヲ容レズ、内心ニ深ク包蔵スル者ハ、其智愚利鈍ヲ問ハズ、皆当生ヲ報土ニ得テ、必ズ悲智円満ノ仏悟ニ証契シ、其現世ニアルモ、亦一心堅固猶若金剛、誰カヨクコレヲ惑スルモノアラン。是則真諦ノ帰処ニシテ、所謂転迷開悟ノ出世間法ナル者ナリ。能倫常ノ道ヲ守リ、謹テ国家ノ法ヲ奉ジ、入テハ孝悌ノ行アリ、出テハ忠信ノ心アリ、世ニ処シ生ヲ遂ゲ、此際一毫ノ迷疑ナク、以テ死ニ至リテ憾ナキコトヲ得ルモノ、之ヲ名ケテ俗諦トイフ。所謂勧善懲悪ノ世間法コレナリ。蓋シ世出世ノ際ニ於テ、真俗二諦ノ法義ヲ相承スルコト此ノ如ク、其生ヤ天下ノ良民トナリ、其死ヤ報土ノ仏身ヲ得ル、之ヲ我宗所伝ノ宗旨ト為ス(32)。

と記されている。すなわち真宗の教えは世間法（俗諦）と出世間法（真諦）を兼ね備えた「真俗二諦相扶ノ教義」であると規定され、「真諦」とは他力の信心を「内心ニ深ク包蔵スル」こと、「俗諦」とは「倫常ノ道ヲ守リ、謹テ国家ノ法ヲ奉ジ」ることであると示された。しかし「国家ノ法ヲ奉ジ」るとは、廃仏的思考をもった政府の神道国教化政策に従うことでもあり、「俗諦」に従えば仏教の廃滅、「真諦」の否定をも招いてしまうことになる。つまり維新期の教団は「真俗二諦相扶」を強調しつつも、こうした矛盾を抱えていた。

　このような状況を打開すべく、黙雷は明治4年（1871）、政府に「教部省開設請願書」を提出し、教部省を設置して神道のみならず仏教が民衆を教化して明治政府の一翼を担うべきだと訴えた。かくして、黙雷が洋行した直後に教部省が設置されたが、その政策は黙雷の意図に反して神道重視に傾いていき、仏教者も神道の教義を説き、神祇を拝することが強制されるようになった。この状況を知った黙雷は外遊先から「三条教則批判建白書」などを著してプロテスタントを模範とする西洋の「宗教」概念を打ち出し、教部省の政策を批判するようになる。そして、西洋で新しく学んだ信教の自由や政教分離を唱え、従来日本では曖昧であった「政治」と「宗教」の分離を主張した。またこの主張によって、政治的権威から自立的な「宗教」という領域に神道や仏教を位置づけ、神道を「俗諦」の領域から切り離そうとした。そこには、維新後に生じた「真俗二諦」をめぐる問題を解消しようとする意図があったのではないかと考えられる。

おわりに

　明治初期における仏教とキリスト教との出会いは、仏教側に「西洋」「キリスト教」という「他者」を認識させるとともに、それらを排斥する対外論争へと向かわせただけではない。その「他者」との出会いは、仏教側の「自己」認識にも大きな変化をもたらしているという側面を看過してはならないと考える。すなわち島地黙雷が洋行した目的は、護法活動の一環としてキリスト教を調査することにあったが、西洋におけるキリスト教との出会いは彼の「護法」に対する認識を大きく転回させた。洋行中の黙雷が大洲鉄然らに宛てた手紙には、「護法ノ言ヲナス勿レ」「他ノ教ヲ排スルコトヲカムル勿レ」と記されており、

宗門を発展させるためには護法や防邪（キリスト教排斥）活動ではなく布教が大事であり、そのためには海外伝道も視野に入れ、国際的に通用するような人材を育成しなければならないと考えるようになった。また洋行前の黙雷はキリスト教を邪教視していたが、洋行後にはキリスト教を「近代的宗教の模範」として認識し、その「宗教」概念の中に自己（真宗）を位置づけようと試みるようになった。そこには、明治政府の神道国教化政策のもとで窮地に立たされていた教団や真宗の「真俗二諦」をめぐる問題を解消しようとする意図があったと考えられる。

　西洋の「宗教」概念が日本に導入される中で、それまで統一意識を持っていなかった仏教や神道の諸宗派が、自己のアイデンティティとして「仏教」「神道」という包括概念をはっきりと自覚するようになったといわれる[33]。近代の真宗が「宗教 religion」としての「仏教 Buddhism」という認識を持ち始め、その包括概念の中に自己を位置づけていく過程で、真宗教学の近代化はどのように進展したのだろうか。明治期における「宗教」概念の導入が近代真宗学の形成にどのような影響を与えたのか、ユニット２での議論を踏まえて、今後の研究の中でその関係性を明らかにしていきたい。

付記

　本論は、拙稿「十九世紀の真宗とキリスト教――自他認識をめぐって」（『真宗学』第127号、2013年）をもとに、加筆修正したものである。

註

（１）　仏教側の研究としては、武田龍精「宗教多元主義と真理問題１――親鸞浄土教の課題」（『日本仏教学会年報』第62号「仏教と他教との対論」、1996年）、同「宗教多元主義と真理問題２――親鸞浄土教の課題」（『真宗学』第95号、1997年）、高田信良「〈仏教とキリスト教〉対話的関心について――研究序説」（『龍谷大学論集』第471号、2008年）、高田信良・杉岡孝紀・長谷川岳史「共同研究〈仏教〉思想の対話的研究――その座標軸を求めて」（『佛教文化研究所紀要』第49号、2010年）等がある。

（２）　「宗教」の語源に関する研究は、鈴木範久『明治宗教思潮の研究――宗教学事始』

（東京大学出版会、1979年）等が知られるが、近年は、磯前順一『近代日本の宗教言説とその系譜——宗教・国家・神道』（岩波書店、2003年）、池上良正・小田淑子・島薗進・末木文美士・関一敏・鶴岡賀雄編『岩波講座　宗教』第1巻「宗教とは何か」（岩波書店、2003年）、島薗進・鶴岡賀雄編『〈宗教〉再考』（ぺりかん社、2004年）、星野靖二『近代日本の宗教概念——宗教者の言葉と近代』（有志舎、2012年）等において、概念が検討されている。

（3）桐原健真『吉田松陰の思想と行動——幕末日本における自他認識の転回』（東北大学出版会、2009年）5頁。なお「自他認識」については、桂島宣弘『自他認識の思想史——日本ナショナリズムの生成と東アジア』（有志舎、2008年）でも議論がなされている。

（4）「教部省開設請願書」（二葉憲香・福嶋寛隆編『島地黙雷全集』第1巻、本願寺出版協会、1973年）6頁。

（5）「教部省開設請願書」（前掲書）9頁。

（6）「日要新聞」第5号（明治壬申〔1872年〕正月）。

（7）吉田久一『日本近代仏教史研究』（吉川弘文館、1959年）103頁。

（8）堀口良一「島地黙雷における「宗教」——『島地黙雷全集』の年代別定量分析」（『帝塚山大学教養学部紀要』第52号、1997年）。

（9）「三条教則」とは、「第一条　敬神愛国ノ旨ヲ体スヘキ事、第二条　天理人道ヲ明ニスヘキ事、第三条　皇上ヲ奉戴シ朝旨ヲ遵守セシムヘキ事」というもの。

（10）「三条教則批判建白書」（『島地黙雷全集』第1巻、前掲書）21頁。

（11）「三条教則批判建白書」（前掲書）15頁。

（12）「教部省開設請願書」（前掲書）9頁。

（13）「建言　三教合同ニツキ」（『島地黙雷全集』第1巻、前掲書）11頁。

（14）「建言　三教合同ニツキ」（前掲書）12-13頁。

（15）堀口良一「レオン・ド・ロニーの日本仏教に対する関心1——島地黙雷との出会いを中心にして」（『政治経済史学』第342号、1994年）。

（16）「教法ノ原」（『島地黙雷全集』第1巻、前掲書）193頁。

（17）「教法ノ原」（前掲書）194頁。

（18）磯前順一『近代日本の宗教言説とその系譜——宗教・国家・神道』（前掲書）、第1部第1章参照。

（19）末木文美士『近代日本と仏教——近代日本の思想・再考2』（トランスビュー、2004年）175頁。

(20) 「教法ノ原」(前掲書) 186頁。
(21) 吉田久一も島地黙雷らの洋行の成果として、仏教をインド学として把握するようになった点をあげている(吉田久一、前掲書、105頁)。
(22) 「欧州政教見聞」(『島地黙雷全集』第1巻、前掲書) 198頁。
(23) 「島地黙雷より大洲・石秋・長谷川宛書状」〔明治6年2月23日付〕(『島地黙雷全集』第5巻、本願寺出版協会、1978年) 195頁。
(24) 「島地黙雷より大洲・石秋・長谷川宛書状」(前掲書) 193頁。
(25) 「学林万検」巻二十三(龍谷大学三百五十年史編集委員会編『龍谷大学三百五十年史』史料編第2巻、龍谷大学、1989年) 618頁。
(26) 拙稿「高輪仏教大学と万国仏教青年連合会」(『近代日本における知識人宗教運動の言説空間――『新佛教』の思想史・文化史的研究』平成20～23年度科学研究費補助金基盤研究(B)研究成果報告書、課題番号：20320016、研究代表者：吉永進一国立舞鶴工業高等専門学校准教授、2012年)を参照。
(27) 『真宗本願寺派宗制寺法』(龍谷大学大宮図書館蔵)。
(28) 信楽峻麿「真宗における真俗二諦論の研究――その1」(『龍谷大学論集』第418号、1981年)、同「真宗における真俗二諦論の研究――その2」(『真宗学』第65号、1982年)、山崎龍明編『真宗と社会――「真俗二諦」問題を問う』(大蔵出版、1996年)、浄土真宗本願寺派勧学寮編『浄土真宗と社会――真俗二諦をめぐる諸問題』(永田文昌堂、2008年)等。
(29) 柏原祐泉「真宗における近代的思惟の形成――真俗二諦論を中心に」(『真宗研究』第12号、1967年)、福間光超「真宗における「真俗二諦」の成立」(二葉憲香博士古稀記念論集刊行会編『日本仏教史論叢』永田文昌堂、1986年)等。
(30) 註(28)を参照。
(31) 解題「真宗教導大意」(二葉憲香・福嶋寛隆編『島地黙雷全集別冊』本願寺出版協会、1978年)。
(32) 「真宗教導大意」(『島地黙雷全集』第1巻、前掲書) 184頁。
(33) 註(2)を参照。

Religiosity and Suicide among Chinese Rural Young People
中国農村部における若者の宗教性と自殺に関する一考察

胡　曉麗

要　旨

研究目的および背景：アメリカの社会学者 Stack S. と Breault K. D.、イギリスの心理学者 Neeleman J. 等の自殺要因に関する研究では、宗教信仰が低自殺率につながることが認められている。しかし、中国においては宗教信仰が自殺率を低くする要因となっているかどうかについての研究はまだ少ない。近年、中国の自殺率は非常に高く、年間の自殺者数は25万人を超える。それを抑止するために、自殺率に影響する要因を把握する必要がある。この研究は、中国の中で自殺率の最も高い農村部における宗教信仰と自殺の関係を明確にすることを目的としている。

研究方法：本研究では、ニューヨーク州立大学の Zhang J. 教授のご協力を得て、Zhang J. 教授の研究グループが中国の三つの省において実施したケース・コントロール心理学的剖検調査のデータに基づいて分析を行った。調査対象は、自殺者のケース392件、およびコントロールグループである同じ町の非自殺者のケース416件であった。宗教性および他の人口的な統計、社会的要因、個人的な特性を含む構造化アンケートは、調査協力者に配布された。

結果：年齢、性別、および精神障害などの要因をコントロールした後、多変量モデルでは、宗教的な信念を持っている中国農村部の若者は、宗教的な信念を持っていない若者より自殺する可能性が高い結果となった。

結論：一般に、宗教は社会交流や社会的サポートを果たすため、宗教信仰は自殺を抑制する要因の一つとなっている。しかし、中国農村部においてはそのような宗教による社会交流や社会的サポートはまだ成熟していない。また、農村部の若者というような特定の中国人集団においては、宗教的な信念を持つことはメインストリームではなく、少数派となっている。そして、そのような集団において、乗り越えられないような悩みを持って初めて宗教的な救いを求めるようになる人も多くみられる。このように、宗教への信仰年数が短い少数派の存在が、上記の調査結果を導いたのではないかと考えられる。加えて、さまざまな宗教における死生観の違いが、自殺行動に対しても重要な役割を果たしている。したがって、中国における宗教の現状を探り、中国における特定の宗教と自殺との関連性を、社会心理学の角度から考察することをさらに続けていきたい。

1 Introduction

Many studies showed that religiosity is a protective factor for suicide. (Stack S, 1983; Breault KD, 1986; Neeleman J, 1997) However, whether religion remains a protective factor in Chinese context is unknown. This study aimed to explore the association between religiosity and suicide in Chinese rural youths.

This study is based on the data of a case-control psychological autopsy study conducted in three provinces in China by Professor J. Zhang and his research team (Zhang, J., 2011). The information of 392 suicide cases and 416 community living controls were collected. A structured questionnaire including religiosity and other demographics, social factors, and personal characteristics was administered to the informants.

After controlling for age, gender, and mental disorders, the multivariate models showed that Chinese rural youths who held religious beliefs were more likely to die by suicide than those who didn't hold any religious belief.

Religion was always related to superstition in China. The attitudes towards religion might have changed in China, but whether religion has become a main stream in China or in certain Chinese populations is unknown. Moreover, differences of attitudes towards death in various religions also play an important role in suicide behavior. Further studies are needed to explore the current status of religion in China and provide more support for researches on the association between religion and suicide in China.

2 Methods

This study is based on the data of a case-control psychological autopsy study conducted in three provinces in China by Professor Zhang, J. and his research team. Here are details on their research conducting.

A case-control psychological autopsy study design was used to explore possible risk factors for suicide among Chinese rural young adults. Rural young adults aged 15 to 34 years who died by suicide in comparison with community living controls from the same location were examined. Results of pilot work showed excellent feasibility of studying suicide using psychological autopsy method in Chinese social and cultural environments (Zhang et al., 2002 ; Zhang and Norvilitis, 2002), and that the Western developed instruments were reliable and valid among Chinese populations (Zhang et al., 2003). To optimize scientific validity, suicide cases in this study needed to be compared to living and non-suicidal people that were the same as or equal to the population from which the suicides came. The controls were from the same counties and among the living general population within the same age group of the suicides. (Zhang et al., 2011 : 245)

Three provinces in China were involved in this study : Liaoning as an industrial province located in Northeast China, Hunan an agricultural province in the Central South China, and Shandong a province with economic prosperity in both industry and agriculture which was located on the east coast of China mid-way between Liaoning and Hunan. A total of sixteen rural counties were randomly selected from the three provinces (6 from Liaoning, 5 from Hunan, and 5 from Shandong). Suicides aged 15-34 years were consecutively enrolled into the study from October 2005 through June 2008. Similar numbers of community living controls were recruited in the same counties during the same time periods. After successful interviews with the informants of the suicides, the information of 392 suicide cases was collected among which 178 were female and 214 male. In each of the 16 counties, a project coordinator from the county level Center for Disease Control and Prevention (CDC) monitored suicide occurrences. In each of the three provinces, a project director from the provincial CDC or the university the study was affiliated with received reports on suicide cases each month. Regarding the importance of clearly defined criteria for suicide as a manner of death (Younger et al., 1990), cases of accidental or natural death based on suicidal intent and other information were excluded. As China lacks a medical examiner system and all deaths are required to be sent to a health agency for a death certificate, hospitals are the primary place for the CDC to locate cases for the study. In rural China where villages are often far away from the nearest hospital, village doctors are in charge of the death certificate. (Zhang et al., 2011 : 245)

In this study, they were required to report the death to the Xiang (township) health agency which then forwarded the death report to the county CDC. All suicidal deaths were required to be reported to the county CDC by telephone or fax within 24 h after the suicide was discovered, and the suicide information gathered at the county CDCs was transferred monthly to the provincial CDC. For the suicidal deaths that were not identified by any health agency, the village treasurer, who collected fees for each burial or cremation and were aware of all the deaths in the village, was allowed to notify the Xiang health agency or the county CDC. Whenever necessary, an investigation was conducted to determine the cause of death with the help of village board and villagers. These procedures were implemented to make sure no suicide cases were missed, or erroneously reported, and to minimize misclassification.The 2005 census database of all the counties was used in the sampling of community controls to identify all the individuals living in the same counties and within the same age range (i.e. 15-34 years), and for each suicide case one living control was randomly selected from the eligible candidates. As to gender, the random selection of controls from each county yielded approximately an equal number of males and females, which also approximated the gender distribution of suicide cases in the study. (Zhang et al., 2011：246)

The control group did not exclude individuals with mental disorders or previous suicide attempts. Therefore, the prevalence of mental disorders could be roughly assessed in the rural young population, and the effects (direct, moderating, and intervening) of mental disorders as a suicide risk factor could be studied. Following were specific sampling methods for suicide cases and living controls.

For each suicide case and living control, two informants were interviewed with very few exceptions (for two subjects only one informant was available for each). However, recognizing the fact that the type of informants rather than the number of informants in psychological autopsy studies is an important and complex consideration (Kraemer et al., 2003), we selected the informants based on the context or environment (how people observe the target, e.g. home vs. non-home setting). Thus, each informant was carefully selected and the information of their home, work, family and non-family aspects were also collected. Based on the above considerations, the following four guidelines were used for the inclusion of informants：(1) proxy informants for cases were recommended by the village head and the village doctor and then selected by the research team based on familiarity with the suicide person's life and circumstances, availability for and willingness to consented to in-person interviews, while control group informants were recommended by the controls themselves and then selected by the research team with similar principles. (2) Although target persons could be as young as 15 years of age, informants had to be 18 years of age or older.

Characteristics of the informants for both suicides and controls were noted in a standardized fashion (i.e., most recent contact, number of contacts in the last month, frequency of contacts in the last year, number of years informant has known the target, relationships, and the informant's impression of their familiarity with target persons). (3) For both suicides and controls, informant #1 was always a parent, spouse, or another important family member, and informant #2was always a friend, co-worker, or a neighbor. (4) Wherever possible we avoided recruiting spouses and in-laws of suicides associated with family disputes. Interviewing these people could result in very biased reports, if marital infidelity and family oppression were possible correlates of the suicide. (Zhang et al., 2011 : 246)

Informants were first approached by the local health agency or the village administration and notified about the interview upcoming. Upon their agreement by written informed consent, the interview was scheduled 2-6 months after suicide. Interviews with living control informants were scheduled as soon as the control targets and their informants were identified. All the interviewers were trained before the investigation and the face-to-face interview was done in a private place where only the interviewer and interviewee were present. The average time for each interview was 2.5 hours. Due to the fact that cases were deceased and controls were living, blinding of interviewers to informant status was not possible. Inter-rater reliability was established and maintained by comparison of duplicate ratings of the interviewers on a regular basis. The same interviewers participated in data collection for both case and control groups, promoting inter-rater reliability across the study. (Zhang et al., 2011 : 246)

3 Results

There were four items in the protocol to assess religion and religiosity of the cases and controls. The first one asked what religion the target person believed in, and the choices were Taoism, Islam, Protestantism, Catholicism,

Buddhism, other, and none. The second item asked about how many times in an average month the target person attended religious events. The third and fourth questions asked if the target person believed in God and an afterlife. The variable of religion/religiosity was the sum total of the four items with all positive responses as "yes" and negative responses as "no." Here are the results from analyzing those related items and personal attribution.

Table 1. Religious attributes for all subjects

	Suicides Cases	Controls	Total
Atheistic	360	390	750
Religious	31	24	55
Total	391	414	805

P = 0.23

No significant difference was found between the proportion of people with religions in suicide group and that in control group (P = 0.23).

Table 2. Main Religions – Buddhism and Christianity

	Suicide Cases	Controls	Total
Atheistic	360	390	750
Christian	16	6	22
Buddhist	14	16	30
Total	390	412	802

P = 0.07

The main religions found in the study population were Buddhism and Christianity. No significant difference was found between the religious composition of suicide group and that in control group (P = 0.07).

Table 3. Religious beliefs (believe in god and afterlife)

	Suicide Cases	Controls	Total
None	280	357	638
Believe one	72	42	114
Believe both	28	14	42
Total	381	413	794

P <0.001

More people in suicide group were found to be religious than in control group (P <0.001).

Table 4. Religious beliefs (believe in god and afterlife) as a suicide risk factors

Variables	OR	P
Age	0.987	0.349
Gender	1.121	0.505
Mental disorders	34.477	<0.001
Religious beliefs		0.001
Believe one	1.964	
Believe both	2.798	

After controlling for age, gender, and mental disorders, we found that people with religious beliefs were at higher risk for suicide than people without religious beliefs.

People who believe one (believe in god and afterlife) were 1.964 times more likely to die of suicide than people without religious beliefs.

People who believe both (believe in god and afterlife) were 2.798 times more likely to die of suicide than people without religious beliefs.

4 Discussion

In western countries, religion was generally a protective factor for suicide because of its effect on social integration and social support.

In China, religion was not a main stream culture or social value and it could be regarded as a social deviance. As a minority, people tend to believe in religion for a reason, such as life stresses, anxious feelings and other negative factors.

Also, understandings and attitudes towards religions in Chinese population are unknown. In China, religion used to be related to superstition, which is still true nowadays in rural areas. Due to the huge difference of social environments and life styles between rural and urban areas, we hypothesized that the attitudes towards religions were different in rural and urban areas.

In urban areas attitudes towards religion might have changed in China, but whether religion has become a main stream in China or in certain Chinese populations is unknown. Moreover, differences of attitudes towards death in various religions also play an important role in suicide behavior. Further studies are needed to explore the current status of religion in China and provide more support for researches on the association between religion and suicide in China.

References

Breault K. D., Suicide in America : a test of Durkheim's theory of religious family integration, 1933-1980. AJS. 1986 ; 92 : 628-656

Kraemer, H.C., Measelle, J.R., Ablow, J.C., Essex, M.J., Boyce, W.T., Kupfer, D.J., 2003. A new approach to integrating data from multiple informants in psychiatric assessment and research : mixing and matching contexts and perspectives. The American Journal of Psychiatry 160, 1566-1577.

Neeleman J., Halpern D., Leon D., Lewis G. Tolerance of suicide, religion and suicide rates ; an ecological and individual-level study in 19 western countries. Psychol Med 1997 ; 27 : 1165-1171.

Paykel, E.S., Prusoff, B.A., Uhlenhuth, E.H., 1971. Scaling of life events. Archives of General Psychiatry 25 (4), 340-347 Oct.

Stack S. The effect of religious commitment on suicide : a crossnational analysis. J. Health Soc Behav 1983 ; 24 : 362-374

Timmreck, T.C., 2002. An Introduction to Epidemiology, 3rd Edition. Jones and Bartlett Publishers, Boston, MA.

Younger, S.C., Clark, D.C., Oehmig-Lindroth, R., Stein, R.J., 1990. Availability of knowledgeable informants for a psychological autopsy study of suicides committed by elderly people. Journal of the American Geriatrics Society 38, 1169-1175.

Zhang, J., Norvilitis, J.M., 2002. Measuring Chinese psychological well-being with western developed instruments. Journal of Personality Assessment 79 (3), 492-511.

Zhang, J., Wieczorek, W.F., Jiang, C., Zhou, L., Jia, S., Sun, Y., et al., 2002. Studying suicide with psychological autopsy : social and cultural feasibilities of the methodology in China. Suicide & Life-Threatening Behavior 32 (4), 370-379.

Zhang, J., Conwell, Y., Wieczorek, W.F., Jiang, C., Jia, S., Zhou, L., 2003. Studying Chinese suicide with proxy-based data : Reliability and validity of the methodology and instruments in China. The Journal of Nervous and Mental Disease 191 (7), 450-457.

Zhang, J., Li, N., Tu, X., Xiao, S., Jia, C. Risk factors for rural young suicide in China : A case-control study. Journal of Affective Disorders 2011 ; 129 : 244-251.

アメリカ浄土真宗の六波羅蜜の受容
―京極逸蔵の目指した生死を超える道―

釋氏 真澄

はじめに

　浄土真宗本願寺派のアメリカ合衆国本土での伝道教団である北米開教区（Buddhist Churches of America、以下BCA）の創設は1899年であり、100年以上経過する現在の教団の伝道を進める中心は、アメリカで生まれ育った日系三世開教使たちである。彼らは、真宗教学をそのまま英訳して伝えるのではなく、アメリカの風土に合った英語での「アメリカの真宗教学」を構築することを目指しており、それは必然的なものであると考える。

　本稿では、BCAの開教使たちがアメリカ真宗教学を構築した人物の一人として挙げ、アメリカにおける英語真宗教学への六波羅蜜の受容を行った、京極逸蔵（1887～1953）という開教使の生涯を資料よりまとめ、『白蓮華』の記事「仏教徒の社会生活大乗菩薩道」、著書『明るい仏教』をもとに、六波羅蜜受容に関する考察を行う。

1　京極逸蔵の生涯と人物像

　以下に、京極の略歴をまとめる。

1887(明治20)年	0歳	父・京極賢流、母・貞の長男として、1月8日、島根県に生まれる
1890(明治23)年	3歳	両親と祖父・龍川慈雲の生家、広島県安芸郡奥海田村の浄土真宗本願寺派長谷寺に入る
1906(明治39)年	19歳	金沢第四高等学校に進学し、その後、東京帝国大学英

		文科に進学（1915年卒業）
1912（大正元）年	25歳	秋山きよと結婚、その後、1916年に広島で長女・ゆりい（後にBCA開教使になる）を授かる
1919（大正8）年	32歳	西本願寺開教使として渡米し、ロサンゼルス仏教会（1919〜22）、フレスノ仏教会（1922〜31）で開教に従事
1932（昭和7）年	45歳	ランポークに移り日本語学校教師となる
1934（昭和9）年	47歳	三女・マヤ、ランポークにて1歳で死亡
1941（昭和16）年	54歳	スタックトン仏教会に7月赴任するが、9月に心臓発作でバークレーにて療養（12月、第二次世界大戦勃発）
1943（昭和18）年	56歳	5月に加州タンフォーラン、10月にユタ州トパーズ敵性外人収容所に入る
1944（昭和19）年	57歳	10月、日本語「直心」、英語「ツリラトナ」を発刊
1945（昭和20）年	58歳	終戦後フレスノに帰還し、引き続き二誌の文書伝道を続け、教団依頼により日曜学校英語伝道の教材を制作
1953（昭和28）年	66歳	9月4日、病であった心臓病により往生

（1）　青年期〜西田哲学と近代大谷派教学からの影響、金沢・東京時代〜

　京極の著書『明るい仏教』の巻頭には、

　　　献　詞
　　信の眼を開いて下さった暁烏先生に[6]
　　行の眼を開いて下さった西田幾多郎先生に[7]

と記されている。
　京極の宗教観を構築した渡米前の経験は、他の開教使とは大いに異なるものだが、その理由は、京極が青年期に過ごした金沢・東京での経験によるところにあった。篤信の念仏者で知られ、本願寺派の寺院の多い安芸で幼少時代を過ごした京極は、大谷派の寺院の多い金沢にある第四高等学校に進学する。そこ

で京極は当時四校で教鞭を取っていた西田幾多郎（1870〜1945）に出会い、金沢の崇信学舎[8]に止宿してつねに西田の講席に列していた。また当時、真宗大谷派の清沢満之（1863〜1903）は存命していなかったが、清沢の高弟で大谷派の暁烏敏（1877〜1954）[9]がよく金沢にやって来ては、止宿していた崇信学舎で講演し、京極はこの講演に感銘を受けその下で学んだ。こうして京極は、金沢の地で西田と暁烏の影響を強く受けることとなった。また第四高等学校卒業後、京極は東京へ移り東京帝国大学に入学し、英文科を専攻する。京極が影響を受けた清沢満之も同じく東京大学出身であったが、京極は東京在住時に清沢が設立した私塾の浩々洞[10]に参加し、そこでも大谷派である清沢の影響を強く受けていたことがわかる。

(2) フレスノでの伝道活動〜日曜学校・仏教青年会への貢献〜

　京極はまずロサンゼルス別院に駐在したが、英語能力が他の開教使よりも高かったため、英語伝道の必要性が高くカリフォルニア州の農業の中心地で多くの門信徒を集め周辺地域の伝道の要となっていた、フレスノ仏教会[11]に移転するよう命じられた。フレスノ仏教会駐在中に京極は、中部カリフォルニアでの伝道を積極的に行い、同時にBCA教団の役職にも就き、教団全体の伝道の中枢も担う立場にもなっていく[12]。

　"日曜学校の父"[13]とうたわれる京極は、フレスノ滞在時に一世と二世両方に対する仏教教育を組織づくりから行った。京極がフレスノに来た当初、二世は英語で宗教教育を行っていた近隣のキリスト教教会の日曜学校に通っており、お寺は日本語を話す一世だけが来るものとなってきていた[14]。このままでは一世の時代でお寺が消えるかもしれないという切実な危機感のもと、京極は英語での仏教教育を進めた。また戦後には、フレスノで体調不良のため開教使の仕事は辞していたが、アドバイザーという立場で教団からの依頼を受け、日曜学校で使用する教材を研究し、英文仏教読本の編集や英文教材カードを作って、日曜学校指導者のトレーニングクラスも執り行った[15]。京極の生涯の課題は、いかにアメリカ人としての価値観を持った日系二世に、仏教を知らしめるかというものであったが、彼の努力は実を結んでいる。例えば、現在一番生徒数が多いサクラメント別院においては、日系四世・五世を中心に毎週約300名もの子ど

もたちが日曜学校に通っている。

　また京極は、二世のために仏教青年会の組織を作り、青年への英語伝道も積極的に行った。フレスノ駐在時、仏教会には学齢期に達した二世の若者たちが高校やカレッジに通うための寄宿舎があり、周辺に住む一世門信徒のほとんどはフレスノ近郊での農業従事者だったので、農繁期にはフレスノ仏教会内の寄宿舎に子弟の面倒をお願いしたという。京極はこの寄宿舎の学生に、英語による仏教教育をしながら仏教青年会（YBA）を組織させた。京極によって熱心な仏教徒となった当時のフレスノの仏教青年会出身者が、その後、教団や日系社会を担う中心人物となっていたことは注目すべきであろう。[16]

　さて、現在でも開教使の生活は、日本の僧侶に比較すれば大変苦労が多いものであると言われるが、[17]特に1929年より10年間続いた世界恐慌により、他の米国国民と同様に開教使は経済的な苦労を強いられ、京極もその例外ではなかった。京極は1931年12月26日にフレスノ仏教会に辞表を出した。直接の原因はわからないが、当時仏教会は深刻な財政難に直面し、京極は1年半もの間、仏教会から給与を受け取ることが出来ず、公共料金の支払いも滞り電気や水道を止められたこともあった。フレスノでの開教は上手く運んではいたが、娘3人の教育にかかる費用もあり、生活を優先して開教使を一旦辞し、収入を求めてランポークに移って、日本語学校に就職をしたと推測される。

（3）　晩年の文書伝道活動〜「直心」「ツリラトナ」の出版〜

　1942年初頭、大志を抱いて海を渡ってアメリカにやって来た日系人に、大きな悲劇が起こった。第二次世界大戦中、アメリカ政府は12万人以上の日系アメリカ人を、西海岸から強制的に立ち退かせた。彼らの7割はアメリカ生まれの二世で市民権を持っていたにもかかわらず、中西部に設けられた10ヶ所の強制収容所に送られた。京極も1943年10月にはユタ州トパーズの強制収容所に移動することになる。京極は1941年7月31日、スタックトン仏教会に復職していたが、たった2ヶ月後に心臓発作を起こして以来、体調は思わしくなかった。しかしそれでも、収容所内においてますます伝道活動に尽力した。収容所内では自分の蔵書を置き図書館を開設し、毎週の日曜礼拝と定期的な仏教講座も行っていたが、特に1944年からは「直心」[18]（日本語雑誌、のちに記事が『明るい仏

教』にまとめられる）と「Triratna（ツリラトナ：三宝）」（英語雑誌）の二つの雑誌の出版に臨終まで身を捧げたのである。

　これらの出版の動機は、日系二世の元日曜学校生徒からの戦場から届いた1通の手紙であった。そこには若き仏教徒の兵士が戦場に赴き地獄のような状況に身を置いてはいるが、日曜学校で京極から教わった念仏のみ教えや仏教讃歌によって人生が有り難く思えるのだと、京極への心からの感謝の言葉が述べられており、その上、5ドル札が布施として同封されていたのであった。京極はその手紙に大きく心を動かされ、戦場や収容所にいる日系一世や二世の心を励ますべく、これらの伝道雑誌の出版をする決意をした。特に「直心」は丁寧に全文総ふりがなにしたことで、日本語から遠ざかり老齢でお寺参りが出来なくなった各地の人々にとって何より有り難い法話となった。京極はこれらの雑誌を出版するため、戦後フレスノに帰ってからは自動車や身の回りのものを売り払ってまでその刊行資金にあてた。その刊行数は最終的に各五千部ずつにまでなり、米国国内のみでなく、遠く日本や、フィリピンで戦犯として刑務所で服役している日本人にまで「直心」は送られた。また「ツリラトナ」は、米国内の二世を中心に、遠くはヨーロッパや世界各地に駐留していた二世兵士にまで送られ、自然に欧州系人種にも読まれることとなった。京極の遺書によれば、これらの雑誌の刊行のねらいとは、

①仏教を職業人（僧侶）の手から平信徒の手に
②葬式・仏事（儀式）の仏教より日常生活の仏教に
③隠居より墓場までの仏教を出生より仏国土建立への仏教に

という以上の三点において仏教を蘇生せしめたいという悲願であった。つまり京極の仏教伝道には、当時の日本仏教の旧弊さを除き去り、仏教本来の面目の発揮を取り戻したいという強い願いが込められていた。

（4）　鈴木大拙（1870～1966）と暁烏敏（1877～1954）から見た京極～『明るい仏教』序文より～

　京極の死後発行された『明るい仏教』の序文には、鈴木大拙と暁烏敏からの

序文が寄せられており、そこから生前の京極をうかがい知ることが出来る。

①鈴木大拙の序文
　鈴木は当時ニューヨーク在住中であったが、この京極の遺稿集への序文を依頼され、

　　兼ての知己でもあり、その為人にも敬服していたので何かかかせて戴くことを考えました。

と、その心中を述べている。そして、以下のように京極について述べている。

　　京極さんは大乗仏教に対して深い領解を持って居られた。而してその一生をその宣伝に捧げられた。これは吾等の何れもが学ぶべきことと信ずる。が、何を云っても、大乗仏教の何たるかを、まづ知ることが大切である。これさへわかれば、自らこれを他の人々に伝へたいと云ふ気になる。

　アメリカと日本を往来していた鈴木にとって、京極という人物は英語でアメリカ人に大乗仏教を伝える貴重な"法友"であったのであろう。京極の真摯な伝道の姿勢が、鈴木の言葉からもうかがえる。

②暁烏敏の序文
　暁烏は京極に大きな影響を与えた人物でもあり、前述したとおり「信の眼を開いて下さった」(26)と京極が讃えたほどであった。その暁烏は、亡くなる６か月前に病床にて口述で書かれた序文でこう語っている。

　　西暦紀元千九百年の頃、日本には世界的に有名な人が二人でました。その一人は西田哲学の西田幾多郎氏であり、その二は、絶対他力の信仰を鼓吹した清沢満之師であった。京極逸蔵君は少し時代はおくれたが、この両先生の感化のもとに育った現代の仏教家であります。

また暁烏は、京極の出身の広島が西本願寺門徒の巣窟で、金沢は東本願寺門徒の巣窟であり、両方の土地には一種の"宗教的偏見"があったことを述べ、京極はこの間を往来することによって金沢と広島に"異安心者"を作ったと述べている。また続けて、京極についてこう語っている。

　　京極君は才気煥発の男で、行の哲学や信の宗教には稍道が遠い様に感ぜられた。私は長い間君と交ってそのことを遺憾に思っていた。

　ここで師として、一旦非常に厳しい言葉を投げかけている。暁烏は過去アメリカに行った際、京極を訪問していた。ゆえに京極のアメリカでの戦前の時期を、暁烏は知っていたことがわかる。続けて暁烏はこう述べている。

　　ところがここ十年前から君は病気にかかり、その病気のために、宗教には用のない才気というものが無くなった、そして本当の信の人となった。それは毎月書いていた「直心」にも現はれた。私はこれを愛読した。アメリカ・日本に、京極君の信心に随喜するものが沢山出て来た。

　暁烏は師としての喜びを、"愛読"という言葉で語っている。暁烏の指すこ十年とは、京極にとっては戦時中の収容所内での伝道時期であり、「直心」「ツリラトナ」の発行の開始時期でもある。暁烏の述べる"病気のために、宗教には用のない才気というものが無くなった""本当の信の人となった"という言葉から、京極の人格や宗教観はある時期を境に大きく変わったということがうかがえる。その背景には、京極自身の心臓病と末娘の死亡という出来事——清沢も同様に体験したこれらの苦しい経験——が、京極を"自力無功"と味わえた念仏者に育て上げたと考えられる。

2 『白蓮華』「仏教徒の社会生活大乗菩薩道」(1927) にみる六波羅蜜と真宗

　京極がフレスノ駐在時に、中加（中部カリフォルニア）女子青年会連盟という浄土真宗の団体の顧問を務め、以下のような法話を若き日系二世の女子に向

けて記している。
　まず京極はその法話の冒頭に、社会生活としての大乗仏教の菩薩道について述べている。

> 仏教に対する世人の誤解が数ある中に、仏教は出世間的、厭世的な宗教で、現在の世間的社会的生活に処する道は、少しも其中に説かれてないと思はれて居ることも大なる誤解の一つである。
> （中略）大乗仏教の菩薩と云ふ語は印度以来この広い意味で用ひられ来つて居るのである、家を捨てて仏弟子となつた沙門でなく、家庭生活の煩雑な中に仏道を求め喜んだ人々を呼んだ言葉である、従つて菩薩の修行の大道を現世的に味ふ時に、大乗仏教徒として如何に社会生活に処す可きかが、明かに知られて来る。

　続いて京極は具体的実践として、大乗の菩薩道である六波羅蜜（布施・持戒・忍辱・精進・禅定・智慧）に、龍樹菩薩の教示に基づく九菩薩道（六波羅蜜に方便波羅蜜と成就衆生、浄仏国土の三つを加える）を解説していく。ここでは特に京極が紙面の多くを割いている、六波羅蜜の解説について考察する。

①布施
　京極は布施行を反省と共に、日常の職業に生かさねばならない実践であると位置づけている。

> この布施行の真意を私共は各々の職業の上に生さなくてはならない、農業に、商業に、工業に、事業に、労働に、伝道に、教育に、医療に、凡ての仕事が唯金銭を得る為めのみに考へられて居る現代に於て、それ以上の意義と価値とを自分の職業の上に見出して、物質上の報酬以上に総ての生命あるものの為めに、即ち一切衆生の為めに自分の仕事が如何に役立つて居るかと反省することによりて、初めて今日の行詰まれる経済生活打解の一路を見出し得る。

②持戒

　戒を授けない真宗にとって、持戒は非常に難しい問題ではあるが、京極は以下のように記している。

　　人間の行為を律する仏教道徳の最初に、不殺生戒のあることは実に意義が深い、仏教徒の行為の基本は慈悲心にある、これ布施の行が菩薩道の最初に位置する所以であつて、今仏教道徳の最初に不殺生戒があるのは之を実行上に表したのである、生命あるもの何物かその生命を愛惜せぬものがあらふか、従つてその生命を無理に奪ひ取らむれる程、悲しいことがあらふか、釋尊はあらゆる生物の生命を尊重し給ひ、この戒を立てて凡ての生物の生存権の平等を確立せられた「仏心とは大慈悲これなり」とある御心の表れである。

　ここで京極は、真宗と戒・道徳という問題について以下のように記している。真宗には「悪人正機」という重要なタームがあるが、それゆえに発生しがちな、悪の行為に対する無反省という誤った真宗信仰者のあり方に、京極は警告を鳴らしている。

　　真宗は悪人の救はるる教であるから、かかる道徳は不必要の如く考ふるものがあれば、之は仏教の賊であり真宗の敵である。我等は仏陀の勧められし、この十善戒護持に最善を尽さなければならぬ、この道徳上の努力奮闘ありて、始めて自己の無能無力を痛切に体験しその極悪底下の悪人の上に特に心をかけ給ふ、御仏の大慈悲心を深く善ぶことが出来るのである。

③忍辱

　当時のアメリカの日系人は、人種差別下に生活をしており、キリスト教社会の中で仏教徒であること自体も周りから非難の対象となっていた。そのような中、京極は以下のような言葉を記している。

　　忍辱とは即ち忍耐のことで、他人が我等に與ふる忿恕、罵詈、打撃、傷害

等の凌辱を耐へ忍ぶと共に、寒熱、風雨、天災、地変、飢渇、老病等の苦痛、禍害を勝へ忍ぶことである、この忍ぶと云ふのは力足らずして屈伏すると云ふのは卑屈な消極的な意味ではなくて、凌辱に報ふるに足る力を報復に用ひずに忍んでこれを正しく行ふことに用ゆると云ふ積極的の意味である。

④精進
　日系人移民は当初から誠実で勤勉であったと、その評価はアメリカ社会に未だに残っているが、彼らの精神を支えたのが前述した忍辱、そしてこの精進という言葉であったのだろう。

　精進とは吾等が日常の行為に於て、少しの懈怠もなく悪を断じ善を修むる事に、勇猛に進むことである、この行を妨ぐる不忍、怠惰、自暴、自棄等の悪行を捨てて身心の快楽の為めに時間と精力とを浪費しその結果人生の半を眠つて暮す様な不仕だらな生活を革新して、修養に力を尽す事を教へられたので、不断の自己改造、生活革新の大行である。

⑤禅定
　京極は、「内観自省」として禅定を真宗の実践として以下のように勧めている。

　禅定とは静慮とも訳され、我等が心を静めて統一あらしむることである、上述の布施持戒忍辱精進を実行する上に……最も重大なる事は、内観自省して是等の諸行を弁別し、無駄な努力や、見当違の見解を避ける事である、（中略）禅定と云ふ事を禅宗僧侶特有のものと考へないで、広く日常生活の上にこの行を活用して行か無くてはならない、

⑥智慧
　親鸞は仏智といわれる究極の智慧というものは、我々凡夫がこの世で到底得られるものではないと述べているが、京極は智慧を内省の上で与えられる「自

己と人生とに眼を開いた真智」として表現をしている。

> 智慧とは凡ての邪智邪見を去つて真智を得る事で、世間の普通の智慧ではない、上来説き来りし五波羅蜜修行の結果、悟り得られるものであつて、仏道修行者の最後の理想境である、而しかく云へばとてこの真智は我等の実生活と全く離れたものではない、真の智慧とは利巧であるとか、博学であるとか、智慧が多いとか云ふことでなく、蓮如上人の御文章に「八万の法蔵を知るとも、後世を知らざるを以て愚者とすと云えり」とある所の自己と人生とに眼を開いた真の智慧のことである、五善薩道を真面目に精進することにより煩悩具足の久遠の姿に覚た時に、仏の加被力によりて我等はこの真智の世界に遊ぶの喜を与へらるるのである。

この法話の最後に、六波羅蜜に三つを加えた九菩薩道の解説を付け加え、京極は以下のように結んでいる。

> 仏陀が大乗菩薩行として我等に遺(のこ)はされし、この千古不変の大道が、古来ただ出家の信侶の道としてのみ味はれて、街頭に、工場に、農園に、所謂俗中の俗なる仕事に忙しい、凡ての人の上に普く適合する人間道であることが忘れられて居た事は、誠に残念なことである。今我等幸にしてこの大道の真意を、教へらるることを得た。願くは自他共につとめてこの大道を行持し、実際生活と信行との其融合統一を得て、大乗仏教徒として浄仏国土の大行につとめたいものである。

京極の以上の記事の意図は、大乗仏教徒としての社会的実践を若い日系二世の女子に勧めることであり、仏教の復興を願っていたことがわかる。

3 『明るい仏教』(1955)にみる六波羅蜜と真宗

本書は京極の臨終から2年後、「直心」の中でも主文であった六度願行・六波羅蜜に関する記事を、順序を追って再録したものである。本書は20章からなる。全体の構成を見れば、六波羅蜜において京極にとって大きな割合を占めて

いたのが、「布施」「持戒」(各4章ずつ) であったことがわかる。また内容を見ると、全体を通して以下のような身近なたとえばなしを使って、六波羅蜜や仏教、さらに真宗の教えをわかりやすく解説していることが特徴として挙げられる。

　　a．日本的価値観を持つ日系一世と、アメリカ的価値観を持つ日系二世の親子関係に対してのこと。
　　b．アメリカ社会に関すること。
　　c．著名なアメリカ人(特に欧州系)に見る仏教的なこと。

第1章「生の仏教、死の仏教」では、現状の日本仏教を、葬儀・法事の儀礼を中心とした「死の仏教」であると非難し、こう続けている。

　　三百年の封建時代を経て、仏教は寺門の中に閉じこめられ、恰も僧侶の専有物の如くになっている現代の日本仏教、十有余の宗旨、六十に余る宗派に分れて、互に醜い派閥争いに没頭している日本仏教の現状は、印度僧院仏教の末路を想わしむるものがあるではないか。(29)

そして、そのような実生活を離れた仏教の革新を企てたものが"大乗仏教運動"であり、その革新の旗印が一般仏教徒の実際生活を指導する原則、つまり三世の諸仏も成仏したという「六波羅蜜・六度」の教えであるのだと指摘している。
　また六波羅蜜と浄土真宗についてこう述べている。

　　絶対他力の救済を信ずる浄土真宗の人々は、自力修行の六度行願などは、真宗とはなんの交渉もないと思われがちであるが、阿弥陀仏が衆生済度の力を得るために、長い間修行せられたその修行こそ六度であり、六度行願の功徳全部を収めたものが、「万善万行の功徳利益の広大なること数限りもなきものなり」と言われた南無阿弥陀仏の内容であることは、『大無量寿経』に委しく説かれている。(30)

京極が『大経』に説かれた真宗の教えに則った、六波羅蜜観を持っていたことがここでわかる。また六波羅蜜の実践の重要性を以下のように続けて述べている。

> この経に四十八の誓願を説いてあるが、その第十九に「諸の功徳を修め、わが浄土に来らんと願うものは必ず救う」と誓うてある。この「諸の功徳」というものの随一が六度でなければならないことは、仏の修行の実際から見て明らかである。六度行願を行持することによって、初めて自力の叶わぬほども知られ、絶対他力の信も生きてくるのである。(31)

そして京極は、以下のようにこの章を結んでいる。

> 私はこれから、この六度について平素味わっていることを、なるべく平明且つ卒直に述べてみたいと思う。それというのも、現代の仏教徒諸氏が、此の埋もれた宝玉を掘り出して、仏教革新の旗幟として生かして下さるようにと念願する余り、その一助ともならばやとの念より他意はないのである。(32)

京極が晩年に行きついたのは、「宝玉」と讃える六波羅蜜の教えを日常生活で実践することによって、違う角度より味わえた他力の信の生活であったことがわかる。

また『明るい仏教』の巻頭には、以下の言葉が掲げられている。

　六度行願
一、今日一日布施の機縁を無にしないこと。
一、今日一日戒の行持に努めること。
一、今日一日喜んで忍に行ずること。
一、今日一日勤めて精進に生きること。
一、今日一日止観の行に住すること。
一、今日一日智慧光の照破を喜んで暮らすこと。

なお京極はこの六波羅蜜を布施・持戒・忍辱は他に対するものとして、精進・禅定・智慧は自ら修めるべきものとして位置づけている。

ここで、『明るい仏教』の最後の文章を引用し、京極の六波羅蜜への積極的な姿勢をさらに明らかにする。

> 「助けずにはおかじ」という如来の「思い立ち」たまうこころが、私に徹透して、念仏申さんと、思い立たずにはおれない身の上とさせられる。そうして、この如来の願心と私の信心をつなぐものこそ、汚れ果てたこの私の地体なのである。六度行願に向つて、至誠をつくし、全能力をあげて努めるとき、その六度の鏡の中に映る自分の姿を見れば見るほど、六度行願を到底実現なし得ない、みじめな自分が知られてくる。かくて六度行願を機縁としておのれの真実を知り、大慈大悲の仏心に帰る時に、はじめて生活も明朗となつてくるのである。自然に湧き上り溢れいずる念仏は、まことに、この生き生きとした我が生活の行進曲というべきであろう[33]。

以上の言葉により、京極の勧める六波羅蜜がさとりを目指す手段としての行ではなく、実践することの難しさを痛感することによって己の真実の姿を知り、そこで真の慚愧が生まれて念仏をより深く味わうための手段としてはっきりと表明していることがわかる。

むすび

以上のように京極の生涯や著述を概観することにより、アメリカの真宗教学における大乗仏教の実践行である六波羅蜜の受容の起源を示したが、その後のBCA教団内での六波羅蜜の受容とはいかなるものであったのか。まず英語礼拝聖典の拝読文における六波羅蜜は、1972年の日曜学校聖典には見られ、その後、日曜学校のみならず一般聖典においても採用されていることが確認できる。なお現在BCA教団内の多くの寺院で使用されている、教団制作の礼拝聖典『Shin Buddhist Service Book』（BCA 1994年）には六波羅蜜が掲載されていないが、教団や各仏教会には日曜学校用（子ども用）の別の英語礼拝聖典があり、それらのほとんどには六波羅蜜が掲載されていることが確認できる。しかし、

英語礼拝聖典の拝読文等を通しての、BCA教団内での伝道現場における六波羅蜜の理解とは、京極の「自己の限界を知り、他力念仏を深く味わうための実践項目」という理想とはその内容が一致しているとは残念ながら言い難く、子ども会の指導を中心に仏教徒として当然行うべき実践としての教育的・倫理的指導の項目となっている。

　さらに英語礼拝聖典の拝読以外にも、開教使の法話内容においては、春・秋の彼岸会を中心に六波羅蜜は日本より多く取り上げられている傾向がある。またBCA教団等の海外仏教婦人会において、特に六波羅蜜の布施（ダーナ）の実践が積極的に行われており、それが現在日本における婦人会活動にも波及していることは注目すべきであろう。[34]

　以上のように礼拝聖典や日曜学校のカリキュラム、そして法話内容により、アメリカにおける真宗教学の六波羅蜜の積極的な受容がその特徴として見られることはあきらかであり、京極の六波羅蜜を導入した影響が、現在の英語教学に如実に出ているということは間違いがない。なお、真宗の基本的な理解から見て、京極の理解がどこまで正統性をもつのかということは、別に一考を要することであろう。なお、日本での真宗の礼拝聖典には、六波羅蜜の拝読文等の記述は一切なく、真宗寺院の法話でも六波羅蜜に関する法話を行うことは極めて稀であり、これは英語真宗教学の大きな特色と言えるものであることを付け加える。

　現在の英語伝道の現場では、礼拝聖典の拝読文や日曜学校のカリキュラムを要因として、六波羅蜜等を中心とした通仏教的・大乗仏教的な実践を伴う教学が存在し、そこに真宗教学が並列した形となっている。その二つのギャップは、私が駐在したカナダの開教現場でも実際に痛感し、深刻な問題と感じたことである。京極の創始した日曜学校のカリキュラムは、まず釋尊中心の通仏教を教え、それから浄土真宗の教えに入るという二つのコースからなるものであるが、「釋尊の生涯」「釋尊の教え」等の通仏教に関する教材を作り終えたところで、京極は息を引き取ってしまっている。実は京極は、「浄土についての法話」「南無阿弥陀仏」という項目を計画していたのであるが、完遂できなかったのである。しかし、筆者が近年行ったBCA教団開教使へのインタビューで確認する限り、以上のような教学上の問題点に気づき、より真宗的な六波羅蜜の受け止

めへの変換として、「報恩行」と位置づけたり、京極のように「決して完璧には出来ないが挑戦することが大切」と、その説明に配慮するような動きも近年開教使に出てきており、その二つのギャップを繋ぐブリッジづくりに開教使が日々挑んでいることを追記しておく。今後、仏教の共通基盤に基づく、英語での「アメリカ化された」真宗教学というものが、開教使のより一層の研鑽と議論のもと、一歩一歩なされることを願うばかりである。

註

（1） 北米開教区は対外的名称で、教区内では米国仏教団という名称を使用している。また教団創設の1899年より1944年4月まで、北米仏教団（Buddhist Mission of North America：BMNA）という名称であった。

（2） 京極の生涯に関する資料や文献は、京極逸蔵『明るい仏教』（学風書院、1955年）の巻末解説、常光浩然『日本仏教渡米史（仏教東漸七〇年記念出版）』（佛教出版局、1964年。『仏教海外開教史資料集成 北米編』第五巻、不二出版、2008年に収録）、BCA『Buddhist Churches of America, 75 Years History 1899-1974』（BCA、1974年）、BCA『Buddhist Churches of America ─ A Legacy of the First 100 Years』（BCA、1998年）、乗元惠三「京極逸蔵師と関法善師のこと─ある開教使の生涯─」（『在家佛教』在家仏教協会、2009年3月号、682号）、Michihiro Ama『Immigrants to the Pure Land』University of Hawaii Press 2011年に記されている。

（3） 中加仏教女子青年会連盟雑誌、1927年1月、フレスノ活版印刷所。

（4） 2-7頁。

（5） 学風書院、1955年。

（6） 清沢と暁烏の影響が、京極のアメリカ伝道にどのようにあらわれたかは未だ不明ではあるが、清沢が求めた宗教倫理や戒の実践などが、京極の六波羅蜜の受容に繋がった可能性も示唆し得るであろう。なお、京極と清沢に関しては、Ama『Immigrants to the Pure Land』122-127頁に詳細がある。

（7） 西田から京極への具体的影響に関しては不明であるが、西田が参禅を行っていたことを考えれば、京極の仏教観は他開教使より視野の広いものとして育まれていたことが考えられる。清沢・暁烏からの影響同様、今後の研究課題としたい。

（8） 清沢満之の思想、仏教・宗教全般が教授され、暁烏敏が中心的な指導者だった。

（9） 暁烏の門に参じたBCA教団開教使として他には波多泰嚴がいた。波多はオーク

ランド仏教会の駐在を解かれ、自立して"求道舎"を創り、仏教の伝道にあたった。波多の影響を仏教青年会時代に受けた者として、のちにシカゴ仏教会を創設した久保瀬暁明がいる。

(10) 清沢満之を中心として開かれた真宗大学（大谷大学）の学生らの私塾。1900（明治33）年4月設立、1917（大正6）年解散。

(11) 北米伝道は日本人の移民とともにその歴史は始まり、主に農業従事者であった日系移民の移動とともに教線は拡大していった。

(12) 京極の教団における貢献は、日曜学校や仏教青年会に対するものだけでなく、北米開教財団の設立における活躍にもみられ、その活躍に対し増山総長は京極に対し、1932年には西本願寺に賞を依頼している（Ama『Immigrants to the Pure Land』119-120頁）。

(13) BCA『Buddhist Churches of America 75 Years』101頁には、"He can be considered the father of the BCA Sunday School Department as it has emerged today"（彼は今日広まっているBCA教団日曜学校部門の父と考えられる［筆者訳］）とある。

(14) BCA『Buddhist Churches of America 75 Years』101頁。

(15) 1946年には教え子の山辺アーサーを助手に迎え、日曜学校の教材カードを第1集仏伝20課・第2集教理21課（八正道を中心とした）を初級・中級・上級の3種に分類し計123枚作成して、当時最新の教育学に基づく教授法に則ったカリキュラムを作成刊行した。さらに教団からの懇請を受け、病床にいながら英文仏教教科書の第1巻・第2巻の執筆を2か月で完成させ、直後に往生を遂げた。

(16) 当時、京極のもとでYBAリーダーだったのは、のちに"フレスノ三羽ガラス"と呼ばれた、ジョージ・テラオカ（詳細不明）、キクオ・タイラ（フレスノ地方初めての二世医師で、後のBCA教団理事長）、マナブ・フクダ（東部に行き国務省の一等通訳官となって、戦後、日本の首相たちの通訳をした）などである（Ama『Immigrants to the Pure Land』122頁、乗元「京極逸蔵師と関法善師のこと―ある開教使の生涯―」70頁）。

(17) 言語や環境の違いに由来する苦労もあるが、その他の理由の一つとして、海外寺院の形態から来るものが指摘できる。日本のほとんどの真宗寺院は"世襲制"であり、僧侶やその家族である寺族が寺院の運営や財産管理を実質担っている。しかし海外開教使は"駐在制"であり、各教団とそれぞれの寺院の門信徒が用意する"雇用契約"で結ばれ、転勤も度々おこり生活が不安定になることもある。さらには門

信徒によって構成される"理事会"によって、開教寺院は運営されているので、開教使の採用・解雇等の人事面などさまざまな事柄が、門信徒の手に委ねられている。それゆえ、自由の国アメリカでの"海外伝道"という大きな志を抱き、日本からははるばる海を渡ってやってきても現実のさまざまな問題に直面し、早々に帰国する開教使も昔から少なくはない。

(18)　年4回、9巻、36号刊行。
(19)　隔月、7巻、41号刊行。
(20)　1953年にフレスノで往生するまで刊行をしたが、病床においては夫人への口述で出版を行った。
(21)　Ama『Immigrants to the Pure Land』121頁（『直心』4、1948年2号、17-18頁による）。
(22)　『明るい仏教』の佐々木円梁のあとがきによれば、京極は加賀尾秀忍教誨師の活動をアメリカの新聞を通して知り感激し、同師を介して「直心」と金品の寄付を続け、また同志を誘って戦犯者の貧しい家族に救いの手を差し伸べた。加賀尾師は真言宗の僧侶で、宗派を超えての交流による菩薩行の実践であったと言われている。
(23)　京極は創造性あふれる人物でもあり、仏教とは何かという質問があれば、仏教の印にも使われる卍（まんじ）を例に出し、それは4L（フォーエル）であると答えれば、アメリカ人は納得するとも言ったそうである。4Lとは、①Light（光→永遠の光）、②Life（命→永遠のいのち）、③Love（慈悲）、④Liberty（自由→解脱）である（常光『日本仏教渡米史』500頁）。
(24)　『明るい仏教』佐々木円梁によるあとがき（262頁）。
(25)　1957年に発行された『生の仏教・死の仏教（誰でもの修養〈第7〉）』は『明るい仏教』の再版にあたるものであるが、暁烏の序文が削除されている。意図的なものかどうかは不明だが、暁烏の序文には京極を非難する文脈も見受けられる。また『生の仏教・死の仏教』では佐々木円梁のあとがきも削除されている。
(26)　京極と暁烏の仲は深いものであり、暁烏と妻房子に京極の弟・三雄を1912年に養子として出したほどであった。しかし房子が翌1913年、26歳で亡くなり、暁烏がその数か月後に再婚をすると、三雄は信仰の相違や環境の変化という理由で家を出て独立したという。当時、暁烏37歳、三雄21歳、そして暁烏と再婚した総子は21歳であった（Ama『Immigrants to the Pure Land』126頁、松田章一『暁烏敏　世と共に世を超えん』（下）1998年、18頁）。
(27)　1929年に暁烏が訪米した際、京極はフレスノの自分の家への滞在を請い、ともに

ヨセミテに出かけたと記録がある（Ama『Immigrants to the Pure Land』127頁、松田章一『暁烏敏　世と共に世を超えん』（下）北国新聞社、1998年、236-240頁・244-248頁）。

(28)　清沢満之は「ミニマム・ポッシブル」という禁欲生活を実践し、家族と別居した上、極端な食事制限等を行った。結果、栄養失調となり若くして肺病を患った。また長男と妻を次々に病気で失い、自身も肺病が原因となって41歳でこの世を去った。しかし清沢にとっては、自己の病も愛する者との死別もまた、自己の限界を知り弥陀の救いを味わう縁となったと門弟に語ったという。

(29)　8頁。

(30)　9頁。

(31)　9頁。

(32)　10頁。

(33)　20章、思うと、思い立つと、256頁。

(34)　1965（昭和40）年5月、ニューヨークで開催された第2回世界仏教大会で、「よろこんでほどこしをしましょう（布施）」という申し合わせが行われ、"ダーナの日"が制定された。仏教婦人会総連盟は、この大会以来毎年2月の第2日曜日を"ダーナの日"と定め、世界各国の仏教婦人会が「できることからはじめよう」の合言葉で、布施の実践を推奨している。特に近年では募金集めのほか、"無財の七施"を実施するよう西本願寺からも呼びかけがある。またハワイではプロジェクト・ダーナという団体が立ち上がり、現在それらの活動は世界中に波及している。これらの布施の実践は、まさに京極の唱えた真宗門徒の六波羅蜜の積極的実践にあたるものである。

考察 "仏教と環境問題" 研究
―1990年代の興隆期を中心として―

本 多 　 真

はじめに

　本論文の試みは、1990年代に盛隆した"仏教と環境問題"研究が提起した論点を整理し、今後の"仏教と環境問題"研究の方向性を見据えるものである。この研究は1990年代が興隆期であった。本論文の大半は1990年代の"仏教と環境問題"研究において何が議論され、何が成果として導き出されたか明らかにしたうえで、その周辺・背後にある動向を批判的に見てゆきたい。論文の最後には、今後の"仏教と環境問題"研究について論及したい。

　論考をはじめるにあたって"仏教と環境問題"研究を仏教者が論じることの意味について考えておきたい。"仏教と環境問題"研究は、仏教と環境問題という二つの言葉の交差点を見定めることを目的とする。またこのテーマは研究であり、したがって客観的であることが求められる。一方でこのテーマは、一人の仏教者（筆者もその一人）として環境問題に対してどうすべきか立ち止まって考えざるをえない。その点で仏教者にとってこのテーマは、「環境問題とはどのような性質の問題で、それについてどのような分析がなされているか」という現状掌握よりも、「仏教者として環境問題について何ができるか」という目的性の方に関心が向くわけである。その結果、環境問題がどういった問題なのか、あるいは、宗教から離れて環境問題を捉えようとする姿勢が二の次に置き去られる可能性がある。研究として中立的立場を保持するには、環境問題がどういった性質の問題かについて学び、そのうえで選択しうる仏教者としての立場を開示することが必要になるであろうが、先述したような理由から、"仏教と環境問題"研究というテーマ自体、それを論じるのが仏教者であれば、

アカデミックな水準を維持することが難しいという点には留意が必要である。実際にこの種の研究の多くは、仏教者によって論じられ、その多くは環境問題そのものを問うところから離れて、仏教者個人の情感や自然観から導き出されたエコロジーであったりする。そうした論文の特徴として、現実に対して取り組むべきエコ活動にのみ寄与しようとする特徴をもち、一人の仏教者として、問題の所在を探究しようとする問題意識は薄れ、結果的に、個々の自然観や教育観に基づいたエコロジーのみが主張されるようになる。これは環境問題をどのように捉えているかという問題を棚上げして、単に仏教を自然環境保全の有効な思想として論述しているに過ぎない。

　私見であるが、"仏教と環境問題"について仏教者が研究として論じるということは、仏教者が環境問題を知り、理解してゆく歩みに他ならない。そして、この種の問い（環境問題）に対する仏教者から提案される回答（論理）とは、仏教者当人が自身の経験とすり合わせながら見出すものであって、"仏教と環境問題"研究の論文の中に言動を規定する回答は存在しない。論文にヒントは存在しても、行動規範を決定する回答や、行動を制限、助長する記述は必要ないはずである。

　逆に、環境問題について宗教者が研究水準を保ちながら解決策を論じることが、困難であることには容易に想像がつく。環境問題は、たとえば生命倫理の問題や紛争問題と比較して、現状の生活実態と密接に関わり、また相即的な関係構図にあるといえる。行動している主体（宗教者）がこの問題に深くコミットしているのであるから、政治や社会システムに対するエコ活動を論ずるのでなければ、宗教者が指し示す環境問題の解決的視座は往々にして「キレイ事」と化してしまう。ただし、「環境問題など存在しない」「そのような状態ではない」と主張する立場（Techno Centrism）からは、こうした見方は提案されない。問題そのものが存在しないのだから、言動の規制など予め排除された想定になる。しかし、"仏教と環境問題"研究において殆どの研究者は、Techno Centrism の立場をとらない。すなわち彼ら／彼女らは、環境問題が存在するという想定のもとに論を展開している（Ecological Centrism）。そうなれば、特定の宗教をサポートする者が環境問題について「論じる」「書く」という行動自体は、結果的にその人の人間性や生き方が、そこに足跡を残すことになる。

このような論理の延長上に、環境問題を宗教者が客観的に論じることが容易ではないと解す理由が存在する。

では、彼ら／彼女らは一体何について論じてきたのか。主に1990年代、この研究は興隆した。本論文では、1990年におこった"仏教と環境問題"研究の履歴をまとめることから考察を始めたい。

1　1990年代―"仏教と環境問題"研究

研究者のあいだでも"仏教と環境問題"というテーマは、過去の課題設定となりつつある。過去の課題となったということは、理論上の考察がある程度終息したか、あるいは閉塞したか、ないしは環境問題が解決してもはやそれを仏教との関わりで取り上げる必要が問題ではなくなったことを意味している。

遡ればこの研究の興隆期は1990年代である。1990年にランベルト・シュミットハウゼンが、論文「仏教と自然」を執筆して以来[2]、世界中の仏教教団の僧侶・信徒、仏教研究者が"仏教と環境問題"について論及した。シュミットハウゼンの研究意欲は高く、袴谷憲明を代表とする仏教学研究者との活発な議論は近年も継続されている[3]。

かたや日本の仏教界でもこのテーマは、1990年代に仏教教団、仏教系大学機関、仏教系の学会で研究対象となり多くの研究書が記されることとなった。その一部を紹介すると、1992年に浄土宗総合研究所は「国際・環境研究班」を設置した。1994年に法華宗宗教学研究所は『環境問題を考える』を刊行し、また同年天台宗では「地球に慈悲の灯を」と称して実践目標を掲げた。曹洞宗では1996年に「グリーン・プラン」「グリーンライフ五訓」を制定し、エコ活動の実践案を掲げた。また日本仏教学会の1998年の学会テーマは「仏教における共生の思想」であった。浄土真宗本願寺派では教学研究所において環境問題特設部会を1999年に設置し（1年間）、翌年から2年にわたり「宗教と環境」部会を設置した。そして、日本仏教学会においては2002年の学会テーマを「仏教と自然」とするなど、1990年代に仏教教団各派で活発な議論が展開されたのである。

海外の出版物に目を向けると、英語の出版物で著名なものの多くは、同じくこの頃の発行である。1997年にハーバード大学から出版された *Buddhism and*

*Ecology*を代表格に、"仏教と環境問題"について考察する専門書、一般書は数多く刊行されている。

ところで、英語圏において仏教のエコロジカルなスタンスは、ディープ・エコロジーに近いとされる指摘が根強い。ディープ・エコロジーは、1972年にノルウェーの哲学者アルネ・ネスが提唱したエコロジー思想で、その主張は、徹底した生命平等主義の立場をとる。この思想は、ポストモダンの一つともいわれるニューサイエンスやニューエイジ運動と相まって、アメリカの西海岸で人気を博すエコロジー思想と化した。ディープ・エコロジー自体は、ほかのエコロジー思想、たとえばエコロジー活動が政体に影響を及ぼすべきとの立場をとるソーシャル・エコロジー、あるいは、今日の環境問題の背景には男性による支配構造が影響を与えてきたことを批判し、克服を目指すエコ・フェミニズム、さらには、動物や山川や森林に人智を超えた霊力が宿るとする立場を土台として、そこからスピリチュアリティを呼び覚まそうとするスピリチュアル・エコロジーとは峻別されるエコロジー思想である。ディープ・エコロジーを提唱したネスは、「拡大自己実現」というキーワードを使って、自己と他者との境界線の超越を試みた。スピリチュアル・エコロジーのように霊性を強調することなく、等身大の自己への立ち返り、覚醒を教説する。等身大の自己の発見は現実的に、必要最低限の物質と空間で生きることができるとするエコロジカルな主張を立てる。この思想は仏教の中でもチベット仏教や禅の思想と類推されることが多い。

一方、当の本人は、ディープ・エコロジーの思想を仏教思想と同質なものとは捉えていなかった。仏教思想について論及している彼の論文は、英文で発行されている範囲で2本存在する。いずれも彼の仏教思想の理解が卓抜したものでないことを示している。というよりも、彼のディープ・エコロジー思想の骨格は、ヒンドゥー思想に近いことを彼自身が述べている。ガンジーの言動を敬愛するネスの態度がそこに表れている。

それでは、ディープ・エコロジーと仏教思想との緊密性はどうやって深まったのか。それはネス自身というよりもディープ・エコロジーの支持者の多くが仏教徒であったり、彼ら／彼女らによってディープ・エコロジーが仏教思想そのものとして解釈されたことに起因する。ピューリッツァー賞受賞者のゲアリ

ー・シュナイダーや、日本でもワークショップの開催で知られるジョアンナ・メイシー、ネスの親友で彼の片腕といわれるビル・ディヴォール、ディープ・エコロジーを改革しようとトランスパーソナル・エコロジーを提唱者したワーウィック・フォックスは、みな仏教者、あるいは、仏教の支持者である。こうしたディープ・エコロジストと呼ばれる人々の活動が、結果的にディープ・エコロジーと仏教思想の距離を縮め、更には仏教とエコロジーの接合点を強調したといえよう。ところが、彼ら／彼女らの行動も1990年代が盛隆期であった。たとえば論文集、Deep Ecology for 21st Century の執筆者の半数は仏教徒ないし仏教の支持者であるが、この著作以降目立った専門書は発行されておらず、加えて2009年にネスが逝去し、ディープ・エコロジー研究は活力を失いつつある。こうした経緯もあって近年ディープ・エコロジーを仏教思想との関わりで論じようとする試みは、世界的にみても減少傾向にある。

　ここまでで"仏教と環境問題"研究の大まかな履歴をみてきたが、この研究経緯を現在から遡って鳥瞰したとき、この研究は1990年代が最も華やいでいた時代であったことが確認できる。そこで次項では、1990年代に議論された内容を見てゆきたい。

2　"仏教と環境問題"研究の主軸

　1990年代の日本国内での"仏教と環境問題"研究の論文執筆は、主に仏教教団や仏教系大学を中心に進められてきた。ここでは、それらの研究結果を二つの論点に定めたうえで、そうした結果の背後にある問題系と可能性について考察を試みたい。一つには、"仏教と環境問題"研究軸のアンビバレントな立場が明確化したことである。二つには、"仏教と環境問題"研究が拙速した現場主義に陥ったことである。

　一つ目の指摘は、"仏教と環境問題"研究をめぐる原理的な見方が露呈したことである。一見すると「仏教」に内包される、「自然にやさしい」「命を大切にする」といったイメージは、必ずしも仏教教理をベースとしてのみ導きえるものではない。イメージとして存在する仏教的倫理観・自然観は、環境問題をカタストロフィに代替したときに現出する当然の救済であって、これは近代思想の産物といえるものである。そのため、ここで導き出されるエコ・イメージ

は、極論、仏教を根拠とする必要はない。「自然にやさしい」「命を大切にする」といったイメージは、予め来るべき（あるべき）倫理観が始めに措定されたうえで後に付着したものであって、その論拠は仏教以外の宗教教理からも提出しうるのである。

　こうした問題点を指摘していた研究者として大谷光真、角田泰隆、竹村牧男を挙げることができる。彼らは"仏教と環境問題"研究の論壇でパイオニアの位置づけにある。角田、竹村には、"仏教と環境問題"研究をめぐって数多くの論考が存在する。また大谷については、彼が1993年に記した「仏教と自然保護・試論」が、執筆以後数多くの"仏教と環境問題"研究論文に引用されており、この論文は現在でも"仏教と環境問題"研究において教科書的な扱いを受けている。こうした理由から、これらの論文は参考になるといえよう。まずは、彼らが"仏教と環境問題"の接合部分をどのように捉えているか見てみたい。大谷の論文には次のようにある。

　　言うまでもないことであるが、仏教の伝統の中に現代に言う自然保護の思想があるわけではない。

大谷はこのように述べ、今日の自然環境破壊を仏教思想との関わりで問題にする場合、仏教的伝統の中に今日の自然環境破壊を取り上げて、それを即座に解釈できるツールが存在しないことを述べている。

　道元思想の研究でも知られる角田泰隆は、このあたりの問題意識の捉え方は大谷よりも一層明確である。

　　仏教はあくまでも仏教であり、環境問題はあくまでも環境問題である。

「仏教」と「環境問題」という二つの言説の接合部分を見つけ出そうとする試みを角田は真っ向から切り捨てる。そもそも「仏教」という事柄が、「環境問題」とどのような関係を持つのか。「仏教」は「宗教」の一つであるのに対して、「環境問題」は宗教でも思想でもない。このように「仏教」と「環境問題」という異なった分野の接合部分を探求しようとする試みは、先述したよう

に環境問題を単にカタストロフィとして捉えたうえで、単純に仏教がそれを救済する論理として説明するロジックに傾く危険性を含んでいる。繰り返しになるが、「仏教」と「環境問題」をそのように捉えることは、「危機意識→道徳観の復興→それに適した宗教的根拠の引用」というロジックであり、そのような単純な構図に置き換えてしまわないよう布石を投じたのが、上記の角田の説明である。

つづいて竹村牧男の論考を引用する。

　仏教においては、ある人がその人の住む世界の転換を目指したとしても、基本的にそれはその修行者個人の問題となり、普遍的に人間界の環境を変えていくことにはならない構造になっている。仏教では、ほぼ環境世界の物理的な改善を考えてはいないようである。[11]

竹村の指摘が大谷や角田と異なるのは、仏教における悟性の問題を環境プラグマティックな問いと峻別している点である。ただし、個人の悟りに主眼を置いた竹村のここでの解釈も、大谷や角田の環境論理解と同じように、仏教と環境問題の関係を一度引き離すことをしている。たとえば先ほど触れたシュミットハウゼンの論文には、あらゆるものに仏性を認めるならば、車や高速道路、ゴミ処理場、有害物質、さらには原子爆弾にも、その尊厳を認めることになると記しているが[12]、竹村がここで問題にしているのも、仏教における悟りの体験を今日の自然環境保全と同一視することに対する警鐘として理解することができるといえよう。

こうした研究歴によって導き出された重要な論点は、"仏教と環境問題"というテーマ設定が、一般に期待されるような仏教による自然環境保護のプラットフォームを形成するに至らないということであった。"仏教と環境問題"を論理的に接合する試みがまず断たれたというのが研究としての第一歩であった。"仏教と環境問題"を切り離すようなこうした指摘は、1990年代の研究における一つの成果であったといえよう。

ところがこうした主張が、たとえばキリスト教界で旋風を巻き起こした1967年のリン・ホワイトJr.の論文のようなインパクトを仏教界にもたらすことは

なかった。歴史学者ホワイトは、今日の生態学的危機の歴史的源泉をユダヤ・キリスト教にみたが、この分析結果は驚きをもって西洋社会に受け入れられたと共に、「スチュワードシップ」という理念に象徴される環境神学の構築に多大な影響力を及ぼした。しかし、仏教界では仏教思想から自然環境保護を読み解くことが難しいことがわかったところで、それはそれ以上でもそれ以下でもないといった落ち着いた見方にとどまった。また、こうした理解は広く一般に浸透するものでさえなかった。このことは、"仏教と現代"というテーマを考えるうえで非常に重要な指摘と思われるが、ここではまず以上のことを述べておくにとどめたい。

3　仏教のエコロジー

さて、"仏教と環境問題"研究は一度遮断するかたちをとることになった。ところが、このことが即座に仏教の環境保護運動の可能性を否定するわけではなかったことも確かである。むしろ一度遮断されたところから、仏教のエコロジー思想が展開されることになる。

たとえばさきほど紹介した角田は、論文の冒頭で次のように述べている。

> 仏教は私の信仰するものであり、生きる指針であり、環境問題への取り組みは今や私のライフワークにもなっているものであり、批判の対象にはなりえないものである。私にとっては、環境問題を考えることが仏教の教理とひとつであり、環境改善のための実践が仏道の大切な実践なのである。

仏教者として生活することがそのままエコロジーであるというこの発想は、先述した"仏教と環境問題"の構図を否定し、さらにはイメージとしての仏教を措定しない立場に立脚している。「み教え」と縁を結び、以後「生きる」ことそのものが、命題となる姿勢を示しているように思われる（この考え方はディープ・エコロジーに近似したエコロジー的発想といえる）。すなわち、生きる（生活する）ために仏教者になるのではなく、生きる（生活する）ことそのものが仏と深く関わりを持つということになる。仏教者として生きることは、誰かへの利益として行為されるといった、他人との関わり合いの中で見えてく

る「評価」をさしおくと同時に、直覚的に感知されるところの自然環境への配慮（環境保護の知）は自ずと残像を残すことになる。これまでの"仏教と環境問題"での議論が、いわば仏教者の行動範囲の規定に奔走していたとするならば、引用した角田の指摘は、予め起こりうる出来事を未然に探知し、共犯的条件下で「これこそが仏教徒である」と断言するようなあり方に縛られない方法の模索が講じられているように思われる。この延長上に、仏教のエコロジーを導き出すアプローチの原点が示される。

つまり、"仏教と環境問題"というテーマから導き出される主点は、環境保護を倫理に置換して仏教者の行動を管理し、その中で仏の教えを主張することではなく、仏教者が自らの目覚めをもって自然環境との道程を切り開いていくことにある。1990年代の環境問題の一般認識は、1980年代にアメリカから入ってきた環境倫理学のあおりを受けて、言動の規制・管理に終始し、その枠組みにおいては、「道徳観」「禁欲の精神」がメタ理論として位置づけられ、結果、"仏教と環境問題"研究の論文の多くは、「仏性」「少欲知足」など、人間同士で欲望を管理しあうシステムの構築と、その中でのボーダーライン設定を目標として歩んできた。そこでは常に倫理が主導権を握り、倫理をめぐって議論が進められた。もちろん、そうした研究には一定の成果があり、結果、一部の宗派・寺院におけるエコ意識は進んだといえるが、そうした視点が大半を占めることで、この研究は終息するかたちをとったといえよう。

角田と同類の指摘は大谷にもみられる。

> 仏教は環境保護を目的にした教えではない。しかしながら、仏教本来の目的に向かうための条件としても、不殺生・不貪等の課題を避けて通ることはできない。言い換えれば、自己の殺生行為やむさぼりの心を野放しにしたままで仏教のさとりを目指すことはできない。[16]

大谷はこのように述べ、仏教者として取り組むべき視座があることを論じている。二人とも、自然環境保護についての具体的提案を避けながらも、エコロジーの歩みが仏教者として生きることとなんら異質ではないことを認めている。

これらの研究者の著述に通底する研究者としての態度は、仏教思想そのもの

から環境問題を全面的解決に導く倫理は導き出すことは困難であることを述べながらも、そこで論を閉じず、むしろ延長させて仏教者として生きることが環境問題と不可離であることを述べていることである。これら２つの論点を鑑みるならば、1990年代の"仏教と環境問題"研究で仏教者が環境問題について主張できたのは、環境問題をより本質的に見てゆくということだったといえよう。実際に角田は、「環境問題とは我々人間がそのレゾンデートル（存在理由）を自ら問うことであり、いったい文明とは何かという本質を問いかけることなのであろうと思われる」[17]と述べ、大谷は「環境破壊は（中略）価値観にもかかわる課題である」[18]と述べている。

　仏教者の側から環境保護について提案できるのは、環境問題の解決にむけて行動ありきとして捉える以前に、環境問題が起こっているというそれ自体を問いにしたときに顕わになる問題の水源を覆い隠している、不可侵の部分を抉り出すことといえよう。それを個々が、自らの歩みの中から発見できるのが、仏教的エコロジーの原理ということなのではないだろうか。そのうえにさまざまな活動の可能性が開顕してくるものと思われる。

4　拙速した現場主義

　さて二つ目に、"仏教と環境問題"研究は結果的に、拙速した現場主義を生み出したことである。ここでは、1990年代の"仏教と環境問題"研究において、環境問題がカタストロフィとして解釈されていた点を批判的にみてゆきたい。

　環境問題をカタストロフィとして解釈する傾向は、結果的に「環境問題は欲望の問題である」「仏教は少欲知足をとなえる」「仏教の基本精神に則れば、環境問題は自ずと解決へ向かう」というロジックで説明される類の環境論の構築につながり、同時に、現場活動を急かす結果となったことが指摘できる。

　ここで問題にしたいのは、1990年代の仏教者にみられた環境問題についての基本認識についてである。

　環境考古学者の安田嘉憲は、『文明の環境史観』の中で環境問題の今後について論述しているが、そこで彼は、環境破壊が深刻化した将来において人々は、宗教への傾聴をいよいよ強めることを述べている[19]。文明の衰退と篤信者の増加については、仏教の経典の中にも垣間見ることができる。たとえば『立世阿毘

曇論』という経典には、末法から滅法へ至る最中に人々は将来への不安を増長させることが示されている。人々の不安は、環境の変化、人体への影響、犯罪の増加を根拠として生起する。そして同経典では、人倫の回復と仏への帰依、更には救世主の登場が説かれる。『立世阿毘曇論』成立の背景には、当時の社会状況が影響しているともいわれるが、この経典がユニークなのは、仏教的倫理性の復興を、人々の不安をテコとして教説しているところにある。疲弊した生活環境の根拠を倫理性の欠如に求めることは、自ずと人々に不安や恐怖を増長させたことであろう。

　ところがこのような手法は、近代以前の世界では実生活への影響力を発揮していたであろうが、現代ではその効力はいよいよ失われている。一般に説明されるところの宗教は、恐怖や不安からの救済を説くものであるが、近代社会はそうした恐怖や不安がある意味払拭された、人間を中心とした文明である（レヴィナスのいうような他者性は存在し続けているが、それは形而上のものとなりつつある）。それでもなお仏教が現代で生々するのは、一側面として、その教えが社会的恐怖や不安とは相違する質の問題を提示してきたからではないだろうか。前例でみると、人倫の欠如を強調することは結果的に現実に対する言動の統合をうながす。広く宗教と呼ばれる言説が意味するのは、人々の行動を制限し、統一や統合へと導くものといえよう。そのような全体主義的動向が、宗教という言説を基礎付けていることにも留意が必要である。

　仏教者による環境問題についての基本認識も、時に将来への不安や恐怖と屈託させて説明されてきたことは否めない。1990年代の研究論文には、倫理的徳目を前面に出す論調が散見される。教義的な議論と倫理性が混同されている状況が存在していたといえよう。たとえば、環境問題に対する仏教思想の可能性を提案する山本修一は、「生態系を破壊することは、あらゆる生物の父母としての存在を破壊することになる。ゆえに生態系を破壊することは、先に述べたように仏教における命を奪うことの罪の重さから考えると、最も重い上殺の罪に相当することになる。この罪は、個々の生物の命を奪う下殺の罪よりも重い罪である。このようなことから、仏教の自然に対する倫理の基本は生態系の破壊を真の悪とするところにあり、これこそ父母の働きに対する恩を踏みにじるものであると考えられる」[20]と述べている。ここには仏教の教義的議論と世間の

倫理観を同一的に捉えようとする姿勢が認められる。

　前掲の山本の指摘は逆説的に、浄土と穢土という、聖俗の明確な分岐を用いて聖界入りを強調する、いわばユートピア主義的なエコロジー思想の主張と同類に位置付けられる。播磨灘の環境保全運動家であり僧侶である青木敬介は次のように記している。「浄土とは、まさにあらゆる「いのち」の働きあうところである。言い換えれば、水と土と大気を基底に、すべての生命の働きが全うされつつ循環する、完全にエコロジカルな世界である。路ばたの雑草も、藪をなす雑木も、地べたをはう昆虫も、空にまう鳥も、地中の水草も魚貝も、土中の微生物も、泥中のミミズ・ゴカイの類も、皆それぞれの「いのち」を燃焼させその特性を活かして働きあっている。そしてお互いに支えあい活かしあっている。だからこそ、すべてが光り輝いている。これが「悟り」の世界であろう」。
(21)

　1990年代の"仏教と環境問題"研究において仏教者の多くが、環境問題とカタストロフィをおおよそひと括りにしてきたことは否めない。その結果、環境問題に対して仏教者から提案されるエコロジーに倫理項目が多くなっていった。こうした状況を顧みたとき、1990年代の"仏教と環境問題"研究において広く共有されなかったのは、環境問題そのものに関する基礎知識であったといえよう。環境問題を恐怖として認識するあまり、導き出される答えは自ずと「恐怖を抜く手段」となっていたのである。

　ところでこうした捉え方は、環境問題の認識レベルでいえば、1960年代から1970年代のそれと酷似している。環境問題の名著とされる『沈黙の春』（1967年）、『成長の限界』（1972年）、『スモール　イズ　ビューティフル』（1973年）は、いずれも、「いずれ来るべき恐怖と、それに対する必要な倫理的徳目」という共通性を持ち、いちやく世界中に知れわたるようになった。これと類似した構図で1990年代の"仏教と環境問題"研究が進められたとすれば、この動向は、時代錯誤だったといえよう。一方で、近年の環境問題への取り組みはエネルギー問題の利用方法等、恐怖からの脱却が叫ばれ、より客観的視座からの分析と対応が叫ばれている。また近年は正確な情報をめぐっての議論や、「正確とは何か」といった議論が活発化し、併せてわれわれの私生活はかなりの範囲で1960年代、1970年代と比して、管理の仕組み自体が変わっている。人間の行

動はおおむね何かしらの監視下に置かれ、資源枯渇に対する問題認識も変わりつつある。そうした中で環境問題を安易に恐怖と置換させることは、結果的に倫理や道徳の強調という結果しかもたらさないといえよう。

まとめ

　21世紀に入って"仏教と環境問題"研究は、1990年代の興隆期から一旦、休息期に入ったように思われる。

　それでは今後の"仏教と環境問題"研究の射程をどのように見据えることができるだろうか。2点の視点を紹介して論文を閉じることにしたい。

　環境問題は、他の問題、たとえば紛争問題や格差問題などとは異なり、自らの生き方が直接現場にコミットしていることがその特徴として挙げられる。研究者当人の言動が人間環境に少なからず影響を及ぼしていることは、おのずと自らを棚上げできない状況へと追い込む。森岡正博の生命学はこの指標に関連付くユニークなアイディアを提示する。森岡は、「生命学とは、自分をけっして棚上げにすることなく、生命について深く考え表現しながら生きていくことである[22]」とする、いわば臨床哲学の立場をとる。生命学の特徴は、他人に映った自己の姿のみを自己の全てとみることなく、その背後にある抑圧された自己像をも言語化していくことによって、等身大の自己との出会いを模索し続けるところに主眼が置かれる。これは必要なルール設定より先んじて重要なこととされる。生命学からの問題提起を仏教者として選択可能な提案の一つとしておきたい。

　もう一つは、仏教者の言動がもたらす共振効果の現場性についてである。1990年代の"仏教と環境問題"研究によって、倫理を媒介とする仏教者の言動管理は仏教的エコロジーを示唆するものとはなりえないことが確認された。このことは、"仏教と環境問題"研究が、より現場を重視する傾向となることを物語っている。つまり、仏教者が実際にどのような問題意識をもって生活しているか、その現場を研究対象として、現場から逆に教義の解釈が進められることになるだろう。その場とは、単にイメージとしての「仏教者」から外部化した、いわば「見られている仏教」とは別の側面に顕れる姿である。巧妙な管理作用が徹底し、人が人を管理しあう生活環境にあって、時にその管理から逸脱

し、そのことが本人の意識とは別に外部にさらされる瞬間がある。そのことを知ったときの本人のたじろぎや動揺において、結果的にその人にとっての「み教え」が顕れる。同時的に、この姿が他の人へ共振効果として、まわりに影響を及ぼすことになる。ここに仏教者としての環境保護意識の物語りが現出することになると思われる。

註
（1） この点、キリスト教と環境問題の考察は、外部（神学者以外）からの批判が発端となったことで、かえってキリスト教界での議論は活発化した。仏教にも外部からの批判は存在したものの（亀山純生『環境倫理と風土』大月書店、2005年。亀山純生「環境思想としての仏教的自然観の二面性」、笠松幸一・K・A・シュプレンガルト編『現代環境思想の展開』新泉社、2004年、119-143頁。大越愛子・源淳子『解体する仏教』大東出版社、1994年など）、そうした批判が内部に取り入れられ、問題視された痕跡は少ない。
（2） Schmithausen, Lambert *Buddhism and Nature*, The Lecture delivered on the Occasion of the EXPO 1990., Schmithausen An enlarged Version with Notes, Tokyo：International Institute for Buddhist Studies, 1991., Schmithausen, *The Problem of the Sentience of Plants in Earliest Buddhism*, Tokyo: International Institute for Buddhist Studies, 1991., Schmithausen, "The Early Buddhist Tradition and Ecological Ethics." *Journal of Buddhist Ethics* 4, 1997, pp.1-42., Schmithausen, "Buddhism and the Ethics of Nature: Some Remarks"『東洋の思想と宗教』第17号、早稲田大学東洋哲学会、2000年、26-78頁。
（3） Schmithausen, Lambert, "The Early Buddhist Tradition and Ecological Ethics", Richard K. Payne ed., *How Much Is Enough?*, Wisdom Publications , 2010, pp.171-222.
（4） Tucker, Mary and Duncan Williams, eds., *Buddhism and Ecology*, Harvard University Press, 1997.
（5） Devall, Bill, George Sessions, eds. *Deep Ecology*, Gibb Smith, 1985., Badiner, Alland Hunt, ed. *Dharma Gaia*, Parallax Press, 1990., Macy, Joanna. *World as Lover, World as Self*, Parallax Press, 1991., Batchelor, Martin, Kerry Brown, eds. *Buddhism and Ecology*, Cassell Publishers, 1992., Drengson, Alan, Yuichi Inoue,

eds. *The Deep Ecology Movement*, North Atlantic Books, 1995., Fox, Warwick. *Toward a Transpersonal Ecology*, State University of New York Press, 1995., Sessions, George, ed. *Deep Ecology for the Twenty-First Century*, Shambhala, 1995., Queen, Christopher, Sallie B. King, eds. Engaged Buddhism, State University of New York Press, 1996., Tucker, Mary and Duncan Williams, eds., *Buddhism and Ecology*, Harvard University Press, 1997. など。

（6）ディープ・エコロジーと仏教思想の類似性は、1970年代後半より提示されてきた。ディープ・エコロジーは、人智を超えた存在と人間の結合を意味する「宗教religion」とは異なった思想体系として注目された。このことは、当時アメリカの西海岸で流行となっていたニューエイジ運動、ニューサイエンスの動向と相まって、英語で多数の出版物が執筆され、世界中に知られることとなった。ところが、ニューエイジ運動やニューサイエンスは、一般に西洋文化批判を発端としているため、ディープ・エコロジーもそれと同じ脈絡で捉えられた。実際、この時代のアメリカで東洋文化や仏教思想は、学生やヒッピーなど、西洋的自由からの脱却をうたう若年層に支持された。ディープ・エコロジーもこのレール上に乗じていたことから、その内実が広く理解されるに至ったとはいえない。

（7）①Naess, Arne, Harold Glasser and Alan Drengson eds. *The Selected Works of Arne Naess*, Springer, vol. IX, 2005, pp.255-276. ②Naess, Arne, Harold Glasser and Alan Drengson eds. *The Selected Works of Arne Naess*, Springer, vol. VIII, 2005, pp.333-342.

（8）但し、竹村の"仏教と環境問題"研究は、東洋大学「エコ・フィロソフィ」学際研究イニシアティブ（TIEPh）と並行して捉えるべきで、当研究は2005年に開始したものである。その意味では本論文で焦点とする1990年代の"仏教と環境問題"研究がその時期に該当するかといえばそうではない。

（9）大谷光真「仏教と自然保護・試論」雲藤義道先生喜寿記念論文集刊行会代表大野義山編『宗教的真理と現代』教育新潮社、1993年、24頁。

（10）角田泰隆「仏教と環境問題」『駒沢短期大学仏教論集』第3号、1997年、193頁。

（11）竹村牧男「仏教の環境観について」『東洋大学「エコ・フィロソフィ」研究』第3号、2009年、16頁。

（12）Ibid, Schmithausen（1991）, p.25.

（13）White, Lynn, *Machina ex Deo*, MIT Press, 1968.（リン・ホワイト『機会と神』みすず書房、1972年）。

(14)　「エコロジー」とは、ギリシャ語でoikos（家）とlogic（論理）を併せた語で、生態学の意味を持つ。ヘッケルによって造語された「エコロジー」は、南方熊楠が柳田國男宛書簡にしたため、冊子化された『南方二書』の中で「エコロギー」と記述され、日本語ではじめて用いられた。現代では生態学という意味よりも、現状の改善に向けた運動や活動として用いられるようになっている。その意味でこの語を、環境が問題となっていることに対する「解決」を志向するものとして捉えて差し支えない。このロジックに則れば、「環境問題」という言葉と「エコロジー」という言葉の間には、意味的に大きな異なりがある。「環境問題」が、人間をとりまく状況にかかわる問題群の性質や解決策を俯瞰しているのに対して、「エコロジー」は問題を解決するという、より主体的姿勢が内包されるわけである（アンナ・ブラムウェル著、森脇靖子・金子務・大槻有紀子訳『エコロジー』河出書房新社、1992年参照）。

(15)　前掲角田論文、181頁。角田は論文の末部分で次のように述べている。「仏教と環境問題と題しておきながら、両者の関係を論ずることなく終わってしまった。本稿は未完である。ただ、未完であるがゆえに、かえってその目的がはたせるのかもしれない」（192頁）。

(16)　前掲大谷論文、30頁。

(17)　前掲角田論文、183頁。

(18)　前掲大谷論文、30頁。

(19)　安田喜憲『文明の環境史観』中央公論新社、2004年。

(20)　山本修一「環境倫理と仏教の課題（2）」『印度学仏教学研究』第48巻、第1号、日本印度学仏教学会、1999年、318頁。親子の不和関係修復を環境保全の徳目として掲げる傾向が日蓮宗に顕著であることについては、拙論（2009年博士論文、120頁）に紹介あり。

(21)　青木敬介『穢土とこころ』藤原書店、1997年、243頁。

(22)　森岡正博「生命学とは何か」『現代文明学研究』第8号、2007年、447頁。

宗教間対話の再検討
―ミシェル・アンリの「キリスト教の哲学」から―

古荘 匡義

序

　本稿の目的は、宗教多元世界における「宗教間対話」のあり方を、晩年のミシェル・アンリの「キリスト教の哲学」と呼ばれる思想から検討することにある。

　本書は、龍谷大学人間・科学・宗教オープン・リサーチ・センター　ユニット２研究班「宗教多元世界における死生観と超越の対話的研究」の研究成果である。本研究班に集った研究者の多くが自らの信仰する宗教を研究している。そして、研究会を重ねる中で、各自の信仰における「死生観と超越」についての考察を共有し、各信仰の近さと差異を明らかにしてきた。自らの信仰を省みるきっかけにもなっただろう。まさに、研究会そのものが「宗教間対話」の場だったのである。

　ただ、特定の信仰をもたない哲学研究者として研究会に参加した者としては、このような研究会において宗教間「対話」が実現していたのか、そもそも宗教間の「対話」とはどのようなものでありうるのか、と問い直しておきたい。もし自らの掲げる真理の普遍性・絶対性を確信する排他主義的な立場を取るなら、自宗教の真理の絶対性を主張しながら、他の信仰の絶対性を認めることはできなくなる。この立場から考えると、宗教者や宗教研究者の対話や交流は、各宗教の教義の表明に過ぎず、「対話」ではない。それでは、各宗教は対話においてこの排他主義の立場を超えられるのだろうか。

　このような問題を考えるために本稿では、ミシェル・アンリの晩年の「キリスト教の哲学」を取り上げる。ただ、アンリは宗教間対話について語っている

のではない。われわれが彼の哲学のうちに見出そうとするのは、キリスト教と彼の「生の現象学」との対話、宗教と哲学との対話である。私見では、彼の哲学はキリスト教との対話の理論であるとともに対話の実践でもあり、この哲学には、宗教間対話の体験や実践、受動性について考えるためのヒントが存するように思われる。

1 宗教多元主義と宗教間対話

まず、宗教多元主義・宗教間対話についてのこれまでの議論を概観しておきたい。他宗教理解については、しばしば排他主義・包括主義・多元主義という三つの類型で考察される。

排他主義は、自らが信仰する宗教体系を絶対視し、それ以外の宗教体系を認めない。自らの信仰以外に救済をもたらすものはないと考えるため、しばしば批判される立場である。

包括主義は自宗教の絶対性を認めつつも、他宗教に対しても一定の理解を示す立場である。包括主義にも論者によってさまざまな立場があるが、たとえば、第二ヴァチカン公会議で主導的な役割を果たしたラーナー（Karl Rahner, 1904〜1984）の「無名のキリスト者」の理論は、キリスト教の神の普遍的な救済意志を前提したうえで、キリスト教徒以外にもキリスト教的な救済の可能性を認める。この理論は、カトリックが教会の外にも救済を認めたという意味で画期的なものであるが、ここで認められている救済はキリスト教の神による救済、キリストを通じての救済であり、キリスト教とそれ以外の宗教とが同等の立場にあるのではない。

このような包括主義に対する批判として、多元主義が登場する。多元主義も論者によって立場はさまざまであるが、ひとまず、多元主義の代表的論者であるヒック（John Hick, 1922〜2012）の理論を取り上げる必要がある。ヒックは、「偉大な世界宗教」の信仰が唯一の究極的な神的実在に対する人間の応答であり、この応答において人間が自己変革していく（救済、悟り、解脱など）という点で共通していることを見出した。そこからさらに理論を発展させて、ヒックは〈実在〉（Real）を仮定する。諸宗教の超越的なもの（神、アッラー、ダルマ等）は、この不可知の〈実在〉の歴史的現れであり、宗教による救済と

は、「生来の自我中心から、神的なもの・究極者・〈実在〉中心へと移行する、人間存在の現実的な変革」だと主張する。

この理論は、諸宗教を〈実在〉へと還元するのでも、各宗教が確信する自宗教の真理を相対化するのでもない。〈実在〉とは、宗教の多元性を確立するための一元性なのである。〈実在〉は、自宗教の真理を確信する各々の宗教が多元的に存在することを理解可能にし、このような諸宗教の対話を可能にする場を創造する。さまざまな宗教にみられる超越的なものが一つの〈実在〉のさまざまな歴史的顕現であると仮定することによって、宗教間対話の基盤が形成され、宗教の多元性を理解できる。このとき、対話は諸宗教の宗教者たちによる一なる〈実在〉の探求の試みとなる。

しかし、対話のためにこのような一なる基盤が果たして必要なのだろうか。そもそも経験を越えた〈実在〉は不可知であり、人間の言葉で表現できるものを超えているため、各宗教の超越的なものが一なる〈実在〉の歴史的な顕現であることは検証不可能である。さらに、このような〈実在〉を仮定しても、実際の宗教間対話や他宗教理解の場面で役立つわけではない。宗教多元主義は抽象的な理論にすぎないのである。むしろ、このような仮定によって諸宗教の多様性を損なうことになる。特に救済を、自我中心から〈実在〉中心への人間存在の変革と捉えることは、救済を現世的、人間的なものと捉えることにつながり、終末論的な救済や浄土思想などと根本的に対立する。

このようなヒックの多元主義に対して、「根源的な多元主義」を主張するカブ（John B. Cobb, Jr., 1925～）は、すべての宗教に共通する「宗教の本質」はないと主張する。この主張は、各々の文化に固有の概念枠に依拠している諸宗教は普遍的な真理を主張できないという概念相対主義の主張ではない。むしろカブは、キリスト教が相対化し得ない真理をもつことを主張する。しかし、「言っておきたいことは、まだたくさんあるが、今、あなたがたには理解できない。しかし、その方、すなわち、真理の霊が来ると、あなたがたを導いて真理をことごとく悟らせる」（『ヨハネによる福音書』〔新共同訳〕16章12～13節）などの章句を根拠に、今は聖書においてすべての真理が顕になっているわけではないとする。そして、「自己の属する伝統が今まで成し遂げてきた以上の真理や智慧があるという信念」を、本質主義と概念相対主義との二者択一を克服

する根拠として提示する。この信念に基づくと、キリスト教以外の宗教がキリスト教において未だ顕になっていない真理を明らかにしているかもしれないので、キリスト教は、現実の諸宗教に学びながら、自己を変革していかなければならないことになる。対話とはこのような自己変革の契機なのである。このように、カブは宗教間対話を可能にするような宗教の本質、すなわち〈実在〉を仮定する多元主義を拒否し、自宗教への確信を擁護しつつも自宗教の絶対性については否定し、対話による自宗教の自己変革を模索していく。

とはいえ、このような立場では、宗教間対話が自宗教の自己変革に帰着し、他宗教理解の問題が消失してしまう危険性がある。対話者は自分の宗教の枠組みに基づいて他の宗教から学び取り、自分の宗教の枠組みそのものを変革していく。しかし、自らの宗教という、思考を根本的に規定するものに基づいて他の宗教を考えることを「理解」と呼ぶことは正当だろうか。また、自分が対話において自己変革したとしても、相手もそのような自己変革を行うとは限らない。この場合、相互的な「対話」が成立したとは言えないのではないか。

このように、多元主義にはいくつかの方向性があり、自宗教の真理を確信する態度について賛否の分かれるところだが、どの論者も自宗教の絶対性を主張する排他主義とは距離を取っている。

しかし、私見では、自宗教の真理の絶対性を主張する排他主義の立場が克服されるべき立場であるかどうかは自明ではない。そもそも、自らの信仰を絶対的なものとして体験するところに信仰の信仰たる所以があるのであり、信仰には排他的な部分が抜き差しがたく存在するように思われる[6]。宗教間対話においても、各自は自己の信仰について自宗教中心の立場で語り、自分の信仰の変革のために相手を理解するのであれば、それはもはや対話ではない。

ただ、確かに自己の宗教の真理を絶対的な確信をもって語ることと、他宗教の真理を聴くことは両立困難であるが、このアポリアにこそ宗教間対話の根本的な条件が潜んでいるように思われる。それは、対話の受動的な側面と言えるものである。たとえば、対話が生じる前に、対話的な状況に投げ込まれていたり、対話の実践の場に巻き込まれていたりする。ここでは詳述できないが、宗教多元主義の論客であるヒックやカブも、それぞれの立場で宗教間の対話や交

流を目指す活動を実際に行ってきた。彼らはそのような活動を行うなかで宗教多元主義や宗教間対話の理論を構築していったのである。本稿では、宗教間対話の手前で対話を可能にしている受動的・情感的な場を哲学的に解明すべく、ミシェル・アンリの「キリスト教の哲学」(7)の方法を検討する。

2 生の現象学と「キリスト教の哲学」

　アンリは自らの哲学を「生の現象学」と呼ぶ。アンリにとって、生の問題が根本的なものであって、彼はこの生に「現象学」という方法で迫っていく。現象や現れについて考えるとき、現象学は、まさに「現象が現れている」ということから考え始めて、この現象がいかにして現れているのかを、つまり現象の現れ方を考察する。とりわけアンリが問題にするのは、人間の「生」の真にリアルな現れ方である。

　人間の生き生きとした感情や運動、行為は、距離を置いて眺めることができない。走っている私を例に考えてみよう。走っている私は自分の走りを、あたかも観客の立場に立って眺めるように、「もう5キロ走った」などと自らの走りを分析することもできる。しかし、このような分析において現れてくる走りは、走る自分から距離を置いて客観化・対象化された走りであり、走りの真のリアリティの現れではない。走る私にとってリアルに現れてくる自分自身の走りとは、躍動する身体の運動であり、疲労感や爽快感などの感情である。「私は疲れている」といった思考は、距離をとって対象化された疲労である。走る私は、走りに伴う感情や身体の運動をただひたすら受容し、被り、体験している。そしてこの根源的な自己体験において、運動や感情が立ち現れてくる。自己の感情や行為、一般に、私が生きているということ、自己の生は、自己自身から距離を取ることができず、逃れることもできないという「不自由」において、自分自身を根源的に被る受容性において体験され、その限りで感情や行為として顕になる。このような顕れ方をアンリは「内在 (immanence)」と呼ぶ。アンリによれば、この「内在」という顕れ方をする生こそが、思考などとは異なる固有のリアリティをもって顕れるのである。

　それに対し、私の思考や表象、意味などはすべて、私の外なる地平に置かれることによって現れ、私はそれらから距離を置くことができる。自己意識など

も含めて、私の外に、私から距離を置いて現れるものの現れ方を、アンリは「超越（transcendance）」と呼ぶ（したがって、ここでいう「超越」は、有限な人間や経験的世界を越えた何かに向かうというような意味での「超越」とは異なる）。

　このように、アンリは「超越」と「内在」という二つの現れ方によって、人間の自己のリアリティを分析していく。この分析手法は初期の主著『顕現の本質』（1963）においてほぼ確立され、それ以降、1990年頃までの著作においては、この手法を用いて、労働や抽象絵画、資本主義など、さまざまな問題が分析される。1990年代初めに、アンリは相互主観性の問題に取り組んでいた。私がリアルに感じ取ることのできるのは根源的な自己体験において顕れる私自身の感情や行為でしかないとするなら、他人の生のリアリティには到達できないのではないか。このような困難の克服を試みる最中に、キリスト教の聖書を再読し、新たな直観を得て、「キリスト教の哲学」を語り始めたと思われる。アンリは、哲学的な論述の中にキリスト教の聖書の章句を取り込み、聖書とともに哲学を語るようになるのだが、彼自身、このような思索がキリスト教解釈ではなく、あくまで哲学であると主張して憚らない。

　この主張の意味を考えるためにも、ここで「キリスト教の哲学」の構造や体系を一瞥しておきたい。この哲学の構造は、キリスト教を取り入れる前から比べると根本的に変容している。まず、内在が人間の生（vie）の自己体験と、絶対的〈生〉（Vie）の自己産出の二つに分割される。

　アンリによれば、人間は自己自身を根源的に体験するが、この体験を引き起こしたのは人間自身の力によるのではない。人間は自分で自己体験を始めることができない。人間に自己体験をさせ、人間を生ける者にするもの、それが絶対的〈生〉である。絶対的〈生〉は、人間の生と違って、自らの自己体験を自分自身で開始し産み出すことができる（自己原因）。その意味で、絶対的〈生〉の自己体験は「自己‐産出（auto-engendrement）」と呼ばれる。そして、人間は、絶対的〈生〉の自己‐産出のうちでのみ、自己を体験し、生ける者となることができるという（cf. CMV 135-136）。要するに、絶対的〈生〉は自己自身を産み出しながら情感的な場、情感的な世界として自らを顕にし、この情感的な世界において人間は感情をもち、行為し、生きることができる。

したがって、「キリスト教の哲学」では、人間の生ではなく、人間の生を可能にしている絶対的〈生〉こそが真にリアルなものだと考えられている。このことは単に現象学的分析の枠組みが『顕現の本質』から変化したということに留まらない。この変化は、人間の生を人間自身から考えるのではなく、人間の生を可能にするものとしての「絶対的〈生〉」から考えるということをも意味する。

しかし、実際に生きている当の人間にはこの絶対的〈生〉を覚知することができない。アンリの考えでは、人間が根源的な自己体験においてリアルに体験しうるのは、自分自身だけであり、リアルに顕れるものも自分自身でしかない。人間は原理的に、不可避的にこのような「超越論的エゴイスム」に陥った「罪」の存在なのである。

では、人間はいかにしてこの罪の状態を脱して、絶対的〈生〉の自己産出という真のリアリティに到達しうるのだろうか。アンリによれば、生ける者の生が絶対的〈生〉に一致すること、生ける者の生の「神化（déification）」（I 335）によって、不可避なはずのこの原理的なエゴイスムから「救済」される。この救済は「天におられる私の〈父〉の意志を行う（faire la volonté）」[8]こと、すなわち、生ける者自身の我意に発する行為ではなく、「〈父〉の意志、すなわち絶対的〈生〉の自己‐産出の過程」（CMV 209）によって引き起こされる「行為」において可能になる。我意によらずなされた行為それ自体が、絶対的〈生〉に一致して生きることそのものであり、エゴイスムからの救済なのである。このときまさに自己を忘却し、「私が生きるのではなく、キリストが私のうちに生きておられる」[9]。そして、生ける者の生には「パトス的な内的自己‐変容」（CMV 218）が生じる。アンリはこのような行為を、動詞の原形を用いて「行為すること（l'agir）」と表現する。

このように、アンリは人間の生の自己体験と絶対的〈生〉の自己‐産出との間に断絶を設けた上で、両者を行為や実践の次元で結び直し、人間の生が真のリアリティに到達しうる道を見出す。この実践は絶対的〈生〉の実践、絶対的〈生〉に促されて我意によらずなされた「行為すること」である。人間は絶対的〈生〉を認識できないが、「行為すること」によって絶対的〈生〉と一体化し、真のリアリティのもとで生きられる。そして、「行為すること」による

〈生〉との一体化こそがエゴイズムからの救済なのである。

3　宗教と哲学の対話

　以上、「キリスト教の哲学」の絶対的〈生〉と生との関係について概説し、「行為すること」の次元におけるエゴイズムからの救済というアンリの考察を取り上げ、「キリスト教の哲学」以前と以後のアンリ思想の枠組みが大きく異なっていることを示した。すなわち、「キリスト教の哲学」以前のアンリは、超越的な現れではなく、内在的な生の自己体験のうちにリアリティを見出していたが、「キリスト教の哲学」において彼は、リアリティの源泉を人間の生のうちにではなく、絶対的〈生〉のうちに認めた。

　しかも、アンリはこの絶対的〈生〉を「ひとつの絶対的現実存在として想定」する。アンリは、『ヨハネによる福音書』冒頭の「初めに〈言〉（Verbe）があった」について論じている箇所（I 244-245）で、この言葉が絶対的〈生〉の自己−産出の過程に関係していると論じる。ヨハネはこの言葉によって神の本質を、すなわち、神が単に形式的に存在することではなく、神が〈生〉であることを表しているという。そのような文脈に続いて、次のように主張する。

　　……〈生〉は、単なる一概念ではなく、ただひとりでも生ける者が生きている限りで、まさにこの私が生きている限りで、〈生〉はひとつの絶対的現実存在として想定される。（I 245）

　現象学が現象そのものを、すなわち現象する限りでの現象を扱うものである以上、生の現象学は生のリアルな現れ方、生の現れのリアリティを問題にすべきである。絶対的〈生〉の存在や現実存在は問題にする必要がなく、むしろカッコに入れられるべきものである。しかも、この箇所でアンリは、絶対的〈生〉の絶対的現実存在を聖書から引き出している。このことがアンリ研究者をさらに悩ませている。このような「キリスト教の哲学」は哲学なのか、キリスト教の哲学的解釈なのか、はたまた神学なのだろうか。

　アンリ自身は、自らの考察があくまで哲学であり、現象学であると主張する。彼はキリスト教的含意に満ちた概念をもともとのキリスト教の文脈から切り離

し、哲学的に換骨奪胎した上で、キリスト教とは独立した哲学体系として再構築している。

また、アンリは哲学の真理もキリスト教の真理も同じ〈真理〉の二つの顕れだとも述べている。聖書は、アンリが哲学者として考えたことを「哲学者がなし得るよりも直接的に」(E 130-131) 表現するのに対し、アンリはこの〈真理〉を絶対的生の内的構造の分析として哲学的に表現するのであって、「キリスト教を生の哲学へと還元するつもりなのではない」(E 131) し、聖書テクストの絶対性を根拠に哲学するのでもない。アンリによれば、哲学が絶対と呼ぶものを、宗教では神と呼び、哲学が「絶対とは生である」と呼ぶものを宗教は「神は生である」と呼ぶが、言葉が違っていても両者は同じことについて語っている。「生の現象学はキリスト教の教義体系を哲学で不自然にメッキしたものではない。生の現象学は、ただ単に、哲学の対象と宗教の対象が同じだということがわかっているのだ」(E 131)。生の現象学は、宗教と同じ真理を異なる仕方で語っている哲学なのである。

とはいえ、「キリスト教の哲学」が哲学的に自立した分析であるのなら、なぜ、あえて聖書の言葉を交えて思想を語ったのだろうか。現象学的な記述の端々に聖書の言葉が並置されると、どうしてもキリスト教の特異な哲学的解釈のように読めてしまう。このため、晩年のアンリのキリスト教に対する態度は、これまでも多くの研究者を戸惑わせてきた。[10]

「キリスト教の哲学」は、先行研究でも大きく二つの方向で読まれてきた。第一に、アンリの「キリスト教の哲学」はキリスト教とは完全に独立した哲学的体系として理解可能であると考え、アンリの思想からキリスト教をできるだけ排除して、哲学的に分析する立場である。[11] 第二に、アンリの現象学の体系を用いて新たなキリスト教神学を構築する神学の立場である。[12] しかし、どちらも「キリスト教の哲学」が聖書の言葉を交えて考察していることの意義を捉えるには至っていない。

ところで、先の引用にもあるように、絶対的〈生〉を「ひとつの絶対的現実存在として想定」したのは、「まさにこの私が生きている限り」においてであった。実は、絶対的〈生〉の現実存在の想定は、私＝アンリの生に関わるきわめて実存的な問題なのではないだろうか。つまり、キリスト教は、アンリの実

存に根本的な変容をもたらし、彼の現象学的分析そのものを突き動かす現象学の〈基底〉を形成したのではないだろうか。この仮説を根拠づけるために、アンリの思想形成過程を一瞥しておきたい。

　アンリの思想形成において、さまざまな行動や思想家との出会いを通したアンリ自身の実存の変容が哲学的変遷の原動力となっている。たとえば第二次世界大戦の対独レジスタンスに参加したことが、生についてのアンリの考え方に深い影響を与えた。(13) さらに戦後、1946年にアンリはメーヌ・ド・ビランに「出会った」が、この出会い以来、「私は行為を思考よりも本質的なものとして考えるようになっている」（E 131）という。そして、1948〜49年にビラン論『身体の哲学と現象学』が執筆された。(14) アンリの思想遍歴をみると、直面した現実や思想との出会いが、アンリの思想を変化させ、新しい著作を生み出したようにもみえる。

　「キリスト教の哲学」を書き始める際にも、アンリは聖書を「再発見」（retrouve）した（cf. E 153）。特に『ヨハネによる福音書』のプロローグとパウロの手紙を読んで、それらのうちに自分自身の「生の現象学」と同じことが書かれていることに気づき、自分自身の実存が変容した、とさえ述べている。

　　彼らのテクスト〔パウロの手紙とヨハネ福音書〕が私の実存を変えました。
　　そうして私は『我は真理なり』を書いたのです。（E 130-131）

　この証言から推察されることは、「キリスト教の哲学」の第一の著作、『我は真理なり』という本の執筆そのものが、一箇の新しい哲学的体系の公開であると同時に、アンリ自身の実存の変容の所産としての一行為だった、ということである。聖書の再読によって、アンリ自身の人間の生に対する見方が根本的に変わった。つまり、絶対的〈生〉の自己−産出に真のリアリティを認める立場に変容した。その結果、『我は真理なり』という著作を執筆することになった。
　さて、この執筆という行為は、確かにアンリ自身の哲学的立場を表明することであるのだが、アンリの十全な意志によって始められたものではなく、アンリの実存を変えたもの、すなわち哲学と宗教の同じ対象である真理、絶対的

〈生〉に書くよう促されたものだとは考えられないだろうか。「キリスト教の哲学」とは、アンリ自身が絶対的〈生〉と一体化して生きた所産だとは言えないだろうか。

というのも、「キリスト教の哲学」において提示されるエゴイスティックな生ける者の救済の理論と、アンリ自身の実存の変容とは、重なるところが多いのである。エゴイスティックな生ける者は、絶対的〈生〉の自己－産出の過程において引き起こされる（我意によらない）「行為すること」によって、絶対的〈生〉と一致して生きることができ、人間の生は「パトス的な内的自己－変容」を被るのであった。この理論は、アンリ自身の実存の変容についても当てはまるように思われる。すなわち、アンリにとって、自らの実存を変容させた聖書の再発見は、思弁的なレベルで聖書を新しく解釈したことではなく、自身の実存を変容するような、行為や実践のレベルにおける衝撃だった。要するに、この著作を書くこと自体がアンリ自身の「神化」の行いであり、救済の実践だった。

さらにアンリは、『我は真理なり』の執筆後も、テーマを身体・肉の問題に移して（『受肉』）、あるいは、キリストの語った言葉に一層寄り添う形で（『キリストの言葉』）、執筆という行為を反復する。これらの著作も、ごく図式的に言えば、①超越に対して内在を提示し、人間の生の固有の顕れ方を分析する（『顕現の本質』以来の主張）、②人間の生に基づいて記述することの限界と絶対的〈生〉のリアリティとを覚知する、③絶対的〈生〉の想定のもとで絶対的〈生〉と人間の生との関係を分析する、という三つの要素を含んでいる。これは、初期の思想を経て、晩年に「キリスト教の哲学」へと展開するというアンリ自身の実存の変容の過程そのものである。三つの著作を反復的に執筆することそのものが、自らの実存の変容の反復的表現であり、自らの救済の理論の提示かつ救済の実践なのである。

このように、「キリスト教の哲学」とは、アンリ自身に起こった実存の変容に促された一実践であると同時に、この実存の変容とそこから生じた実践とを現象学的に説明する理論なのである。理論の提示そのものが絶対的〈生〉に促された実践であり、しかもこの実践そのものが提示された理論によって解明されている。「キリスト教の哲学」は、理論と実践の循環によってアンリ自身の

実存の変容を表現していく、いわばアンリ自身の実存的なドキュメンタリーなのである。

そうであるなら、聖書の言葉は「キリスト教の哲学」に必須の要素である。この哲学が単なる現象学的分析ではなく、アンリ自身の実存的ドキュメンタリーであるなら、実存の変容のきっかけとなった聖書はこのドキュメンタリーに不可欠のものである。彼は、聖書との出会いがどのように自分の実存を変えたかを表現するために、実存を変えた聖書の言葉と、実存の変容の帰結であるとともに聖書の言葉がいかにして自らの実存を変容したかを顕にする理論でもある現象学的体系とを併記した。聖書の言葉を交えて哲学を行うことは、救済の現象学的理論としては不必要かもしれないが、アンリ自身の救済の実践あるいは救済のドキュメンタリーとしては必要不可欠だった。アンリの論述はきわめて理論的なものだが、実はキリスト教との実存的な出会いに裏打ちされたものなのである。

4　宗教間対話

ここまで、ミシェル・アンリの「キリスト教の哲学」について考えてきたが、この議論は宗教間対話と何の関係があるのだろうか。

アンリ自身は徹頭徹尾哲学をしていると自認している。聖書の言葉を多く含む彼の思索は、キリスト教の解釈でも、キリスト教の哲学への還元でもない。アンリは、キリスト教と自らの哲学が同じ真理を指し示していることを体験し、この体験によって変容した自らの実存をそのまま表現すべく、聖書の言葉との対話を通して哲学をしていた。キリスト教はアンリ自身の内在的な自己体験において情感的に受容され、アンリの実存に深い衝撃を与えた。その結果、アンリの哲学そのものも変容して、自立した新しい哲学体系が生まれた。

本研究では、このような「キリスト教の哲学」の生成過程自体を一つの「対話」として捉えたいのである。したがって、ここで言う「対話」とは、互いの真理や主張を提示し合うことではなく、他なるものを被ることにおいて促される語り、語り出すことを促される受動的営み、語り出す手前で情感的・内在的に体験される「聴くこと」である。宗教間の対話に置き換えて考えるならば、一方で私は自分の信仰について確信をもって相手に語るのだが、他方で相手の

信仰についての語りに実存的な衝撃を受け、自己の根底を揺さぶられる。そして、このような体験が、自ら確信している信仰について改めて語り直すように促してくる。この私の語り直しは、私の確信や私の意志によって語り出されるのではなく、いわば他なる信仰によって促されたものだが、私が語り直す信仰は、相手の語りによって変容を被っているとしても、やはり絶対的なものとして確信された私の信仰なのである。

このように、実存的・情感的なレベルで他なる信仰の体験の場を考えるならば、自らの信仰の優越性や絶対性を確信することと、他の信仰をもつ者の語りを実存的に受容して自らの信仰についての語りが変容していくこととは何ら矛盾しない。また、カブのように、対話を行うために自分の信仰を超えた真実があると確信する必要もない。自分の信仰の固有性や優越性を確信したままでも、実存的な体験のレベルで、自らの信念を語る手前の聴くことにおいて受動的な対話の場は開かれうるのであり、このような対話の場においてこそ自らの信仰が新たに再構成されて語り出される。逆に言えば、対話が生じる手前の受動性や実践、体験において対話を捉えるならば、自宗教の絶対性を保持するか放棄するかということは本質的な問題ではなくなるのである。

このような対話は、宗教と宗教との理論的な対面、要するに教義の比較において生じるのでなく、体験をともにする実践によって、いわゆる「霊性交流」のような場面で可能になるように思われる[15]。それは、濱田陽の提唱するインターレリジアス・エクスピアリアンス（inter-religious experience: IRE）のように、理論的な対話ではなく、宗教間の経験において、あるいは無宗教者と宗教者の間の経験において可能になるだろう。

濱田はこの IRE を、「自らの宗教、文化性、無宗教性に根ざしながら、必然的に他の宗教、文化、無宗教に関わり、その過程で互いの限界を乗り越える可能性をもたらす、継続的営みの経験綜合である」と定義している[16]。IRE という概念で考察される対象は、文化等も含めた広い意味での宗教・文化であり、さらには無宗教と呼ばれるものも含まれる。この仮説では、すべての宗教、文化に通底する「超越的存在」を想定するのではなく、それぞれの「超越的な存在」を各宗教、文化内に限定する。そして、この「超越的な存在」と人間との関係よりも他の宗教・文化との関係に考察が向けられる[17]。

具体的な例として濱田は、ガンジーやマザー・テレサ、ダライ・ラマなど、実際に霊性交流や宗教的実践のなかで宗教間対話を実現させている人物を取り上げている。たとえば、ダライ・ラマがベネディクト会派のキリスト教瞑想実践グループにセミナー講師として招待された事例が検討されている[18]。このとき、セミナー主催者であるローレンス・フリーマンはダライ・ラマと瞑想を共にすることだけでなく、自らの最も重要な聖典である聖書へのコメントを依頼した。福音書についてよく知らないと告白するダライ・ラマは、それでもこの依頼を快諾し、仏教に基づいて福音書にコメントしていったという。

　この場で語られたことも深い内容をもっているのだが、それよりも重要なのは、修道院側が聖書をダライ・ラマに委ね渡し、ダライ・ラマもその求めに応じたという両者のあり方それ自体、そしてダライ・ラマによって福音書の章句が朗々と読み上げられ、会衆はそれを聴き、そして講話の後に長い瞑想を共にしたという体験である。

　フリーマンによれば、「最も効果のある対話とは、知的な意見交換（exchange）ではなく、真摯な信仰実践者たちが自分自身の信仰の立場から行う語り合い（conversation）であり、それぞれの実践を分かち合うことから生じる語り合い[19]」である。そして、このような真の宗教間対話の根底には「プレザンス」（presence）が存在するという。それは、ダライ・ラマのように、対話に自らを開くあり方である。このあり方は、自宗教の絶対性を過信せず他なる宗教を尊重しながら真理を探究する姿勢や、対話者への信頼、友情によって生み出される。

　プレザンスは、対話において言葉や概念で表されるものではないが、「プレザンスこそ、私たちが対話において最初に経験するもの[20]」であり、対話の深さを規定している。プレザンスは聴衆が新たに自らの信仰を語り出すように促すような場や体験を形成し、会衆の実存に情感的に、内在的に働きかける。対話の手前にあるプレザンスが対話を可能にする情感的体験や場を開いているからこそ、対話は独我論的な自己変革を超えて、相互的な承認や変革の体験となり、他宗教理解の場となる。宗教間対話や他宗教理解の問題は、対話者同士の根源的なあり方に深く関わっているのである。

　このように、宗教間対話を哲学的に考える際に重要なのは、自分の信仰への

確信を保持しつつ、他の信仰によって実存的に揺さぶられるような体験や場において分析を進めることではないだろうか。このような場は、今日それほど特殊なものではなくなっているように思われる。たとえば、他の宗教を信仰する者との結婚、あるいは無宗教者と信仰をもつ者との結婚がその端的な例である。自分の信仰（や無宗教）への確信を維持するとしても、相手の宗教に否応なく関わることになり、何とか折り合いをつけて暮らしながら、自分の立場を主張しなければならず、このような生活の中で自分の信仰（や無宗教）も自ずと変容を被るだろう。

　アンリの「キリスト教の哲学」は、このような対話において、根源的な体験における実存の変容や、我意によるのではない「行為すること」が重要であると教えてくれる理論であるとともに、哲学の立場からの宗教との対話実践にもなっているのである。聖書の「再発見」によって自らの新しい哲学体系を語り出すように促されるという実存的体験や実践を背景にしてこそ、自分の現象学的立場に対する確信と、聖書の言葉を聴き取り、それに応答するという実践とが両立し、「キリスト教の哲学」はアンリ自身の救済のドキュメンタリーとなった。自己の立場を絶対的に確信するということは、自己の立場が不変であるということを意味しない。自己の立場は刻々と変容する動的なものでありながら、いや動的であるからこそ絶対的に確信されるのである。

註

（1）　以下の論考に多くを学んだ。田丸徳善・星川啓慈・山梨有希子『神々の和解—21世紀の宗教間対話—』春秋社、2000年。岸根敏幸『宗教多元主義とは何か—宗教理解への探求—』晃洋書房、2001年。星川啓慈・山梨有希子編『グローバル時代の宗教間対話』大正大学出版会、2004年。西谷幸介『宗教間対話と原理主義の克服—宗際倫理的討論のために—』新教出版社、2007年（第2版）。

（2）　D'Costaはこの分類をさらに詳細に分析した上で、この3類型の不十分さを指摘し、比較神学（comparative theology）およびポストモダン的ポストリベラリズム（postmodern postliberalism：この概念はさらに、倫理的脱構築論〔ethical deconstructionism〕とラディカル・オーソドキシー〔radical orthodoxy〕に分けて考察されている）という近年の研究を紹介している。ただし、本稿の課題を明示す

るためにはこれらの議論は不要と判断した。cf. Gavin D'Costa, *Christianity and World Religions: Disputed Questions in the Theology of Religions*, Chichester, Wiley-Blackwell , 2009.

（３） 次の章句がしばしば参照される。「神は、すべての人々が救われて真理を知るようになることを望んでおられます」（『テモテへの手紙一』〔新共同訳〕2章4節）。

（４） John Hick, *The Rainbow of Faiths: Critical Dialogues on Religious Pluralism*, London, SCM Press, 1995, p.18.（間瀬啓允訳『宗教がつくる虹——宗教多元主義と現代』岩波書店、1997年、32頁）

（５） John B. Cobb, Jr., "Beyond 'Pluralism'"；Gavin D'Costa(ed.), *Christian Uniqueness Reconsidered: The Myth of a Pluralistic Theology of Religions*, New York, Orbis Books, 1990, p.86.（ジョン・B・カブ・Jr.「多元主義を越えて」、G・デコスタ編〔森本あんり訳〕『キリスト教は他宗教をどう考えるか ——ポスト多元主義の宗教と神学—』教文館、1997年、131頁）

（６） とはいえ、自宗教への排他的な確信という発想自体キリスト教的で、世界の諸宗教においては自明のことではない。他にも、宗教をみずから選び取ることのできる自由で主体的な個人がすべての宗教を平等に民主的に扱いうるというリベラリズムなど、宗教多元主義・宗教間対話の分析概念には西洋近代の着想が前提されているものがある。また、すべての宗教が排他的な信仰から脱するべきだという多元主義の主張の背後には、ある種の帝国主義を見出すこともできる。前注の論文集所収の諸論考はこのような先入見を廃すべく、議論を重ねている。

（７） アンリの著作からの引用箇所は、以下の略号の後に原著の頁数を記すことによって示す。

CMV：*C'est moi la Vérité. Pour une philosophie du christianisme*, Paris, Seuil, 1996.（『我は真理なり』）

Ⅰ：*Incarnation, une philosophie de la chair*, Paris, Seuil, 2000.（中敬夫訳『受肉——〈肉〉の哲学』法政大学出版局、2007年）

PC：*Paroles du Christ*, Paris, Seuil, 2002.（武藤剛史訳『キリストの言葉——いのちの現象学』白水社、2012年）

E：*Entretiens*, Arles, Sulliver, 2005.（対談集）

（８） CMV 209にみられる『マタイによる福音書』7章21節からのアンリの仏語引用を直訳した。新共同訳では、「〔わたしに向かって、『主よ、主よ』と言う者が皆、天の国に入るわけではない。〕私の天の父の御心を行う〔者だけが入るのである〕」。

（9） 『ガラテヤの信徒への手紙』2章20節からのアンリの仏語引用（CMV 213）を直訳した。新共同訳では、「生きているのは、もはやわたしではありません。キリストがわたしの内に生きておられるのです」。

（10） アンリの思想とキリスト教との関わり、「キリスト教の哲学」に対する研究者の態度については、中氏の的確なまとめがある。cf. 中敬夫『行為と無為──《自然の現象学》第三編』萌書房、2011年、231～235頁。

（11） たとえば、Raphaël Gély は「この元‐自己（archi-soi）や最初の生ける者、あるいは生の本質的な自同性（ipséité）についてのアンリの諸命題が理解しうるものとなるために、キリスト教的であることはいかなる点でも必要ではない」と論じる。（*Rôles, action sociale et vie subjective. Recherches à partir de la phénoménologie de Michel Henry*, Bruxelles, P.I.E. Peter Lang, 2007, p. 63）

（12） 以下の著作を契機として、アンリの「生の現象学」を神学的議論に接続する研究が近年増加している。Antoine Vidalin, *La parole de la vie. La phénoménologie de Michel Henry et l'intelligence chrétienne des Écritures*, Paris, Parole et Silence, 2006.

（13） アンリは1943年に「スピノザにおける幸福」という修士論文を仕上げたあと、対独レジスタンスの地下活動に携わる。地下潜行の生活の中で、自分の考えや行いをつねに隠して過ごすうちに、逆に生の本質が見えないものであるということが顕になったという。生に対するこのような考えが地下潜行の日々を過ごす支えになっていた（cf. E 13）。

（14） ただし、この著作の出版年は国家博士論文『顕現の本質』（1963）が刊行された後の1965年である。

（15） 星川啓慈は「宗教間対話」を大きく三つに分類している。
「①宗教間対話：何らかのテーマを掲げ、諸宗教の代表者や学者が集まり、議論するもの。②宗教間協力：何らかの共通の目的のために、諸宗教の信者たちが、一致協力して行動をおこすもの。③霊性交流：諸宗教の信者たちが、同じ体験を分かち合うことにより、相互の理解を深めるもの」（星野英紀・池上良正他編『宗教学事典』丸善、2010年、136頁。星川啓慈執筆「宗教間対話」の項）。

（16） 濱田陽『共存の哲学──複数宗教からの思考形式』弘文堂、2005年、125頁。濱田は IRE の特徴として次の五つを挙げている（同書、126頁）。①自らの宗教、文化性、あるいは、無宗教性に根ざした経験であること（自己性）、②他の宗教、文化、無宗教に、必然的に関わる経験であること（必然性）、③互いの限界を乗り越える

可能性をもたらすこと（創造性）、④継続的経験であること（継続性）、⑤一連の過程を、経験綜合としてとらえること（綜合性）。
(17)　前掲書、137頁。
(18)　前掲書、36〜43頁。このセミナーの模様は以下を参照のこと。His Holiness the Dalai Lama, *The Good Heart*, London, Rider, 1996, 2002 (updated ed.).（ダライ・ラマ〔中沢新一訳〕『ダライ・ラマ、イエスを語る』角川書店、1998年）
(19)　前注のダライ・ラマの著書、5頁（邦訳14頁）。
(20)　同上。

執筆者紹介（掲載順）

高田信良（たかだ しんりょう）
龍谷大学文学部教授（宗教哲学・宗教学）。人間・科学・宗教オープン・リサーチ・センターユニット2班長。博士（文学）。仏教・真宗をフィールドにした、〈宗教多元主義〉の教学（宗教の教学／神学）への関心のもとに研究を進める。主な著書に『宗教の教学―親鸞のまねび―』（法藏館）、『宗教の祈り　親鸞の願い』（法藏館）、『見える真宗・見えない真宗』（永田文昌堂）など。

澤井義次（さわい よしつぐ）
天理大学人間学部宗教学科教授（宗教学・天理教学・インド学）。同大学おやさと研究所兼任研究員。人間・科学・宗教オープン・リサーチ・センターユニット2研究員。Ph.D. (Harvard University)。博士（文学、東北大学）。宗教学理論の再検討、シャンカラ派思想の宗教学的研究、天理教教義学研究を進めている。主な著書に *The Faith of Ascetics and Lay Smārtas* (Sammlung de Nobili)、『聖者たちのインド』（春秋社、共著）、『宗教史とは何か〈下巻〉』（リトン、共著）、『天理教人間学の地平』（天理大学出版部）、『天理教教義学研究』（天理教道友社）など。

中村信博（なかむら のぶひろ）
同志社女子大学学芸学部教授（聖書学・神学）、宗教部長。人間・科学・宗教オープン・リサーチ・センターユニット2研究員。聖書のもつメディア性に注目し、文化史における聖書の影響と意味を探求している。主な著書に『聖書　語りの風景』（キリスト新聞社、共編）、『新共同訳　旧約聖書注解Ｉ』『新共同訳　旧約聖書略解』（日本基督教団出版局、共著）など。

四戸潤弥（しのへ じゅんや）
同志社大学神学部教授（イスラーム法学・アラビア語文法学）。人間・科学・宗教オープン・リサーチ・センターユニット2研究員。東アジア儒教文化圏のイスラーム受容（歴史、教義理解と適用、現状）研究。江戸中期以降の日中関係史

における中国イスラーム思想の影響について研究を進めている。主な著書に『現代アラビア語入門講座』〈上〉・〈下〉（東洋書店）、『イスラーム世界とつきあう法』〈初版〉・〈増補版〉（東洋経済新報社）、『イスラームとは何か』（新書館、共著）、『イスラーム信仰と現代社会』（国書刊行会、共著）など。

櫻井治男（さくらい　はるお）
皇學館大学社会福祉学部教授（宗教社会学・祭祀研究）。人間・科学・宗教オープン・リサーチ・センターユニット2研究員。博士（宗教学）。地域社会における神社・祭祀祭礼の調査研究を行うとともに、神道と福祉・環境問題について研究を進めている。主な著書に『蘇るムラの神々』（大明堂）、『地位神社の宗教学』（弘文堂）、編著書に『宗教と福祉』（皇學館大学出版部、共著）、『太神宮参詣記』（皇學館大学神道研究所、共編）など。

釈　徹宗（しゃく　てっしゅう）
相愛大学人文学部教授。博士（学術）。日本仏教学会理事。NPO法人リライフ代表。宗教思想や宗教文化の領域において、比較研究や学際研究をしている。人間・科学・宗教オープン・リサーチ・センターユニット2研究員。主な著書に『親鸞の思想構造―比較宗教の立場から―』（法藏館）、『不干斎ハビアン』（新潮社）など。

寺尾寿芳（てらお　かずよし）
南山宗教文化研究所研究員（2013年4月より聖カタリナ大学教授）。人間・科学・宗教オープン・リサーチ・センターユニット2研究員。神学・宗教学・人間学専攻。博士（文学）。主な著書に『宗教と宗教の〈あいだ〉』（風媒社、共著）、『自然葬と世界の宗教』（凱風社、共著）、『現代宗教2010』（秋山書店、共著）など。

奥山直司（おくやま　なおじ）
高野山大学文学部密教学科教授。専攻はインド・チベット密教史、仏教図像学、仏教文化史。文献研究にフィールド調査を織り交ぜながら研究を進めている。

主な著書に『評伝　河口慧海』（中央公論新社）、編著書に『高山寺蔵　南方熊楠書翰　土宜法龍宛1893-1922』（藤原書店）など。

杉岡孝紀（すぎおか　たかのり）
龍谷大学文学部教授（真宗学、仏教の思想）。人間・科学・宗教オープン・リサーチ・センターユニット２研究員。短期的には親鸞思想の解釈学的な研究を課題とし、長期の研究課題として、日本浄土教における親鸞思想の意義を探究している。主な著書に『親鸞の解釈と方法』（法藏館、単著）など。

岩田真美（いわた　まみ）
龍谷大学文学部講師（真宗学）。人間・科学・宗教オープン・リサーチ・センターユニット２研究員。博士（文学）。近世から近代への転換期における真宗思想の展開を探究している。主な論文に、「幕末期西本願寺と『仏法護国論』をめぐって―月性「護法意見封事」との相違について―」（『仏教史学研究』第53巻２号、2011年）、「近代移行期における真宗僧の自他認識―超然の排耶論を中心に―」（『武蔵野大学仏教文化研究所紀要』第28号、2012年）など。

胡　暁麗（こ　ぎょうれい）
龍谷大学人間・科学・宗教オープン・リサーチ・センター博士研究員、国際文化学部非常勤講師。博士（国際文化学）。中国の自殺問題と宗教の関連性について研究をしている。

釋氏真澄（きくち　ますみ）
京都女子大学卒業後、行信教校等を経て、浄土真宗本願寺派カナダ開教区開教使として従事。龍谷大学文学研究科修士課程修了（真宗学）、同博士後期課程在学中。人間・科学・宗教オープン・リサーチ・センターユニット１研究助手。浄土真宗一念寺副住職・布教使。真宗学、アメリカ仏教、特にアメリカにおける英語真宗教学史を中心に研究をしている。主な論文に「ハントと浄土真宗英語礼拝聖典の成立」（『印度学佛教学研究』第60号、2011年）、「アメリカにおける念仏者の実践―京極逸蔵と六波羅蜜―」（『真宗研究会紀要』第43・44合併号、

2011年）など。

本多　真（ほんだ まこと）
龍谷大学・相愛大学非常勤講師（国際文化学・宗教思想・環境思想）。人間・科学・宗教オープン・リサーチ・センターユニット２研究助手。環境問題という切り口から、現代思想や現代における宗教の意義を研究している。博士論文「ディープ・エコロジーの仏教的展開——エコソフィとしての浄土真宗」（2009年龍谷大学・国際文化学）。

古荘匡義（ふるそう ただよし）
京都大学文学研究科研究指導認定退学（宗教学）。龍谷大学・京都大学非常勤講師。人間・科学・宗教オープン・リサーチ・センターユニット４研究助手。宗教学・宗教哲学、特にミシェル・アンリの思想を中心に研究している。主な論文に「『キリスト教の哲学』は可能か——ミシェル・アンリのことばの概念を手がかりに」（『宗教哲学研究』第28号、2011年）など。

宗教における死生観と超越
龍谷大学 人間・科学・宗教オープン・リサーチ・センター研究叢書

2013年10月15日 初版第2刷発行

編　　者	高田　信良	
研究機関	龍谷大学人間・科学・宗教オープン・リサーチ・センター	
発行者	光本　稔	
発　　行	株式会社 方丈堂出版	

〒601-1422　京都市伏見区日野不動講町38-25
電話　075-572-7508　FAX　075-571-4373

発　　売　株式会社 オクターブ
〒606-8156　京都市左京区一乗寺松原町31-2
電話　075-708-7168　FAX　075-571-4373

装　　幀　小林　元

印刷・製本　亜細亜印刷㈱

本書は、平成22年度～24年度の文部科学省私立大学戦略的研究基盤形成支援事業・龍谷大学人間・科学・宗教オープン・リサーチ・センターの「死生観と超越——仏教と諸科学の学際的研究」の研究成果である。

©2013　Center for Humanities, Science and Religion, Ryukoku University
Printed in Japan

ISBN 978-4-89231-107-9 C3015
乱丁・落丁はお取替えいたします。